职业生涯教育与学生发展

杨 鹭 著

中国原子能出版社

图书在版编目（CIP）数据

职业生涯教育与学生发展 / 杨鹭著. --北京：中
国原子能出版社，2023.9
ISBN 978-7-5221-3029-3

Ⅰ. ①职…　Ⅱ. ①杨…　Ⅲ. ①职业选择–教学研究
Ⅳ. ①C913.2

中国国家版本馆 CIP 数据核字（2023）第 192779 号

职业生涯教育与学生发展

出版发行	中国原子能出版社（北京市海淀区阜成路 43 号　100048）	
责任编辑	白皎玮	
责任印制	赵　明	
印　　刷	北京天恒嘉业印刷有限公司	
经　　销	全国新华书店	
开　　本	787 mm×1092 mm　1/16	
印　　张	17	
字　　数	254 千字	
版　　次	2023 年 9 月第 1 版　2023 年 9 月第 1 次印刷	
书　　号	ISBN 978-7-5221-3029-3　　定　价　76.00 元	

前　言

近些年来，职业生涯规划教育在我国越来越受到重视，但整体研究阶段和水平仍然处于初步的探索阶段。当前我国有关生涯规划教育的研究，其研究对象主要集中在高中、大学两个阶段。小学阶段的生涯规划教育研究是从2010 年以来逐渐开始的。事实上，从各国的职业生涯规划教育来看，很多国家将其作为贯穿一生的教育。如美国《国家职业发展指导方针》规定，职业生涯规划教育要从六岁开始；德国教育部门呼吁在幼儿园、小学阶段就要以模拟职业的形式进行各种体验活动；日本文部省国立教育政策研究所中小学指导研究中心开发的《培养劳动观和职业观的计划框架》指出，从小学到大学针对不同阶段特点进行分层的职业生涯规划教育。

本书基于职业生涯教育与学生发展两个方面，先是对职业生涯规划进行概述，并介绍了职业生涯规划的基本理论、职业生涯教育的内容，接着详细梳理了小学生职业生涯教育、中学生职业生涯教育，以及大学生职业生涯教育，最后对职业生涯发展目标与措施、职业适应与职业发展、培养良好的职业道德进行总结和探讨。

本书在撰写过程中，参阅和引用了一些文献资料，谨向它们的作者表示感谢；感谢一直以来支持、鼓励和鞭策我成长的师长和学界同人。由于水平所限，书中错误之处在所难免，敬请读者和同行批评指正。

目　录

第一章
职业生涯规划概述

第一节　职业概述

一、职业的概念

职业是人们在社会中所从事的作为主要生活来源的工作，通常也称为工作岗位。职业是人们的一种社会活动和生活方式，又是一种经济行为，也是人们从社会中谋取多种利益的资源，它对于每个人都极为重要，是一个人社会地位的一般性表现，也是一个人的权利、义务、职责。

人们从不同的角度出发，对职业的概念有不同的论述。

中国自古就有"职业"一词，从词义的角度解释，"职"有"社会责任""权利与义务"的含义，而"业"是以某种特殊的技能"从事某种业务""完成某种事业"。

美国社会学家塞尔兹认为，职业是个人为了不断取得收入而连续从事的具有市场价值的特殊活动。这种活动决定着从事它的那个人的社会地位。

杜威从实用主义哲学观点出发，认为职业是人们可以从中得到利益的一种生存活动。我国学者姚裕群认为，职业是一个中性的概念，从社会的角度而言，职业是指人们为了谋生和发展而从事的相对稳定的、有收入的、专门类型的社会劳动，从个人的角度而言，职业则是指个人扮演的一系列工作角色。

在现实生活中，人们无不与职业活动发生着紧密的联系，职业活动几乎贯穿于每个人的一生。人们在生命的早期阶段接受教育与培训，是为将来的职业活动做准备；人们从青年时期走入职业生涯，到老年最终离开职业岗位，长达几十年，即使退休以后，还仍然参与职业活动。因此，职业活动是每个人社会生活中的重要组成部分。

在社会生活中，每一个有劳动能力的人都要从事一定的生产劳动或工作，用以维持生活，承担社会义务，促进社会发展。人的社会生活和工作领域是非常广阔的，职业门类极其繁多，但每个社会成员却只能在某个领域做某种具体工作，以其有限的生命在有限的空间内占有一席位置，这就是他的职业。从社会生产的角度来看，职业是社会分工的结果，一定的社会分工或社会角色的持续实现就形成了职业。

综上所述，职业具有经济性，即从中取得收入；职业具有技术性，即可发挥才能和专长；职业具有社会性，即承担生产任务，履行公民义务；职业具有促进性，即符合社会需要，为社会提供有用的服务；职业具有连续性，即所从事的劳动相对稳定，是非中断性的。

正确认识职业的概念是正确制定个人职业生涯规划的基础条件。对大学生来说，深刻理解职业的内涵，根据自己的特点选择职业非常必要。

二、职业的意义

法国启蒙思想家卢梭认为，选择职业是人生大事，因为职业决定了一个人的未来。

1. 职业是人的生活方式

无论是男是女，不论年长还是年少，不论家庭背景、教育程度、个人志向如何，在人的一生中，都要遇到职业问题。在一个人漫长的一生中，有着长达三四十年的职业生涯；在进入职业之前的一二十年，其学习经历和生活经历与未来的职业预期有一定联系；年老退休以后的生活，也与以前的职业关系甚大。

因此，可以说职业是关系着每一个社会成员一生的重大问题，是人的一种重要的生活方式。

2. 职业是人的社会角色

在人类社会产生以后，有了劳动的分工，也就产生了种种职业。社会越发展，职业种类也就越多。可以说，职业是一个有着广泛内容的博大精深领域。

人，一般都在某种职业岗位上工作，这就使每个人都成了"职业"这个社会劳动大机器中的一个部件，受到社会方方面面的影响，又在社会的运转中扮演一个特定的职业角色：工人、厂长、工程师、总统、自由职业者、演员、导演、教师、军官等。

3. 职业是关系各层面的大事

职业，是一种重要的社会现象，在人类社会的各个层面中都有其重要性。职业是关系个人前途的大事。从个人的角度看，职业是一个人的生存方式，是其生活的物质基础；同时也是个人从事社会活动的主要领域。在适宜的条件下，职业及其活动内容能成为个人奋斗的目标与为之奉献的事业。

职业是关系家庭状况的大事。从家庭的角度看，职业是需要做出重大选择的事情，甚至是家庭得以建立和维系的重要因素。家庭关系的另外一个内容，是代际关系。为人父母，都希望子女有前途、有成就，所谓前途和成就也就是后代在职业方面的成功。解决好夫妻双方、父子两辈的职业选择、发展、晋升、调动等问题，在自己所热爱的岗位、热衷的领域工作，是任何一个家庭都关心的重大问题。

职业是关系社会局面的大事。从全社会的角度看，职业是构成社会存在的基础，是构成社会运行的一种具体方式，也是构成社会成员的阶层划分与社会地位的归宿。职业，涉及人们从事社会生活的动力，涉及人的社会关系，涉及社会的矛盾和冲突，涉及社会财富和利益的分配，涉及一个社会的平等与效率选择。

4. 职业造就人的命运

人们都有着对好际遇和好命运的渴望。但是人们的际遇和"命运"，往往是难以符合一己之见和自身渴望的。即使人们为自身的前途已经做出了努力，但外部因素不是自己能够改变的。在遇到种种不顺心的事情时，许多人就强调自己的"命运"不可知，以至求签拜神。事实上，命运问题不是一个抽象的社会心理问题，而是一个实在的如何看待人的社会存在，特别是如何看待自己的社会存在与相应的社会生活态度的问题。

大学生毕业后融入社会有两个重要问题要解决：一是寻找工作岗位，二是组建家庭。"工作岗位问题"即职业社会化，"组建家庭"即婚姻社会化问题。所谓职业社会化，就是一个人走上社会，寻求到一定的职业岗位并在这个岗位上工作，适应职业、适应工作环境（物质环境与人际环境），在社会中寻找到自己的合适位置。从这个意义上说，人的职业生涯造就了人的命运。

5. 职业体现人与人的社会关系

职业实质上实现了劳动者与生产资料的结合，体现着人与人的社会关系。人们通过职业活动不仅满足了自身的需要，而且通过各自劳动成果的交换，满足了彼此的需要。因此，职业及职业活动对于个人和社会都有非常重要的意义。

对个人而言，职业生活是人生的重要组成部分，职业问题解决得好坏，对个人一生能否顺利发展具有重要的意义。

三、职业的特点

职业是个人在社会中所从事的作为主要生活来源的工作。职业具有以下特点。

1. 职业与社会分工的关系极为密切

马克思指出："每一种职业都是社会分工中的一定部门。"职业随着社会分工的产生而出现，随着社会分工的发展而变迁。

2. 职业具有明显的经济性和一定的连续性

所谓职业的经济性，是指人们从事职业活动会获得经济收入即报酬。所谓职业活动的连续性，是指一个人在较长时间内进行某种活动，并通过这项活动较稳定地获得一定的报酬。

3. 职业具有知识性和技术性

在社会生活中不难发现，要从事某些职业，必须经过较长时间专门的知识学习或技术培训。从事这些职业活动的职业者，需要具备特殊的知识和技术。某些职业活动所需要的知识和技术比较容易掌握，而有一些职业活动的知识和技术不易掌握；有的职业活动的知识和技术必须在特定的学校、培训机构里获得，有的却可以在家庭、在就业实践中获得。

4. 职业具有规范性

职业活动必须遵从一定的规范，即职业规范，它是社会规范的重要组成部分。社会规范是一个社会或社会群体的成员所共有的行为规则和标准，其包括法律条文、组织规章、道德规范、社会风俗、习惯及各种禁忌等。职业规范主要包括人们在就业活动中应遵守的各种操作规则及办事章程、职业道德规范和职业活动中养成的种种习惯。这些职业规范或以法律、法规，或以组织章程和有关条约、守则的方式体现出来，或只是一些约定俗成非正式的规范。无论职业规范是以什么方式体现，也不管就业者主要遵从哪一类职业规范，任何职业活动都不是无行为准则可循的，职业活动总要受一定职业规范的约束。

5. 职业具有差异性

职业的领域非常宽广，种类繁多。我国古代就有"三百六十行"之说，现代职业更是成千上万，并且不断分化出新的职业，每一种职业都需要特定的知识和技能，只有符合了这些特定的要求，才能胜任所从事的职业。即使同一种职业，也有层次之分，例如，高校教师有助教、讲师、副教授、教授之分。

6. 职业具有历史性

每一种职业的含义不是一成不变的。随着社会生产力和劳动分工不断发展，在特定的社会历史发展阶段，职业的性质和内容是有一定差别的。不同时期会出现不同的职业，相同名称的职业在不同的时期会有不同的内容，某些职业甚至发生了根本性的变化。例如，以前在法院做记录的叫书记员，使用的工具是纸和笔，现在法院做记录的叫速录员，使用的工具是速录机。

四、职业的作用

没有社会分工就不可能出现职业和职业活动，没有职业也不能实现人与生产资料的有机结合。对每一个人来说，职业的作用主要体现在以下三个方面。

1. 职业是人谋生的需要

职业生活是构成人生的重要组成部分，人的职业生活表现在必须通过参加社会劳动来获取生存必需的生活资料，人类社会的生存与发展都是基于劳动创造实现的，没有人的劳动创造，也就没有人类社会今日的进步与发展。在现实社会中，劳动的目的是取得一定的报酬来作为生活资料的来源，人们通过参加一定职业岗位的劳动，来换取劳动报酬，满足谋生的需要，并积累个人的财富。在我国社会主义制度下，实行"按劳分配"原则，每个劳动者参加职业劳动的数量与质量，将决定其财富的多少。

2. 职业促进人的个性发展

职业活动对人的个性发展起着十分重要的影响作用。职业活动是按照一定的社会要求和内在规律运行的，每种职业都有其独特的活动方式，对从业者在生理和心理等方面都有特定的要求。人们通过参加职业活动逐步形成并不断发展与完善自我的个性，随着从业时间的增加，个人的智力、体力、知识与技能水平都有充分的发展与提高，从中满足自我实现的需要。

3. 职业是人为社会做贡献的途径

职业的本质是劳动力与生产资料的结合，它体现着人与人之间的社会关系。人的职业劳动在为个人获得生活资料的同时，也为社会创造了财富。现代社会的劳动者有着十分明显的分工，一个人只能从事某种具体的劳动，不可能同时从事直接生产其所需的全部生活资料的各种劳动，只有通过各自劳动成果的交换，才能满足彼此的需要。在这种平等的相互交换劳动成果的过程中，既体现出为他人服务的程度，又衡量出个人对社会和国家所做贡献的大小。

五、职业的发展

职业是人类社会发展到一定阶段的产物。人类社会在不断向前发展，必然引领职业的不断发展，职业的发展具有以下特征。

1. 产业结构不断调整影响职业的发展

随着社会生产力的发展，社会分工不断扩大，产业部门日益分化，产业结构日趋复杂。产业结构状况反映着生产力发展水平和生产社会化程度：在传统农业社会，农业人口比重最大；在工业化社会，工业领域中的职业数量和就业人数显著增加；在科学技术高度发达和经济发展迅速的社会，第三产业职业数量和就业人员显著增加。

一个国家，一个社会，从大的方面看，可以分为第一产业、第二产业、第三产业三大类。从经济发达国家的发展历史可以发现，三类产业结构是在不断发展变化的。在工业化初期，第一产业的产值和劳动力的比重不断下降，劳动力数量绝对减少，大部分流向第二产业，小部分流向第三产业，第二产业的比重迅速上升，第三产业的比重也稳步提高；在工业化后期，第一产业的产值和劳动力的比重继续下降，减少的劳动力大部分流向第二产业，第二产业的比重由上升转入稳定，第三产业的比重迅速上升；进入后工业化时期，第一、第二产业的产值比重同时下降，劳动力同时减少，减少的劳动力流向第三产业，第三产业的比重继续提高。

在三次产业结构的变化中，最突出的是第三产业。世界各国的统计资料说明，近半个世纪以来，第三产业普遍得到了发展。20 世纪 70 年代以来，世界上绝大多数国家的第三产业的发展迅速超过了第一、第二产业。

经济转型升级重在形成以服务业为主体的产业结构。从国际产业结构演进的经验看，由高附加值的现代服务业逐步取代低附加值的传统工业，是一个国家由工业化中后期走向工业化后期这个特定历史阶段经济可持续发展的客观趋势，也是发展中国家成功迈向高收入国家的必由之路。经济结构的变化趋势，要求必须把握增长、转型与改革的主动权，适应并引领经济新常态，尽快形成以服务业为主体的产业结构。

从生产型制造为主向服务型制造为主转变的大趋势，要求主动加快现代生产性服务业的发展。新一轮科技革命与我国经济转型升级形成历史性交汇，中国制造在"互联网＋"下，由生产型制造开始向服务型制造转变。从现实情况看，我国发展服务型制造的突出问题是以研发、设计、金融、物流、营销等为代表的生产性服务业发展滞后。

规模城镇化向人口城镇化的转型升级为生活性服务业发展提供了巨大空间。城镇化红利将为教育、医疗养老等生活性服务业带来巨大市场空间。进入工业化中后期，人口城镇化重在发展现代服务业。

物质型消费为主向服务型消费为主的消费结构转型升级，将形成经济服务化的内在动力。服务型消费的快速增长将为服务业发展提供巨大市场空间。

2. 社会生产力的进步促进职业的发展

职业自产生以来，就随着社会生产力的进步和社会分工的发展而处在不断发展变化之中，主要表现为职业分类在数量上由少到多，职业分工由简单到精细，职业内容不断弃旧更新，职业结构不断调整，新型职业不断产生，职业对从业人员的素质要求不断提高。

（1）职业分类在数量上由少到多

新职业出现的频率逐渐加快。在职业产生初期，种类少，发展缓慢，随着社会的发展职业种类增加的速度逐渐加快。据有关资料统计，我国封建社会初期（周朝），社会职业只分为6大类，即五公（发号施令的统治者）、士大夫（负责执行的官吏）、百工（各种手工业工匠）、商旅（商人），农夫（种田人）、妇工（纺织、编织的妇女）。所谓"百工"是技艺匠人的总称，当时有木工 7 种，金工 6 种，皮工、染工各 5 种，还有其他各种工种，加起来不过三四十种。到了隋朝，增加到 100 个行业，比周朝多了一倍，到了宋朝达220 个，到了明朝已增至 300 多个。中华人民共和国成立后，全国各种工种岗位的总和已发展到 10 000 种左右。

同样，在国外也存在类似的情况，现代社会职业兴衰演化迅速。据苏联于 1986 年统计，在 1986 年前的 15 年时间里，共出现 207 种新职业，而有232 种职业"消失"了。美国在 1986 年以前的 20 年时间里，有数千种职业发生了兴衰变化。

（2）职业分工从简单到精细

职业的产生是社会分工的结果。社会发展具有三个层次：一般分工区分出第一产业、第二产业和第三产业；特殊分工出现了不同行业；个别分工划分出职业岗位。例如，农业最早是指种植业，农民所从事的劳动包括各种作物从播种到收获的一系列活动。后来随着生产力的发展出现了粮食作物种植与经济作物种植的区分。经济作物种植又分为棉花种植、果树种植、茶桑种植等，于是产生了棉农、果农、茶农等。现代农业的发展使种植活动本身也产生了社会化服务体系，体现了职业的进一步分化，标志着农业专业化的形成。

再如，建筑业，从原始的单一职业发展到现代化的建材生产、建筑设计、土建、装修等几十个职业构成的庞大的建筑职业群。

在现代生产条件下，科学技术与生产的关系日益密切，引起生产社会化和专业化的进一步发展，推动新材料、新设备、新工艺的运用。以第三产业为例，当人类社会进入知识经济时代的时候，工业部门采用日益先进的新技术，逐步实现了生产自动化，知识和技术取代资金决定性的地位，成为工业发展的最重要的生产要素。电子、航空光纤通信、计算机等新兴工业产业迅速发展，随着新兴工业部门的迅速发展，出现了比传统的工业经济时代更复杂的职业岗位。如计算机出现以后，有了硬件、软件、操作员、程序员、计算机销售、维修等多种职业岗位。这些职业岗位比以往的职业岗位具有更加知识性和专业技能性的要求，不经过专门的学习，一般人无法进入该复杂的职业岗位。

（3）职业活动内容不断地弃旧更新

同一职业，随着社会的发展和科学技术的进步而具有截然不同的内容，对职业者的素质提出了更高的要求。如设计院的工程师，原来设计是用图板、丁字尺和画笔画出图纸，随着计算机的广泛运用，工程师再也不用这些工具了，运用 CAD 技术画出的图纸不仅美观、准确，而且速度快，大大提高了工作效率。同样是搞设计的，因为所凭借的工具而发生了革命性的变化。工程师如此，教师、会计、商场售货员也是如此，虽然职业岗位没有变化，但职业活动的内容发生了重大的变化。

现代的农民不同于刀耕火种时代的农民，农业劳动已不是仅仅依靠体力的劳动，它还要求掌握现代生物学知识、育种知识、栽培原理知识、土壤肥料知识、气象知识、农业机械知识与技能等现代农业科学技术知识，所采用的工具同原始农业相比更是有了天壤之别。邮政业也是如此，古代是骑着马传送邮件，现代除了使用飞机、火车、汽车传送邮件，还广泛使用电报、电话、传真、卫星通信、网络等手段传送信息。邮政传递手段的进步，对从业人员的文化知识和职业技能提出了更高的要求。同样的装卸工，操作现代装卸机械的装卸活动完全不同于单靠体力的装卸活动。社会发展了，职业内容也在不断地发生变化，从业者的观念、知识、技能也必须随之更新。

（4）职业结构不断调整

从 19 世纪开始，一些工业发展快的国家，从事制造业、运输业、采矿业等工业活动的劳动力逐渐超过了从事农业生产的劳动力。20 世纪一些工业国家又进入服务业取代制造业的时代。交通运输、邮电通信、商业、饮食业、行政管理、社会福利、文化、教育、卫生、体育、信息服务等在职业中占了很大比重。职业结构的变化，简单地说就是从事农业生产和工业生产的人数在逐渐减少，从事服务行业的人数在不断增加。如美国早在 1982 年从事服务行业的人数已占就业人口的 70%，从事工业生产的占 24.45%，从事农业生产的占 5.55%。我国目前还处在社会主义初级阶段，从事工农业生产的仍然占就业人口的大多数，但随着社会经济的进一步发展和产业结构的不断调整，到 2019 年年末，我国第一产业就业人员占 25.1%，第二产业就业人员占 27.5%，第三产业就业人员占 47.4%。第三产业从业人员就业占比从 2015 年的 42.4%上升到 2019 年的 47.4%，成为吸纳就业人员的主渠道。

（5）新型职业不断产生

新科学技术的不断运用是新型职业不断产生的动力和源泉。每次新的技术革命，都必然有大批新型职业产生。同时，有部分传统职业被淘汰。如蒸汽机的使用，使整个机械制造业、运输业、纺织业发生了巨大变化。铁路的出现促使成百上千种新的职业产生。石油和电力的应用，导致了城市电气、汽车、飞机、电报、电话、无线电、化学工业、塑料工业等一大批新型行业与新型职业的产生。以原子能、计算机、空间技术和现代生物科学为标志的新技术革命，正在开辟着许许多多高新科技产业及一大批新的职业领域。据统计，现在每年平均有 600 多种新型职业产生，同时有 500 多种传统职业被淘汰。从劳动部门获悉，消失的旧职业已达 30 000 余种，旧职业消失的同时，催生出许多新职业，一些闻所未闻的新型职业正在悄然兴起。

近年来，我国产业结构的优化带动了职业结构的变化，随着科技和生产力水平的提高，一批与之相适应的新职业、新工种也应运而生。我国劳动和社会保障部自 2004 年 8 月建立新职业信息发布制度以来，已经发布了十一批共 100 多种新职业。

六、未来的职业与未来的劳动者

1. 未来职业的发展趋势

（1）职业要求的综合化

随着科学技术的发展，有些职业的专业化要求越来越高，若不具备一定的专业能力，达不到专业的要求，就不能从事该职业。有的职业与另一种职业之间交叉延伸，从事一种职业时需要具备另一种职业的要求，如以前的科研人员只管科研成果，但现在的许多研究人员，既是研究者，又是开发者，有时还是经营管理者。职业要求的综合化，要求劳动者有较高的综合素质和较强的应变能力，有的学生在校期间攻读双学位甚至多学位，有的考取多个职业资格证书，以此适应未来工作的需要。

（2）职业活动的自由化

随着职业分工的不断细化，职业活动将出现自由化的趋势。职业活动自由化有以下三种表现：一是职业场所的自由化，有些劳动者将没有固定的工作场所，在家里上班，网上上班已成为一种职业的新时尚，如当今的"SOHO"族；二是职业活动时间的自由化，如律师、设计师等，以完成某一具体工作任务为目标，没有严格的上班时间或下班时间界限；三是职业人的自由化，从事自由职业的人，没有具体的工作单位，常常以完成某项工作、任务的形式来履行其职业职责，如文化娱乐影视界人士、自由撰稿人、经纪人、作家等。

（3）第三产业的职业数量大增

随着科学技术水平的提高，不少职业的寿命相对缩短，职业之间的地位兴衰不断变迁，尤其是第三产业的职业数量增加迅速，就业人数显著增加，在发达国家均已超过 50%。

2. 未来的职业特点

科学技术的发展使社会分工和职业分化的势头进一步加快，未来职业的发展呈现出智能化、综合化、专业化的特点。

（1）职业的智能化

职业的智能化指在职业劳动中，体力劳动的比重减少，脑力劳动的比重增加，体力劳动脑力化。职业的智能化要求各种就业岗位对单纯体力劳动者的需求量明显减少。

（2）职业综合化

职业综合化指职业之间相互交叉、重叠，职业对从业人员的技能知识经验、能力素质要求越来越全面。如产品推销员不仅要求掌握产品推销知识，还要求具备公关能力；会计师不仅要具备会计专业知识，还要求会操作电脑。职业的综合化对职业人员提出了更高的要求，各种职业岗位更欢迎那些有多方面能力的人才。

（3）职业的专业化

职业的专业技术水平要求越来越细，越来越高，职业的专业化要求各种职业岗位有更多的受过专门培训、接受过专业教育、掌握最新技术的人才。

3. 未来的劳动者类型

（1）智能型劳动者

智能型劳动者是指掌握相当的专业知识，具有熟练工作技能，从事以知识和智力为基础的工作的劳动者。智能型劳动者分布于各行各业，如科学家、工程师、技师、医师、经理、艺术家、推销员、智能型工人及智能型农民等。智能型劳动者与传统的体力劳动者的区别在于，他们有较高的文化程度，有相当的理论知识和分析能力，有较熟练的动手操作技能，能够根据工作实际进行分析判断或思维决策，是体力和脑力互相结合、互相补充的新型劳动者。

一个企业纵使有周密的发展计划和宏伟蓝图，有先进的设施设备，但如果在生产第一线缺乏足够的有较高分析判断能力的操作工人，企业的一切努力也将事倍功半，并会因此缺乏竞争能力而带来生存危机。从这个意义上来说，一个企业的成败不仅要依靠决策管理层和技术开发部门，还取决于在生产第一线是否拥有能够正确执行决策者意图的智能型劳动者，取决于他们的智能和创造力。

在微软公司，看不到大企业车水马龙的热闹景象，没有堆积如山的原料和产品库房，只有几座现代化的办公楼耸立在如茵的绿草中间，错落有致，却有一种优雅娴静的氛围。在那里，没有大规模的生产，没有大规模的原料消耗，没有大规模的产品堆积。"开发部"是微软的核心，每个人拥有一个大概只有 5 平方米，除了一把椅子和四五台电脑，几乎见不到其他任何东西的办公室。它所进行的国际贸易基本是无形的，但价值与作用难以描述。它的用户遍布于世界各地，数以百万计，且还在日益增加。微软的崛起，靠的就是它拥有的人的智慧，也就是一批高素质的智能型劳动者。

当今，社会正在由工业经济时代走向信息与知识经济时代，高新技术对工作岗位的影响越来越大，岗位的"智能化"对劳动者在理论知识、专业技术和专业技能等方面不断提出更高的要求。科学和技术的飞速发展，促使产品的更新速度不断加快，以计算机技术为例，目前技术寿命大约只有 1 年。在知识经济时代，企业开发、生产的主要是知识型、智力型的产品，而一个从业人员既是设计者、开发者，同时又是生产者，因此，从业人员必须是智能型劳动者。

（2）复合型劳动者

复合型劳动者就是拥有多种技能的劳动者。随着社会的发展，越来越多的专项技能将成为新时代劳动者的通用技能，因此，要求劳动者能够具有复合型技能。如机器维修，以前的维修工人要么只懂机械，要么只懂电路的原理，而现在先进的机器要求维修工人既要懂机械，又要懂电子，即机电一体化，否则便不是一个称职的维修工人。

复合型技能是相对专项性技能而言的。它不仅体现在掌握多种通用技能、单项技能方面，而且还体现在掌握同一类职业共同的专业理论方面，并能在这些专业理论的基础上，把已掌握的技能迁移到新的职业岗位所需要的技能中去。

随着职业更迭的加速，一个人一生可能从事多个职业。如果是单一型劳动者，一旦失去原有工作岗位就可能一时找不到工作，必须通过重新培训才能上岗；只有成为复合型劳动者，在职业生活中具有较强的应变能力，才能比较容易地将已掌握的技能迁移到新的职业岗位所需的技能上去，缩短失业时间或避免失业。

（3）社会型劳动者

社会型劳动者是指除了掌握相当的专业知识、具有熟练的工作技能，还具备一定的组织能力、协调能力，人际交往、公共关系、职业道德、环境意识等社会活动能力的劳动者。传统的劳动者一般固定在某种工作岗位上，不断地重复相同的操作，与他人合作要求不高，许多人几乎不需要与外界打交道。比如车工，只需埋头苦干，生产出优质的零件，就是一个好工人。现代社会使自然人转换为社会人，相互封闭、相互隔绝的劳动岗位将不复存在。而在信息时代，人们随时随地置于数字化、网络化、智能化的环境中，多种相互结合、相互支撑的岗位结构成为具有社会型特征的岗位架构。在这种岗位架构下，个人的力量越来越渺小，更多的成果需要依靠集体的智慧，因此，还要求劳动者必须具有从事职业活动所必须具备的社会活动能力。

（4）创业型劳动者

创业型劳动者是指既有创业意识和精神，又具有相应的创业能力的劳动者。由于我国人口众多，就业矛盾将长期存在，人们对就业岗位的竞争会表现得更加激烈。自主创业不仅可以实现自我就业，还可以创造出更多的就业岗位。从广义上讲，创业是指创业者的各项创业实践活动，其功能指向是成就国家、集体和个体的大业；从狭义上讲，创业则是指创业者的生产经营活动，主要是开创个体和家庭的小业。作为新时代的创业者必须具备有坚定的信念、致富的欲望、超常的胆量和魄力、坚强的毅力，以及市场意识、竞争意识、信誉意识和艰苦奋斗的精神等创业意识和精神，同时还必须具有信息收集处理、生产和经营管理、分析决策、选拔用人、公关协调，以及创新的能力。

掌握职业未来发展的趋势，以及未来的职业特点，了解未来劳动者的类型有助于大学生在大学期间，有意识地提高自己的专业能力与综合素质，为迎接未来社会的挑战而学习。

第二节　生涯与职业生涯

一、生涯

一般来说，"生涯"通常有两种用法：一种是当名词用，有"向上的职业流动"之意，表示某种行业可由基层循级而上。如"高校教师生涯"，是指由助教、讲师、副教授而晋升至教授的一种职业生涯。另一种是当形容词用，有"职业稳定"之意，表示某种特定的就业状态。如"职业生涯"。这两种用法意指"持续性"或"持久性"，对个人的前程发展而言，均有跨越"时间"与"空间"的含义。

目前，大多数西方学者比较推崇的是美国著名生涯规划大师舒伯对于"生涯"的观点。

"生涯"是生活里各种事态的连续演进方向；它统合了人一生中依序发展的各种职业和生活的角色，由个人对工作的投入而流露出独特的自我发展形势；它也是人生自青春期至退休之后，一连串有酬或无酬的综合，除了职业之外，尚包括任何和工作有关的角色，如学生、受雇者领退休金者，甚至也包含了副业、家庭、公民的角色。

"生涯"一词最早见于《庄子·养生主》："吾生也有涯，而知也无涯"，这里的"生涯"指的是生命的边际，后来"生涯"的释义变成了人的整个生命过程。

《现代汉语词典》对"生涯"的解释是"指从事某种活动或职业的生活"。

美国职业生涯规划方面的著名学者舒伯在前人研究的基础上重新定义了生涯，舒伯认为生涯应该包括人一生中所经历的各种职业，以及在生活中扮演的各种角色，也就是说生涯发展的过程覆盖了人的生命的整个过程。如儿童角色、家长角色、学生角色、雇佣者、公民等。

人的生涯发展不仅仅是被动地随着时间推进的角色转变，更是一个主动的自我创造的过程，在这一过程中职业发挥着重要的作用。职业发展情况对人的生涯有着重要的影响，人的生涯发展是以职业为主线展开的，职业是生涯发展的主要驱动力。

职业生涯是人们从年轻时进入职场到最终退休的整个工作经历，包括从事的职业、担任的职位，以及所做的具体工作。职业生涯是人生中最重要的历程，职业生涯阶段是人最具生命力和创造力的阶段。

大学生涯是大学生走向职场前最后的准备阶段，大学生涯如何度过决定了未来职业生涯的走向，所以说大学生要过好短暂宝贵的大学时光，进行合理的职业生涯规划，为未来职业发展做好充分的准备。

二、职业生涯

根据中国职业规划师协会的定义：所谓职业生涯，是指人的一生中的职业历程。人的职业生活是人生全部生活的主体，在其生涯中占据核心与关键的位置。人们一生的职业历程，有着种种不同的可能，有的人从事这种职业，有的人从事那种职业。有的人一生变换多种职业，有的人终生位于一个岗位上。有的人不断追求，事业成功，有的人穷困潦倒，无所作为。造成人们职业生涯的差异，有个人能力、心理、机遇方面的问题，也有社会环境的影响。

生涯，英语是"career"，"生"，即"活着"；"涯"，即"边界"。广义上理解，"生"，自然是与一个人的生命相联系；"涯"，则有边际的含义，即指人生经历、生活道路和职业、专业、事业。人的一生，包含少年、成年、老年三个阶段，成年阶段是最重要的时期。这一时期之所以重要，是因为这是人们从事职业生活的时期。

职业生涯这个概念的含义曾随着时间的推移发生过很多变化。在20世纪70年代，职业生涯专指个人生活中和工作相关的各个方面。随后，又有很多新的意义纳入到"职业生涯"的概念中，其中甚至包含了生活中关于个人、集体，以及经济生活的方方面面。

从经济的观点来看，职业生涯就是个人在人生中所经历的一系列职位和角色，它们与个人的职业发展过程相联系，是个人接受培训教育，以及职业发展所形成的结果。

职业生涯是以心理开发、生理开发、智力开发、技能开发、伦理开发等人的潜能开发为基础；以工作内容为确定和变化；以工作业绩的评价，工资待遇，职称、职务的变动为标准；以满足需求为目标的工作经历和内心体验的经历。

职业生涯是人一生中最重要的历程，对人生价值起着决定性作用。

职业生涯是一个动态的过程，是指一个人一生在职业岗位上所度过的、与工作活动相关的连续经历，并不包含在职业上成功与失败或进步快与慢的含义。也就是说，不论职位高低，不论成功与否，每个工作着的人都有自己的职业生涯。

职业生涯，是一个人一生的工作经历，特别是职业、职位的变动及工作理想的整个过程。

三、内职业生涯与外职业生涯

1. 内职业生涯

内职业生涯是指从事一项职业时所具备的知识、观念、心理素质、内心感受等因素的组合及其变化过程。

内职业生涯各项因素的获得，可以通过别人的帮助而实现，但主要还是靠自己的努力追求而得以实现。内职业生涯的各项构成因素内容一旦取得，终身拥有，别人不能收回或剥夺。内职业生涯是真正的人力资本所在，是一个人生涯发展的原动力。所以大学生在入学之后要努力提升自己获取内职业生涯的能力，提高内职业生涯而取得的工作业绩，会转化为外职业生涯。

2. 外职业生涯

外职业生涯是指从事职业时的工作单位、工作地点、工作内容、工作职务、工作环境、工资待遇等因素的组合及其变化过程。

顾名思义，外职业生涯着重强调外部环境和外部条件。其构成因素通常会随着外在条件的变化而变化，外职业生涯的稳定以内职业生涯的发展为前提。良好的外职业条件还可提升个人对内职业生涯的认知，相互促进，相互协调。外职业生涯的构成因素通常是由别人或组织认可和给予的，也容易被别人或组织否认和收回。外职业生涯因素可能往往与自己的付出不符，尤其是在职业生涯初期。有的人一生疲于追求外职业生涯的成功，但内心极为痛苦，因为他们往往不了解，外职业生涯发展是以内职业生涯发展为前提条件的。

第三节　职业生涯规划

一、职业生涯规划的概念

职业生涯规划，又称为职业生涯设计，普遍认为是著名管理学家诺斯威尔首先提出这个概念的。他认为，职业生涯设计就是个人结合自身情况及眼前制约因素，为自己实现职业目标而确定行动方向、行动时间和行动方案。尽管之后其他学者对职业生涯规划的概念有不同的理解，但各种理解上的差异并不能掩盖职业生涯规划在人们观念中的共识。应该说，诺斯威尔的定义从一开始就为职业生涯规划定下了基调，具有典型意义。对职业生涯规划概念的认识，应着重把握以下三点。

（1）职业生涯规划分为认知、设计、行动三大部分。职业生涯规划是一种复合化的行为过程。认知包括对人生理想、职业价值观、兴趣爱好、个性特征、能力状况等主体方面的认知，也包括对家庭条件、社会环境、职业分类、工作性质的认知，还包括对职业生涯规划理论和方法的认知。设计是指个体根据认知，为自己有针对性地树立职业目标、制订实施方案、确定阶段任务。行动则是将设计的内容付诸实施。三者环环相扣，浑然一体。

（2）职业生涯规划以职业实现和职业维持为中心，同时包含对性情培养、家庭角色扮演、生活方式和状态等非职业因素的规划。对于大多数人而言，职业是物质生活来源的基础，也是心理塑造的重要因素，正因如此、职业生涯规划才会成为一个独立的研究主题，甚至在某种意义上，职业生涯规划可以等同于生涯规划。所以，职业生涯规划的核心是找到适合自己的理想职业，并得以维持。但是职业的实现和职业的维持不是孤立的，它们需要生涯的其他方面作支撑。比如，家庭的建立往往有助于职业因素更大地发挥作用，家庭的建立形态等也会影响着职业的选择，同时家庭的建立也影响着职业结束后个体的归属。所以，职业生涯规划是关于个人生涯较全面的规划过程。

（3）职业生涯规划深受客观条件的影响，具有框架性。职业生涯规划属于一种社会科学，本身无法做到像自然科学那样严谨精确。职业生涯规划的调整是主体与客观因素的适应关系，但客观上的因素是无法完全预料的。职业生涯规划所能做到的是根据既有的因素去安排路线和行动，在客观因素变化时，也能运用合理的方法去应对。但是，如果没有这些准备，将漫无方向，在面对新情况时，也很难找到合理的方法解决。所以职业生涯规划为个体的发展提供的并非如建筑图纸那样的细致无缺，它提供的是合理有序发展的框架。

二、职业生涯规划对大学生的意义

每一个人在性格、能力、心理、价值观念、身体素质、物质条件、生活状态等各方面都没有完全相同的，这就是人生发展中"质"与"量"的差异所造成的。人生发展的"质"与"量"可以说是人与人之间的区别标签。因此，在发展的起步期，只有找准自己当前的"质"与"量"，才能知道自己所处的位置、所具备的条件；只有找准了自己未来的"质"与"量"，才能知道自己所努力的方向和所要达到的境界。这需要一种衡量工具。在发展的过程中，只有运用恰当的方法，科学系统地去构造发展的轨迹，才能找到理想的"质"与"量"。这就需要一种勾画手段。标尺的作用是衡量与勾画，而职业生涯规划正是人生发展的标尺，这点对于站在生涯发展十字路口的大学生而言，更是如此。

（1）职业生涯规划的衡量作用

指导大学生确定恰当的人生目标。目标是人生之路的灯塔，它指引着奋斗的方向，也给予奋斗的动力。但是，确定一个恰当的人生目标绝非易事。目标确定得过于宏大，就会找不到实现目标的入手之处，对个人成长起不到促进作用；目标确定得过于狭隘，会使得个人的成长受到过多的拘泥，最终限制了发展的空间。而职业生涯规划所包含的各种理论、方法、工具，可以帮助大家准确地认识自我，在正确的自我定位的基础上，结合外部条件和社会需要确定切实可行的目标。

帮助大学生认识既有的发展状态。认识既有的发展状态，包括对个性的认识、对现有能力和不足的认识、对发展阶段的认识等。如果对既有的发展状态有较好的把握，就可以确定之前所做努力的效果，明确下一步应做的工作。这样，就能知道今后是应该继续沿用之前的发展思路，还是做适当的调整。这既可以作为一种对之前确定的人生目标的检验，又能促进我们逐渐朝人生目标迈进。

（2）生涯规划的勾画作用

帮助大学生树立正确的择业观念。时下就业市场上之所以会出现"公务员热""金融热""房地产热"等现象，很重要的原因就是很多大学生没有正确的择业观念，而一味地追随大流，或者仅仅认识到社会环境对职业发展的影响，而没有考虑到自我的身心特点和未来发展的目标。延伸到相关的"考研热""出国热"等，这也是大学生群体缺乏正确就业观念的表现。没有正确的择业观念，带来的结果往往是就业中的四处碰壁，或从事了一个不适合自己的职业，导致个性被压抑，能力被限制，生活上郁郁寡欢，事业上步履维艰。"三百六十行，行行出状元。"对于有抱负的人而言，其实大多数职业都有广阔的施展空间，都能给人生带来成功的荣耀。正确的择业观念应当是自我认识、环境认识、价值目标认识的系统结合。而职业生涯规划可以帮助个体在此基础上树立具体的、有针对性的择业观念，从而对机遇的把握更为全面和深刻。

引导大学生重视并有针对性培养素质和能力。对于大学生而言，当前社会发展充满着机遇，同时又面临着严峻的挑战。可以预见，未来对人才要求的趋势越来越多样化、专业化，而且越来越注重品行合一。常常听说这样的情况：有学生在工作中由于不能熟练地使用各种现代化的工具，使得其能力大打折扣；有学生在大学期间虽然看了很多书，但在工作时无论是口头还是书面表达能力都不强，直接影响到社会对自己思想观点的认可；还有一些学生在工作时感觉专业知识学得不深，常有重回校园学习的冲动等。这些都是大学生没有针对性培养自己的素质和能力的结果。那么，在挑战和趋势面前，大学生应该怎样培养素质和能力呢？人一生中学习和实践的时间是有限的，很难使自己的素质和能力面面俱到，使自己成为无所不能的"全才"。而且当代社会分工的精细，使得任何人都不能在所有领域里大展身手。因此，应该以发展目标为核心，有针对性地培养自己在某些方面的素质和能力。

第二章
职业生涯规划的基本理论

第一节　职业选择理论

职业选择是人们依照自己的价值观、职业期望、兴趣能力等，从社会现有的职业中进行挑选的过程。选择一种职业，就选择了一种生活方式，人们在挑选职业的时候都会慎重考虑。职业选择理论告诉我们应该如何选择职业，比较具有代表性的职业选择理论有帕森斯的特质因素理论、霍兰德的职业兴趣理论、沙因的职业锚理论等。

一、帕森斯的特质因素理论

美国波士顿大学教授弗兰克·帕森斯提出的特质因素理论又称人职匹配理论，是最早的职业辅导理论。1909 年，帕森斯在其《选择一个职业》的著作中提出人与职业相匹配是职业选择的关键。他认为，每个人都有自己独特的人格模式，每种人格模式的个人都有其相适应的职业类型。所谓"特质"就是指个人的人格特征，包括能力倾向、兴趣、价值观和人格等，都可以通过心理测量工具来加以评量；而所谓的"因素"则是指在工作上取得成功要具备的条件或资格，这些因素是可以通过对工作的分析而了解的。

1. 人与职业的匹配的类型

（1）因素匹配（职业匹配人）。需要专门技术和专业知识的职业与掌握该种技能和专业知识的求职者相匹配。例如，脏、累、苦等劳动条件很差的职业，需要能吃苦耐劳、体格健壮的求职者与之匹配等。

（2）特质匹配（人匹配职业）。例如，具有敏感性、易动感情、不守常规、个性强、理想主义等特质的人，适合从事审美性、自我情感表达的艺术创作类型职业。

2. 帕森斯职业选择的步骤

（1）对求职者的生理和心理特点（特质）进行评价。可以借助成就测验、能力测验和人格测验等测评手段，了解求职者的价值观、能力倾向、兴趣爱好、气质与性格等，通过面谈、调查等方法进一步获得有关求职者的身体状况、家庭背景、学业成绩、工作经历等情况，并对这些资料进行评价。

（2）分析各种职业对人的要求（因素），并向求职者提供有关的职业信息，包括职业性质、工资待遇、工作条件，以及晋升的可能性，求职的最低条件，就业机会等。

（3）人—职匹配，即整合个人和工作领域的信息，这是特性因素理论的核心。指导人员在了解求职者的特质和职业的各项因素的基础上，帮助求职者进行比较分析，以便选择一种适合其个人特点、有可能得到且能在职业上取得成功的职业。

职业选择理论依据的理论基础，是强调人的个体差异已为当时人们普遍接受的事实，差异心理学和心理测验的产生和发展为职业选择理论及其实际应用提供了有利条件；同时，这一方法符合职业生涯规划的逻辑和一般过程，也易于操作和实施。所以这种职业选择方法自产生起就一直被人们广泛接受和采用，并不断发展和完善。

但是，人们所获得的工作要求信息往往是不完全的，而且该理论所依赖的技术基础——心理测验，也不能保证绝对的准确，这些误差的存在可能会导致人们做出不恰当的职业选择决策。而且，该理论试图找到个体特性与职业要求之间的一一对应关系，没有充分考虑到个体特性中的可变因素，也没考虑到工作要求会随时间的改变而发生变化，所以这种人职匹配过于静态的观点与现代社会的职业变动是不相适应的。同时，职业选择理论把职业选择看作个体单向的选择过程，也忽视了社会因素对它的影响和制约作用。

二、霍兰德的职业兴趣理论

1959 年，美国约翰斯·霍普金斯大学的心理学教授约翰·霍兰德提出了职业兴趣理论。认为人的人格类型、兴趣与职业密切相关，兴趣是人们活动的巨大动力，凡是具有职业兴趣的职业，都可以提高人们的积极性，使人们积极愉快地从事该职业，且职业兴趣与人格之间存在很高的相关性。该理论的提出对社会产生了广泛的影响，也使得霍兰德成为该领域里程碑式的人物。

1. 基本原则

（1）选择职业是人格的一种表现，个体对于某种职业的偏好是因为可能具备相应的某种人格。

（2）个体的兴趣类型即是人格类型的反映，个体对特定类型的事物或事件感兴趣，表明其可能具有相应的人格类型。

（3）相同职业团体内的成员有相似的人格，因此他们对很多情景与问题会有相类似的反应方式和行为模式，从而产生类似的人际环境。

（4）人格类型可划分为现实型、研究型、艺术型、社会型、企业型和常规型六种，个体的人格属于其中的一种或几种的结合。

（5）人所处的环境，以及从事的工作也可相应划分为六种类型，即现实型、研究型、艺术型、社会型、企业型和常规型。

（6）个体的人格与工作环境之间的匹配和对应，是职业满意度、职业稳定性与职业成就的基础，也就是说只有当个人找到与自己人格类型一样或接近的工作类型时，他才会对工作产生强烈的兴趣，才能从工作中获得较高的满足感、成就感，从而取得较好的工作成绩。

根据以上基本原则，霍兰德于 1973 年进一步完善自己的理论，他根据研究成果提出了四项核心假设与三个辅助假设。

2. 核心假设

（1）大多数人的人格可以大致分为六种类型：现实型（R）、研究型（I）、艺术型（A）、社会型（S）、企业型（E），常规型（C）。这六种类型具有各自的特点，同时也存在一定的关系，它们可以按照一个固定的顺序排列成一个六边形，如图 2-1 所示。一般地，人们的兴趣特征常常是两至三种类型按照不同比例组合而成的。

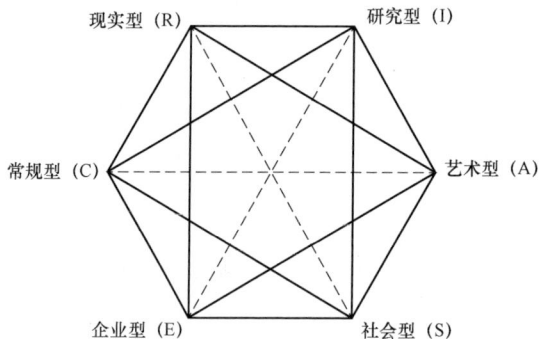

图 2-1　霍兰德人格属性类型分类图

（2）和人格属性的分类相同，在社会环境中，有六类职业，即现实型、研究型、艺术型、社会型、企业型和常规型，并且按照一定顺序也排成了六边形（RIASEC）。同时，大部分工作情境也综合了多种形态。

（3）人们总是在寻找适合自己人格类型的环境，锻炼相应的技巧和能力。

（4）一个人的行为表现，是由他的人格与所处的环境交互作用决定的。

六边形模型的提出是霍兰德在职业类型划分基础上另外一个极有价值的贡献。六边形的六个角分别代表霍兰德所提出的六种个性类型和相对应的六种职业类型；每种个性类型与职业类型的相关性大小，可以通过图形边长和对角线的长短表示。连线越短，表示个性类型与职业类型相关性越大，则适应性越高；连线为 0，即个性类型与职业类型完全适配，如 RR 型、CC

型、AA 等，此时人职配置最适宜，职业选择最理想，这称为人职协调。如果个体选择与其人格类型相近的职业环境，如现实型的人在研究型或常规型环境中工作，由于两种类型之间有较高的关联性，则个人经过努力和调整也能适应职业环境，这属于人职工协调。最坏的职业选择是个人在与其人格类型相斥的职业环境里工作，在此种情况下个人很难适应职业，也不太可能从工作中得到乐趣，这称为人职不协调，如研究型的人在企业型环境中工作等。总之，人格类型与职业类型的相关程度越高，个体的职业适应性越好；相关程度越低，个体的职业适应性就越差。因而，六边形模型的提出有助于人们更好地理解和进行职业选择。

3. 辅助假设

核心假设中指出了人和职业有六种类型，人总是在寻找适合自己人格类型的相关工作。辅助假设将进一步对人格类型之间的相关性，以及人格与职业的匹配程度进行了解释。辅助假设不仅可用来解释人的个性分类，也可用于解释职场的形态分类。

（1）一致性。一致性主要指人格类型或职业环境六种模块之间的相似程度。例如，具有现实型（R）和研究型（I）类型特征的人在性格、行为上会有某些共通的地方，他们不太善于交际，热衷于做事而非与人打交道，这两种类型的一致性较高。反之，常规型（C）和艺术型（A）的一致性则偏低，他们的特点是截然不同的，具有常规型特征的人顺从性较大，而具有艺术型特征的人独创性更强。六种类型占据了六边形的六个角，它们的一致性程度可以用在六角形上的距离程度予以表示。

（2）区分性。区分性主要指个人人格特质或者个人所偏好的职业形态的清晰程度。例如，某些人或是某些职业环境的界定较为清晰，比较接近其中的某一类型，而与其他类型相似的比较少，这样的情况表示区分性良好。反之，如果个人的人格特征与多种类型相近，则表示他们的区分性较低。一般而言，个人特性多趋向于非纯粹的综合性特点，但个体身上常会自然地突出某些代表个体个性的明显特征，通过分析这些特征来确定个体的人格类型特点，以及其偏好的职业类型。

（3）适配性。适配性是指人格类型与职业环境类型的匹配度。不同的人希望在不同的职业环境中工作、生活，人与职业适配得当就可以更好地通过自身条件发挥所长。同时，适配性的高低可用于预测个人对职业的满意度、职业的稳定程度，以及个人的职业成就。因此，适配性是霍兰德人格类型理论规律性假设中最为重要的一个假设。

根据霍兰德的理论，一个人如果没有严重的心理困扰或精神异常，只要有丰富的资料和探索的机会，大部分人都可以自行解决职业上的问题。霍兰德编出了"职业偏好量表"及"职业自我探索量表"，可用来评定个人所属人格类型，分析其一致性、区分性，以及适配性。

霍兰德所提出的六种职业类型包括了美国职业词典上所收集的所有行业，因而其个性类型与职业类型的划分是具有一定的科学性和可行性的。但是，霍兰德把众多的职业只划分为六种类型，最终确定的是与一个人的个性一致的职业类型或职业群，而每种职业类型和职业群又包括一系列具体职业。同时，根据六边形模型，一个人不仅可以选择与其个性类型相协调的职业环境类型，而且能适应与其个性类型相协调的两种职业环境类型，这就进一步扩大了个体的职业选择范围。职业选择的范围太多，就可能会模糊其选择职业的方向。因而，从这一角度来看，霍兰德的类型分类及测定工具只能作为职业生涯规划和人才挑选的初步依据。

三、沙因的职业锚理论

职业锚理论是由职业生涯规划领域具有"教父"级地位的美国麻省理工学院斯隆管理学院教授、哈佛大学社会心理学博士艾德佳·沙因最早提出来的。沙因认为，职业生涯发展实际上是一个持续的探索过程，而职业锚使个体的职业经验逐步稳定、内化下来，当再次面临职业选择时，就成为其最不能放弃的职业定位。

在众多的职业生涯发展理论中，职业锚理论是一种指导、制约、稳定和整合个人职业决策的职业自我定位理论。出于该理论的实用性、操作性和综合性特点，它成为众多职业生涯发展理论中格外重要和格外引人注目的理论。

1. 核心内容

个体的职业锚有三个组成部分：自省的才华和能力，以各种工作任务中的实际成功为基础；自我动机和需要，以实际情景中的自我测试和自我诊断的机会，以及他人反馈为基础；态度和价值观，以自我与雇佣组织、职业环境的准则、价值观之间的实际碰撞为基础。

2. 职业锚的类型

经过长期的研究，沙因提出了八种"职业锚"，即技术/职能型职业锚、管理型职业锚、自主/独立型职业锚、安全/稳定型锚、创造/创业型锚、服务型职业锚、挑战型职业锚、生活型职业锚。

（1）技术/职能型职业锚。拥有技术/职能型职业锚的人希望过"专家式"的生活。他们操作的动机来自有机会充分发挥自己的技术才能，并乐于享受作为某方面专家带来的满足感。他们忠于组织，愿意参与组织目标的制订过程，确定目标之后，他们会抱着最大的热忱独立去实现目标。他们不喜欢管理工作，不愿意离开自己认可的专业领域，也不希望被提拔到管理岗位。在薪酬补贴方面，他们更看重外在平等，并且需要从横向比较中获得心理平衡。对他们的激励应该考虑通过扩大工作范围，给予更多的资源和更大的责任，更多的经费、技术、下属等支持，或通过委员会和专家组等方式参与高层决策。

（2）管理型职业锚。拥有管理型职业锚的人有非常强烈的愿望成为管理人员，并将此看成职业进步的标准。相对专业知识，他们更认可领导与管理的重要性，他们认为掌握专业技术不过是通向管理岗位的阶梯。与技术/职能型职业锚相比，管理型职业锚更喜欢接受不确定性的挑战，认为达到目标的能力才是关键的晋升标准。对薪酬的态度，他们倾向于纵向比较，热衷于组织中的股票期权等代表所有者和股东权益的奖励方式。对他们来说，最好的认可方式是提升到具有更大管理责任的职位上。

（3）自主/独立型职业锚。自主/独立型职业锚的人追求自主和独立，不愿意受程序、工作时间、着装方式，以及在任何组织中都不可避免的标准规范的制约。即使面临职业选择，他也会为了保住自主权而权衡工作的利弊。他们倾向于专业领域内职责描述清晰、时间明确的工作。薪酬方式倾向于接受基于工作绩效并能即时付清的工资和资金。他们惧怕中长期激励的约束，宁可放弃高薪的工作和晋升的机会，也不愿意被人约束和指使。他们期望的工作晋升是那种能够获得更多自主的方式。对他们的认可方式是直接的表扬、证书、推荐信、奖品等奖励方式。

（4）安全/稳定型职业锚。拥有安全/稳定型职业锚的人选择职业最基本、最重要的需求是安全与稳定。他们最不希望工作中出现太多不确定的因素，只要有条件，他们就会选择提供终身雇佣、从不辞退员工、有良好退休金计划和福利体系、看上去强大可靠的公司，所以，政府机关、能够提供终身职务的大学和其他事业单位，是其择业首选。他们喜欢组织的中长期激励，希望自己的职业跟随组织的发展而发展，适合直接加薪、改善收益状况的激励方式。对于薪酬补贴，只要按部就班、有基于工作年限、可预见的稳定增长就可以。他们喜欢基于过去资历，有明确晋升周期的公开等级晋升系统。

（5）创造/创业型职业锚。对于创造/创业型职业锚的人来说，最重要的是建立或设计某种完全属于自己的东西。当在经济上获得成功后，赚钱便成为他们衡量成功的标准。自主型职业人创业的动力是源于表现和扩大自主性的需要，而创造型职业锚的人在创业初期，会毫不犹豫地牺牲自己的自由和稳定以求得事业的成功。在薪酬方面，他们看中的是所有权。对于工作晋升，他们希望职业能够允许他们去做自己想做的事，有一定的权力和自由去扮演自己不断进行创新的角色。创造财富、创建企业、拓展事业，就是对他们的认可方式。创造/创业型职业锚与别的职业锚具有较多的重叠。

（6）服务型职业锚。服务型职业锚的人希望能够体现个人的价值观，他们关注工作带来的价值，而不在意是否能发挥自己的能力。他们希望能够以自己的价值观影响雇佣他们的组织或社会，只要全世界因为他们的努力而更美好，就实现了他们的价值。至于薪酬补贴，他们希望得到基于贡献的、公平的、方式简单的薪酬。对于他们，晋升和激励不在于钱，而在于认可他们的贡献，他们需要得到来自同事，以及上级的认可和支持，并与他们共享自己的社会主义核心价值观。

（7）挑战型职业锚。这类人认为他们可以征服任何事情或任何人，在他们眼里，成功就是"克服不可能超载的障碍，解决不可能解决的问题，战胜更为强劲的对手"。所谓"更高、更快、更强"，最对这种人的胃口。他们的挑战领域不局限于某一方面，而是所有可以挑战的领域。如果他们缺乏挑战机会，就失去了工作的动力。这种人会看不起与其价值观不同的人，并不断给阻碍他挑战的人制造麻烦。

（8）生活型职业锚。这类人似乎没有职业锚，他们不追求事业的成功，而是需要寻求合适的方式整合职业的需要，家庭的需要和个人的需要。所以，他们会为了工作的弹性和灵活性选择职业。他们认为生活的成功并不完全取决于职业和工作上的成功，相对于具体的工作环境和工作内容，他们更关注自己如何生活、如何与家人交往，以及怎样在生活中获得乐趣。"老婆孩子热炕头"，在一定程度上反映了这种职业锚。

3. 正确理解职业锚应注意的问题

（1）每种职业锚都对应着一些典型的职业，而某些职业也可能对应着多种职业锚。

（2）职业锚不同于职业倾向，根据霍兰德的理论，人的职业倾向可能是六种类型中不同类型的组合，但职业锚对于个人来讲是单一的，他只可能拥有八种职业锚中的一种，无论何时都不愿意放弃的职业需求也可能是一种。

经过几年的发展，职业锚（职业定位）已经成为职业发展、职业生涯规划的必选工具，麻省理工学院斯隆管理学院编制了《职业锚测评系统》，它在 2003 年被引入中国。北京师范大学和北京大学一批心理学家对该系统进行了本土化工作，并与清华大学就业指导中心合作进行了国内常规模式的工作选取。

在现代社会，个人与组织的发展并不矛盾，作为个人，需要不断地进行自我探索，确认自己的职业锚，并将自己的认识与组织进行沟通。作为组织，需要建立起灵活的职业发展路径，多样化的激励体系和薪酬体系，以满足同一工作领域中拥有不同职业锚员工的需求。

第二节　职业发展理论

随着研究的进一步深入，职业发展理论也开始更为倾向于从动态、发展的角度来研究人的职业行为，以及各个发展阶段，原来较为稳定的静态"职业"概念慢慢被动态的"生涯"概念取代。职业生涯发展阶段的划分成为职业生涯规划研究的重要内容。自 20 世纪 50 年代起，美国生涯规划大师唐纳德·E·舒伯通过长期的研究，对生涯发展提出了较为系统的观点。此外，美国职业指导专家金斯伯格的职业生涯发展阶段论、美国心理学博士杰弗里·H·格林豪斯的职业生涯发展理论也是该学派的重要代表。

一、金斯伯格的职业发展理论

1. 基本观点

金斯伯格是职业发展理论的先驱，1951 年其专著《职业选择》问世，在这本书中提出了职业发展理论的基本观点。

（1）职业选择是一个发展过程。它不是一个单一的决定，而是一个在一段时间里做出的一系列决定。在这个过程中，每一个步骤与前后的步骤之间都有着某种有意义的联系。

（2）这个职业选择过程大部分是不可逆转的，因为在这个过程中做出的每一个决定都依赖于个人的年龄和发展。

（3）这个过程以一种折中的方式结束。一系列内外部因素影响个人的决定，一个人必须在影响择业的主要因素（兴趣能力和现实机会）之间取得平衡。

2. 发展阶段

金斯伯格把人的职业选择心理的发展分为三个主要时期，即幻想期、尝试期、现实期。在尝试期和现实期中，又做了进一步划分。

（1）幻想期（11岁以前）。11岁之前的儿童时期为空想阶段，这个阶段的个体往往希望自己能快点长大，怀着理想化职业的憧憬。在这个阶段，个体多带有强烈的感情色彩，思想较为盲目，并带有冲动性，对职业需求的内涵思想尚未形成，完全处于幻想之中，因此，个体在这个时期表现得较为不稳定。

（2）尝试期（11～18岁）。这个阶段与青春期有一定的重叠，个体生理和心理迅速发育和变化，有自己独立的意识，价值观念开始形成，知识和能力显著增长和增强，初步懂得社会和生活经验，开始形成自己的职业兴趣，并开始思考今后的职业道路及自己所面临的任务。但是，由于长期处于学校学习，个体对职业选择考虑更多的还是自己的兴趣，难免具有一些过于理想主义的色彩。

金斯伯格按照年轻人考虑择业因素的顺序，把尝试期又分如下四个阶段：兴趣阶段（11～12岁）、能力阶段（13～14岁）、价值阶段（15～16岁）和过渡阶段（17～18岁），其中价值阶段是职业形成最重要的时期。而尝试期的最后一个阶段过渡阶段和现实期的第一阶段探索阶段，给年轻人提供了一次重新开始职业选择过程的机会。随着阶段发展，个体开始从考虑非常主观的个人兴趣，能力和价值观转向不断关心现实所提供的机会和限制。

（3）现实期（18岁以后）。在现实期，个人开始由中学进入大学，或直接步入社会从事职业活动。在这个时期，他们已经开始把自己的主观愿望、主观条件与客观社会环境协调起来，兴趣、能力、价值观等个体化因素不再是择业的唯一决定因素，人们必须面对现实做出抉择。这个时期最大的特点是客观性、现实性。

个体在这个阶段的成熟与进步是循序渐进的，根据整个阶段的发展历程，该阶段也可细分为三个各有侧重的发展时期。

① 探索期。个体试图把自己的选择和社会的需要相联系，进行各种试探性的活动，探索各种职业机会的内涵架构，为自己下一步的职业选择做好准备。

② 具体化时期。个体的职业化目标基本确定后，进一步将该目标分解、细化，为实现这个目标而努力。

③ 特定化时期。为了实现特定的职业目标，个体将开始更为专业、全面的努力，如准备升入更高一级的学府深造，或者打算接受专项训练等，做好具体就业入职的准备等。

由于金斯伯格是以美国中产阶级的子女作为自己的研究对象，因而其具体的时期和阶段划分不一定符合其他阶层和文化背景的年轻人。但撇开具体年龄阶段的划分不谈，其理论对一个人职业选择心理发展过程的研究还是具有相当的合理性和科学性的。而且，金斯伯格虽然着重研究的是一个人的早期职业发展，但并没有因而否认职业选择的长期性。1983 年，金斯伯格对他的职业选择理论进行了重新阐述，着重强调：对于那些从工作中寻求主要满足感的人来说，职业选择是一个终生的决策过程，他们会不断地重新评价如何能够增进自己正在变化的职业目标和工作现实之间的配合。同时，金斯伯格提出了终身选择过程中的三个因素，即最初的职业选择、最初选择与后来工作经验之间的反馈，以及经济和家庭情况。金斯伯格对人的早期职业生涯的发展做了精心的研究和独到、具体的分析，但对于进入职业角色后如何进一步调整和发展职业生涯，并不是金斯伯格研究的重点，需要其他的理论体系来完善。

二、舒伯的职业发展理论

舒伯是继帕森斯后职业发展研究领域又一位里程碑式的大师。在前人研究的基础上，他建立了一个宏大的理论体系，研究并划分了个人整个一生的职业生涯。这一理论得到大多数职业生涯研究学者的认可，成为职业生涯研究领域的重要理论。

1953 年舒伯提出了其职业发展理论的 10 条基本假设，1957 年又扩展到 12 条，这 12 条基本假设代表了舒伯理论的核心。

（1）职业是一种连续不断、循序渐进又不可逆转的过程。

（2）职业发展是一种有秩序且有固定形态、可以预测的过程。

（3）职业发展是一种动态的过程。

（4）自我概念在青春期就开始产生和发展并于成年期转化为职业概念。

（5）青少年期至成人期，随着时间的推移及年龄的增长，现实因素（如人格特质及社会因素）对个人职业的选择愈加重要。

（6）父母的认同会影响个人正确角色的发展和各个角色间的一致及协调，以及对职业生涯规划及结果的解释。

（7）职业升迁的方向及速度与个人的聪明才智、父母的社会地位、本人的地位需求、价值观、兴趣、人际技巧，以及供需情况有关。

（8）个人的兴趣、价值观、需求、父母的认同、社会资源的利用、个人的学历，以及所处社会的职业结构、趋势、态度等均会影响个人职业的选择。

（9）虽然每种职业对能力、兴趣、个人特质有特定要求，但颇具弹性，所以允许不同类型的人从事相同的职业，或一个人从事多种不同类型的工作。

（10）工作满意度取决于个人能力、兴趣、价值观与人格是否能在工作中得到适当发挥。

（11）工作满意度的程度与个人在工作中自我实现的程度相关。

（12）对大部分人而言，工作及职业是人生的重心，虽然对少数人而言，这种机会是不重要的。

舒伯以美国人作为研究对象，根据人的成长和心理发展过程，把人的职业生涯划分为五个主要阶段。

1. 成长阶段（0～14 岁）

成长阶段属于认知阶段。在这一阶段，个人通过对家庭成员、老师、朋友的认同及相互作用，逐步建立起自我概念，并经历从职业好奇、幻想到感兴趣，再到有意识培养职业能力的逐步成长过程。这个阶段又可以分为三个时期。

（1）幻想期（0～10 岁）。儿童从外界感知到许多职业，对于自己觉得好玩和喜爱的职业充满幻想并进行模仿。

（2）兴趣期（11～12 岁）。以兴趣为中心，理解、评价职业，开始做职业选择。

（3）能力期（13～14 岁）。开始考虑自身条件与喜爱的职业是否相符，有意识地进行能力培养。

2. 探索阶段（15～24 岁）

探索阶段属于学习打基础阶段。在这一阶段，个体将认真地探索各种可能的职业选择，对自己的能力和天资进行现实性评价，并根据未来的职业选择做出相应的教育决策，完成择业及最初就业。

（1）试验期（15～17 岁）。综合认识和考虑自己的兴趣、能力与职业社会价值、就业机会，开始进行择业尝试。

（2）过渡期（18～21 岁）。正式进入劳动力市场，或者进行专门的职业培训，明确某种职业倾向。

（3）实验期（22～24 岁）。选定工作领域，开始从事某种职业，对职业发展目标的可行性进行实验。

3. 确立阶段（25～44 岁）

确立阶段属于选择、安置阶段。经过早期的试探与尝试后，最终确立稳定的职业，并谋求发展，这一阶段是大多数人职业生涯周期中的核心部分。

（1）尝试期（25～30岁）：个人在所选的职业中安顿下来。重点是寻求职业及生活上的稳定。同时，对最初就业选定的职业和目标进行检讨，如有问题则需要重新选择、变换职业工作。

（2）稳定期（31～44岁）：致力于实现职业目标，是富有创造性的时期。

（3）职业中期危机阶段：在30～40岁中的某一时期，可能会发现自己并没有朝着自己的职业目标靠近或发现了新的目标，因而需要重新评价自己的需求和目标，这时就处于一个转折期。

4. 维持阶段（45～65岁）

维持阶段属于升迁和专精阶段。由于个体长时间在某一职业工作，在该领域已有一席之地，已不再考虑变换职业，只是维持已有的成就和社会地位；维持家庭和工作的和谐关系，传承工作经验，寻求接替人选。

5. 衰退阶段（65岁以上）

衰退阶段属于退休阶段，由于健康状况和工作能力逐步衰退，即将退出工作，结束职业生涯。因此，这一阶段要学会接受权力和责任的减少，学习接受一种新的角色，适应退休后的生活，以减缓身心的衰退，维持生命力。

舒伯以年龄为依据，对职业生涯阶段进行了划分，但现实中职业生涯是持续的过程，各阶段的时间并没有明确的界限，其历时长短也常因人而异，有时还可能出现阶段性反复。所以舒伯后期对理论进行了深化，他把每个阶段都划分包括成长、探索、确立、维持、衰退等步骤的层次，这种大阶段套小阶段的发展成螺旋循环发展的模式，使各阶段的发展任务更紧密相连。

发展理论的贡献主要表现在职业选择并不是个人面临择业时所出现的单一事件，它是个人生活中一个长期、连续的过程。由于人的职业发展贯穿于人的一生，职业生涯规划也是一个系统而长期的过程。舒伯最杰出的贡献是提出了人一生职业发展阶段的完整模式，该模式具有重要的实践意义。舒伯的职业发展理论系统性极强，具有相当大的合理性，同时又吸收了已有理论的合理之处，因而涵盖面较宽，其理论是职业生涯规划理论发展史中的里程碑。

当然，舒伯是以美国中产阶级白人作为研究对象的，因而其职业发展阶段的年龄划分及具体特征和发展内容的表述不一定适合其他国家、其他阶层的人们，但对进一步研究仍不失启发作用。

三、格林豪斯的职业发展理论

格林豪斯从人生不同年龄段职业生涯发展所面临的主要任务的角度，对职业生涯发展进行研究，并以此为依据将职业生涯发展划分为五个阶段。

1. 职业准备阶段（0～17岁）

这一时期主要任务是发展职业想象力，对职业进行评估和选择，接受必要的职业教育和培训。该年龄段的个体基本为学生，这一阶段中他们开始了解社会上的各种职业，并对某些职业进行体验和评估，结合个人的目标和兴趣等进行初步的职业选择，并通过学校教育、专项培训等获得基本的职业能力，取得相应的从业资格证书等。

2. 进入组织阶段（18～24岁）

这一阶段的主要任务是在获取足量信息的基础上，在一个理想的组织中尽量选择一种合适的、较为满意的职业。该阶段被视为"找工作—找到工作—找到合适的工作"这三步走的缩影时期。对于大多数职场新人来说，毕业初期经过一段时间找到工作，就职后进一步熟悉和了解所处的行业和职位，处于继续适应和学习中，如果对企业文化、行业、雇主不满意，可能就会选择离职换工作。因此，进入组织的时期往往是人们的职业体验期，在工作中了解自己真正的职业兴趣，评估职业，争取最适合自己的岗位。

3. 职业生涯初期（25～39岁）

职业生涯初期阶段的主要任务是学习职业技术，提高工作能力；了解和学习组织纪律和规范，逐步适应职业工作，融入组织；为未来的职业成功做好准备。不论是学习、生活还是工作，找到真正属于自己的兴趣，发现自己的天赋，满怀兴致地从事自己最期望的事业，这才是最理想的职业生涯。因此，在职业生涯初期，需要把自己和所在的行业、企业组织、职业相融合，这也是职场路上升职的必要基础，同时为职业的下一步做好必要的准备，努力前行或是转行跳槽。

4. 职业生涯中期（40～55岁）

职业生涯中期阶段的主要任务是对早期职业生涯重新评估，强化或改变自己的职业理想，选定职业，努力工作，争取有所成是这一阶段的主要任务。个体经历了前期的实践，对职业发展可能有了重新评估和选择的想法，是延续此前的发展道路继续前行，做出一番理想的事业，还是未雨绸缪，转换职业是这个阶段需要做出的重要决策。在这个年龄段，家庭、生活等各方面的责任与负担使得选择不容有丝毫的闪失。

5. 职业生涯后期（55岁以后）

继续保持已有职业成就，维护尊严，准备退休是这一阶段的主要任务。一方面继续发挥余热，另一方面也将对退休后的生活做出及时规划。年轻时的爱好、理想，未曾实现的愿望，都成为打发时间、寻找快乐的行动根源。

格林豪斯的职业生涯发展理论从个体的工作角度将职业生涯进程予以阶段性划分，涵盖了个人的整个职业生涯，逻辑上也很清晰，但从实际可操作性上来说，却似乎略显单薄。实际应用中，往往需要结合其他细分阶段的理论分析与整合特点，将大阶段分解为其中的小步骤、小目标，以此带动生涯发展的大循环。

四、沙因的职业发展理论

沙因根据年龄将职业生涯划分为九个阶段。

1. 成长、幻想、探索阶段（0～21岁）

这一阶段的主要任务是发展和发现自己的需要和兴趣、能力和才干，为进行实际的职业选择打好基础；学习职业方面的知识，寻找现实的角色模式，获取丰富信息，发展和发现自己的价值观、动机和抱负，做出合理的受教育决策，将幼年的职业理想变为可操作的现实；接受教育和培训，开发工作中所需要的基本习惯和技能。在这一阶段，所充当的角色主要是学生与求职者。

2. 进入工作阶段（16～25 岁）

这一阶段的主要任务是进入劳动力市场，谋取可能成为职业基础的第一份工作。在个人和雇主之间达成正式可行的契约，个人成为一个组织或一种职业的成员，充当的角色是应聘者、新成员。

3. 基础培训阶段（16～25 岁）

在这一阶段，个体已经选择职业并成为某一组织的一员，这时需要扮演实习生、新手的角色。这一阶段的主要任务是了解、熟悉组织，接受组织文化，融入工作群体，尽快取得组织成员资格，成为一名正式的成员。同时，也要适应日常的操作程序，完成工作。

4. 早期职业的正式成员资格（17～30 岁）

在这一阶段，个体已经取得组织的正式成员资格。这一阶段的主要任务是承担责任，成功地履行工作上分配的有关任务；培养和展示自己的技能和专长，为提升或进入其他领域的横向职业发展打基础。根据自身才干和价值观，根据组织中的机会和约束，重估当初追求的职业，决定是否留在这个组织或职业，或者在自己的需要、组织约束和机会之间寻找一种更好的平衡。

5. 职业中期（25 岁以上）

在这一阶段，个体已经是处于职业中期的正式成员，主要任务是选定某一专业或进入管理部门；保持技术竞争力，在自己选择的专业或管理领域内继续学习，力争成为一名专家或职业能手；承担更大责任，确立自己的地位；开发个人的长期职业计划。

6. 职业中期危险阶段（35～45 岁）

这一阶段的主要任务是现实地评估自己的进步、职业抱负及个人前途；就接受现状或者争取看得见的前途做出选择；建立与他人的良师关系。

7. 职业后期（40 岁以后到退休）

这一阶段的主要任务是成为一名良师，学会发挥影响力，指导、指挥别人，对他人承担责任；扩大、发展、深化技能，或者提高才干，以承担更大范围、更重大的责任；如果选择安稳就此停滞，则要接受和正视自己影响力和挑战能力的下降。

8. 衰退和离职阶段（40岁以后到退休）

这一阶段的主要任务：一是学会接受权力、责任、地位的下降；二是基于竞争力和进取心下降，要学会接受和发展新的角色；三是评估自己的职业生涯，着手退休。

9. 离开组织或职业（退休）

在失去工作或组织角色之后，面临两大问题或任务：一是保持一种认同感，适应角色、生活方式和生活标准的急剧变化；二是保持自我价值，运用自己积累的经验和智慧，以各种资源角色，对他人进行传帮带。

需要指出的是，沙因虽然基本依照年龄增大顺序划分职业发展阶段，但并未囿于此，其阶段划分更多的是根据职业状态、任务、职业行为的重要性，又结合每人经历某一职业阶段的年龄差异性，只给出了大致的年龄跨度，所划分职业阶段的年龄也有所交叉。

第三节　职业生涯决策理论

职业生涯决策理论是从职业生涯决策的组成要素、步骤、程序、阶段，以及相关问题的角度，对个体职业选择、进行职业决策时存在的一些规律进行的探讨和总结。早期的生涯理论中，人们虽然认识到决策过程的重要，但却将此过程视为自然发生的。以帕森斯为代表的职业选择派学者认为，个人只要掌握了充分且正确的数据资料，就能在选择职业时做出正确的决定。他们较为强调资料的重要性，决策成为次要的必然结果。

随着生涯发展理论的不断发展，许多学者开始注意到，并不是只提供详尽的资料就能帮助个人做好职业选择，他们开始关注决策过程在生涯发展中的重要性，特别是决策过程中个人的行动，而不只是强调做决定前的资料搜集与整理分析。

生涯发展学家们不断肯定着决策过程的重要性，并将它视为求学深造或进入职场所必备的有效认知技能。于是，决策过程也由刚开始的配角上升为万众瞩目的主角，在生涯发展中占据了重要的位置，直至形成了生涯理论中的一个重要派别。

一、彼得森的认知信息加工理论

认知信息加工理论作为职业生涯决策理论的重要代表，由盖瑞·彼得森吸收了决策制订策略中各项理论基础并加以发展，于 1991 年提出了认知信息加工金字塔模型，以及 CASVE 循环的核心观点，它们也是进行生涯决策时简单且行之有效的方法。

（1）信息加工金字塔。信息加工金字塔模型包括了做出生涯选择所涉及的各个阶段，主要由三级组成，如图 2-2 所示。

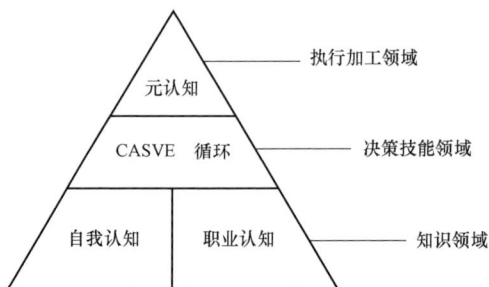

图 2-2　信息加工金字塔模型

第一级：知识领域。该领域类似计算机中的数据文件搜集和整理的过程，个体通过对性格、价值观、素质能力等的自我认知，以及对职场环境、职业教育等的职业认知这两个环节，来处理和加工相关信息，以帮助生涯问题解决和决策的制订。

第二级：决策技能领域。该领域类似于计算机的程序，主要包括进行良好决策的五个步骤，即 CASVE 循环，以指导个体如何进行生涯决策。

第三级：执行加工领域。该领域类似计算机的工作控制功能，在该领域中，个体将思考决策制订的整个过程，决定为实现目标而工作的时间、方式，解决生涯问题所采取的途径方法等。在该层级中还涉及了元认知的概念，认知是指人们的思维方式，人们对信息加工的过程，元认知则是认知的认知，是对认知过程的认知，也被称为反省认知。

（2）CASVE 循环。在认知信息加工理论中，做出决定被认为是生涯发展的关键环节，该理论中的 CASVE 循环将逐一分析个体做出决策的具体过程。如图 2-3 所示，CASVE 循环主要是沟通、分析、综合、评估、执行这五个步骤的往返循环过程，以保证个体决策的顺利做出。

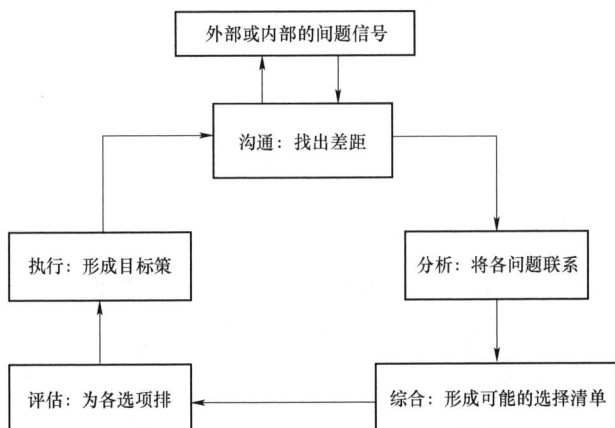

图 2-3　信息加工 CASVE 循环

沟通（Communication）。通过沟通的环节，会发现问题信号，觉察到理想情境与现实情况之间的差距，并由内部向外部以代表性信号表现出来，个体由此关注到问题的不可忽视性，意识到"我需要做出一个选择"，并开始启动 CASVE 循环。

分析（Analysis）。在发现问题后，需要思考、观察、研究，以更加具体地提出问题、考虑各种可能性的结果。要了解自己，以及自己的各种选择，了解自己获得信息的步骤，以及平时做出重要决策的方式，建立起自我认知、职业认知这两个领域间的联系，找出自身择业观和社会需求之间的契合程度，对不同的选择进行评价和分析。

综合（Synthesis）。综合阶段是扩大并缩减选择清单的过程。尽可能地扩展问题解决的选择清单，通过头脑风暴、全面撒网的方式以精心搜索各种选项。然后，要把这些选项予以综合，缩减到三至五项，主要保留与自己知识结构相一致的解决方法，使精简后的各选项都有助于问题的解决。

评估（Valuing）。对各选项的综合评估将有助于做出最终的正确决定。以求职岗位为例，详细列出不同选择的目标、工作地区、待遇、发展空间、工作环境、行业文化等具有一定影响力的项目要素，逐项分析，综合评估。可以根据当事人的道德观念对每种选择进行判断，可以问问自己，对我个人而言什么是最好的？对重要的他人而言什么是最好的？对我所处的团体而言什么是最好的？在此基础上，对综合阶段得出的各种选择进行排序，以此做出自己的最佳选择。

执行（Execution）。执行环节是对前面一系列选择的实施，通过时间表、里程碑式阶段性目标、预算、流程等的建构，为此前的第一选择进行实际操作。以求职岗位为例，需要进行前期的培训准备，中期的实习、兼职等实践检验，直至最后面试入职。在这个过程中，随之而来的可能还有压力和风险挑战，需要锲而不舍地用这些逻辑步骤来完成自己的目标，个体的决策过程也将更趋合理与完善。

通过沟通、分析、综合、评价、执行这一系列的循环过程后，需要审视、检验问题信号是否已经消失，问题的解决过程是否成功，是否需要启动新的CASVE循环，如果未能如愿，则将进入新一轮的循环。

（3）改善元认知的技能。在执行加工领域已经初步了解了元认知的概念，在这个决策制订的关键步骤中，提高对于认知的掌控技能是实现目标的重要途径。通常，元认知包含了以下三方面的过程。

自我对话。自我对话即自己跟自己说话，这在很大程度上是一种重要的心理暗示，这些暗示也有正负消长作用之分，认为自己在某领域能胜任工作、有能力实现目标，有意识地进行自我对话是有必要的。积极的自我对话对决策的制订将产生一种积极的期待，它能强化个体积极的行动。反之，消极的自我对话对生涯决策有负面作用，严重打击个体的自信心，导致在决策制订上犹豫不决，阻碍正确决策的顺利做出。

自我觉察。自我觉察是对行为和情绪的觉察。个人认识到自己是任务的执行者，在从事信息加工任务的时候不仅要意识到自己的感受，更要关注身边他人、团队的需要，适时微调，平衡自身、他人及社会的各方利益，做出于己于人都利大于弊的选择。

控制监督。控制监督认知的过程，将左右着行为和情绪的步调。如了解是前进或停下来搜集更多的相关信息；对决策过程中可能出现的冲动性反应做出及时的权衡；意识到自己存在的差距并关注各项准备工作，提醒自己承诺的期限等，这些都是受自我对认知的控制监督的影响。要使计划中的目标实现过程和实际行为步调相一致，需要把握好对认知的控制监督方式。

二、克朗伯兹的社会学习理论

社会学习理论是由美国阿尔伯特·班杜拉于 1977 年创立的，着眼于观察学习和自我调节在引发人的行为中的作用，重视人的行为和环境的相互作用，强调将个体放在自然的社会情境中研究其各类行为。他认为影响生涯选择的因素主要有以下几点。

（1）遗传因子与特殊能力，如身体的机能、外在障碍、内在意志、音乐与艺术能力等。

（2）环境情况与特殊事件，如社会的进步、社会机构的变化、劳动法规的各项细则、家庭的脉络资源等。

（3）学习经验，如对事物的认知与行为、观察式学习、工具性学习等。

（4）工作取向技能如设定目标、职业选择中的情绪反应方式等。

美国斯坦福大学职业生涯规划大师约翰·克朗伯兹吸取班杜拉的社会学习精华，继承并发展了将该理论。在分析了生涯选择影响因素的同时，还提出了职业决策的具体步骤模式，主要分为以下七个过程。

（1）界定问题。认识自我，明确自己想要什么，理清自己的需求和个人的限制，了解自己的优势和不足，在此基础上明确目标和制订出实现目标的大致时间表。

（2）拟定行动计划。在明确自己需求目标的基础上，分析可能达到目标的各种行动方案，制订达到目标的流程。

（3）澄清价值。界定个人的选择标准，澄清自己的价值观要求，明确自己最想要的是什么，并将该标准用于评估测量各项备选方案。

（4）找到可能的选择。通过搜集资料，找到可能的备选方案以实现目标。

（5）评价各种可能的选择。依据自己的评价衡量标准，逐一评价各种可能的选择，分析比较各自利弊，找出可能的结果。

（6）有系统地删除不合适的方案，挑选最合适的选择。

（7）开始行动。开始执行行动方案，尽力达成预定的目标。

克朗伯兹的生涯社会学习理论特别强调社会及自身遗传因素对自我决策的影响，个人在做出职业选择时不仅要考虑"我想要什么"的个人因素，还需要兼顾到"我可能得到什么""我能够做到什么"的社会、遗传等因素的影响。在这个选择过程中，学习的重要性也展露无遗，职业决策被视为一种可以习得的职业技能，这种技能是可以通过教育和学习来提升的。

三、奇兰特的职业决策过程模式

奇兰特于 1962 年提出职业决策过程模式，认为决策是一连串的决定，任何一个决定将会影响其后来的决定，因此决策是一个发展的历程而非单一的事件。这也说明生涯决策不是一次选择或一个结果，而是持续不断地做决定，修正的终生历程。决策的基准在于选择有利因素最多，不利因素最少的方案。这个模式特别强调资料的重要性，奇兰特将个人处理资料的策略分成三个系统。

（1）预测系统。预测不同的选择可能会造成的结果，估算出每个行动可能造成该结果的概率，以此作为采取哪种行动方案的参考。

（2）系统。个人对于各种可能的行动方案的喜好程度。

（3）决策系统。评判各种行动方案的标准，其选择取向分为以下几种。

期望取向，就是选择可能达成个体最想要的结果的行动方案。该方案与个体的职业观相一致，与个体的兴趣、特长最相符，但成功概率小，所以存在着较大的风险。

安全取向，选择最安全、最保险的行动方案。该方案适合追求稳定的人，但该方案可能与个体的职业兴趣是不一致的。

逃避取向，避免选择可能造成最不好结果的行动方案。这也适合追求稳妥、不爱挑战的人，选择的结果可能与个体的期望有一定差距。

综合取向，综合考虑个体对于行动结果的需求程度选择的行动方案。该方案成功概率较高，可避免最不好的结果。

做决策的具体步骤：根据自己的需求确定决策目标；搜集与目标有关的信息资料，了解可能的行动方向；根据所得的资料，预测各个可能行动的成功概率及其结果；根据价值系统，估算个人对于每个行动方案的喜好程度；评估各种可能方案，选择其中的一种方案执行；若达成目标则终止决定，等待下一个决定的出现；若没有成功，则继续调查其他可行的办法。

四、丁克里奇的决策风格论

风格是指不同的人在做事方式上所表现出来的习惯性偏好。决策风格是影响决策效果与决策效率的重要因素。丁克里奇通过访谈研究确定成人做职业生涯决策时所采取的策略和决策类型。丁克里奇发现个人在决策时有八类风格：冲动型，进行决策时相当冲动，非常随意；宿命型，相信命运，相信可遇不可求，一定要等到必然的机会才进行决策；顺从型，自己无法做主，而顺从他人为自己确定的决策；延迟型，喜欢拖拉，不到最后一刻不进行决策；烦恼型，总是希望尽可能多地收集与决策相关的信息，但又无法摆脱担心和烦恼；计划型，非常理性、有条不紊、按部就班地收集信息，做出分析并进行决策；直觉型，相信感觉，依据感觉的好坏来进行决策，但又不能具体说明原因；瘫痪型，愿意接受进行决策的责任，但却又非常恐惧焦虑，导致不能进行任何实质性的决策。这八种决策风格没有绝对的优劣之分，各有其适用的范围和局限性。决策风格既受个性的影响，又受环境的塑造，并非绝对无法改变。

第三章
职业生涯教育的内容

第一节　自我认知

　　人最怕的是不能认清自己，当然最难的也是认清自己。古今中外，无数先哲告诉我们认识自己的重要性。在古希腊德尔斐阿波罗神庙的石柱上镌刻着三道神谕，其中最有名、最震撼人类灵魂的一句是"认识你自己"。有人曾问有着"古希腊七贤之首"称号的泰勒斯"何事最难为？"他应道："认识你自己。"法国文艺复兴时期怀疑论思想家蒙田也曾说过："世界上最重要的事情就是认识自我。"在中国，《道德经》第三十三章云："知人者智，自知者明。"《孙子兵法》又讲"知己知彼，百战不殆"。千百年来，"认识自己"似乎已经成为人类最困惑和最急于解答的科学命题。

　　现实中，很多人不能正确地认识自己。对还在校园的大学生来说更是如此，他们时常被"我是一个什么样的人""我将来适合做什么""我能做什么"等问题所困扰。在即将毕业的时候不知道如何合理选择职业，或是满眼看到的都是自己的不足，觉得自己处处不如别人，从而产生自卑心理，不敢去应聘那些心仪的单位；或是过高地估计自己，认为自己处处比别人强，从而骄傲自大，在应聘中受一点挫折便怨天尤人。那么，对大学生而言，如何合理地选择职业，依据有哪些？又该怎样寻找和确定适合自己的职业呢？要找到这些问题的答案，就得从自我认知开始，从了解自己的性格、兴趣、能力和价值观开始。

一、什么是自我认知

（一）自我认知

自我是哲学的古老命题，古代的先哲们对自我进行了诸多形而上的探讨。如古希腊哲学家高尔吉亚的"唯我论"，认为唯"我"存在，世界上万物都是"我"的表象。自我也是心理学领域研究的重点课题，在心理学中，自我有着丰富的内涵，不同流派的学者通过不同的方法去剖析和建构自我的概念，由此提炼出丰富的自我要素，形成不同的自我概念。自我的研究源于国外，英文单词里的 ego 和 self 都是指自我，不同之处在于 ego 是弗洛伊德精神分析理论的核心概念，与本我、超我一起构成其著名的人格理论。在弗洛伊德看来，ego 是现实化了的本能，是人格中的理性部分，协调本我与超我之间的矛盾。而 self 对应的内涵才是普遍意义上的"自我"，用 self 表达"自我"的做法也沿用至今。美国心理学家詹姆斯最早于 1890 年提出自我的两个不同方面，即主体我（I）和客体我（me），美国社会学家米德在此基础上将自我分为作为意愿与行为主体的"主我"和作为他人社会评价和社会期待的"客我"。之后，罗杰斯、奥尔波特、埃里克森等对自我概念有所继承和发展，由此丰富了自我的内涵与定义。

自我认知，也叫自我意识或自我，是指个体对自身存在的觉察，即觉察到自己区别于周围其他人与物的一种心理经验和主观意识。主要包括三种心理成分：自我认识、自我体验和自我控制。自我认识是主观自我对客观自我的认识与评价，如自我感觉、自我概念、自我观察、自我分析和自我评价。自我体验是主体对自身的认识而引发的内心情感体验，如自爱、自尊、自信、自卑、自满等。自我控制是个体对自己行为、思想和言语等的控制。自我认知具体包括认识自己的生理状况、个性心理，以及自己与客观世界的关系。生理状况包括个体的身高、体重、耐力、灵敏度、神经系统等身体形态和机能素质。个性心理包括个性心理特征和个性倾向性，其中个性心理特征包括能力、气质、性格；个性倾向性包括需要、动机、兴趣、理想、信念、世界观等。认识自己与客观世界的关系则包括认识到自己与周围现实之间的关系、认识到自己在集体中的地位与作用。

（二）自我认知的形成与发展

自我并不是一开始就有的，个体出生时还没有自我的概念，无法将自己与周围的事与物区分开。在个体成长的过程中，随着父母、师长的教育和引导，通过与外界客观世界的互动，在不断加工整合这些信息中，个体自我认知逐渐觉醒并形成。自我认知的形成大致经历三个阶段：生理自我，社会自我，心理自我。本书所讲的自我认知与探索主要是对心理自我的认知与探索。

生理自我是自我认知的原始形态，这一阶段大致从个体出生第八个月开始，持续到三岁左右基本成熟。生理自我阶段的主要任务是个体对自己躯体的认知，即个体认识到自己是区别于周围事物的存在。出现占有欲、支配感、羞愧感与嫉妒感，实现主体和客体的分化，学会用"我"来表达自己。

社会自我是自我认知形成的第二阶段，大致从三岁到十三四岁。这一阶段是个体社会化程度最深的时期，个体通过学习、模仿等方式逐渐对自己在社会生活中所承担的各种社会角色有了认知，角色观念开始形成，包括对各种角色关系、角色地位、角色技能和角色体验的认知和评价，如性别角色、家庭角色等。

心理自我是自我认知发展的第三阶段，大约从青春期持续到成年期。这一阶段是个体根据社会需要和自身发展调控自己的心理与行为的阶段，发展到这一阶段的个体能知觉和调节自己的心理活动、状态和特征，确立起自我意识，表现出主动性和追求独立感的特点，强调自我价值与自我理想的实现。

（三）自我认知的作用

自我认知是人类特有的反映形式，在个体一生的发展中具有十分重要的作用。它不仅是人脑对主体自身的意识与反映，也是人与周围现实之间关系的反映，是人的心理区别于动物心理的一大特征。

（1）自我认知是个体认识外界客观事物的首要条件。如果个体不能意识到自己是一个独立的存在，也就无法区分自己与周围的客观世界，犹如刚出生的婴儿，更不可能认识外界客观事物。

（2）自我认知是个体保持内在一致性的前提，对指导个体行为有导向和激励作用。自我认知使个体意识到自己的独一无二性，人只有意识到自己是谁，确立了自我，才能维持内在一致性，以此引导自己的行动，自觉自律地去完成预定目标。

（3）自我认知是改造自身主观因素、进行自我教育的途径，它使个体能不断地对自己的行为、活动和态度进行调控，不断地进行自我监督、自我修养和自我完善，使个体行为符合社会规范，避免个体游离于社会之外。

二、自我认知的途径与方法

对自我进行认知和探索，可通过自省、他评、测评工具等三种途径实现，相应的自我认知的方法可分为自我评价法、他人评估法和职业测评法。

（一）自我评价法

自我评价法一般是以实践经验为依据，实施过程比较灵活，主观性也比较强。

（1）内省法。心理学研究中，通常要求被试者把自己的心理活动报告出来，然后通过分析报告资料得出某种心理学结论，这就是内省法。它是心理学的一种基本研究方法，又叫自我观察法。在自我认知中，可以通过回答"我是谁"内向检视，对自己的精神状态和活动进行观察、描述、分析和反省，进而认识、了解自己。具体操作过程是将"我是……"补充成一句完整的话，并尽可能多地写，写的句子越多越好，原则上不少于 7 句。

（2）橱窗分析法。这是一种借助直角坐标系中不同象限来表示人的不同部分的分析方法。心理学家乔瑟夫·勒夫和哈里·英格拉姆提出了"乔哈里窗"，他们把对个人的了解比作橱窗。为便于理解，把橱窗放进直角坐标系中，坐标横轴正向表示别人知道的部分，坐标横轴负向表示别人不知道的部分；纵轴正向表示自己知道的部分，负向表示自己不知道的部分，这样就形成了四个橱窗，如图 3-1 所示。

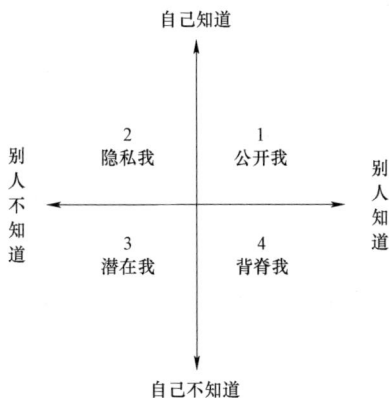

图 3-1　橱窗分析法

橱窗 1 是"公开我"，即自己知道、别人也知道的部分，属于个人展现在外、无所隐藏的部分。橱窗 2 是"隐私我"，即自己知道、别人不知道的部分，属于个人内在的私有秘密部分。橱窗 3 是"潜在我"，即自己不知道、别人也不知道的部分，是有待开发的部分。人的潜能是巨大的，了解"潜在我"是自我认知的重点之一。橱窗 4 是"背脊我"，即自己不知道而别人知道的部分，犹如一个人的背部，自己看不到，别人却看得很清楚。显然，在进行自我认知与探索的时候，自己不知道的这一部分即橱窗 3 和橱窗 4 是我们需要重点认知与探索的部分。

（二）他人评估法

他人评估法即是通过别人的评价、反映来认识和了解自己的方法。俗话说当局者迷，旁观者清，要对自我进行认知和探索，除了自我评价之外还需要借助他人对自己的客观评价来了解自己。可通过设计问卷，让家人、老师、朋友、同学，以及其他社会关系来填写，通过他们的反馈清楚地知道自己的不足、长处与发展定位，帮助提高对自我的认知。当然，对他人的评价我们需要进行客观地分析，不能全盘接受或全盘否定。

（三）职业测评法

职业测评法主要是通过正式的心理测评工具对自我进行多方面的评价，是一种简便易行的自我认知方式。一般是以相关理论为依据，严格按照固定的程序实施，并对结果进行标准化分析，具有一定的客观性、科学性和准确性。通常包括以下几个方面。

（1）人格测试。常用的人格测试工具有迈尔斯-布里格斯人格类型指标测评（MBTI）、卡特尔16PF测验、艾森克人格问卷、大五人格模型、明尼苏达多项人格测验（MMPI）和瑟斯顿人格测验等。

（2）智力测试。目前比较常用的智力测试工具有斯坦福-比奈智力量表、韦克斯勒智力量表和瑞文推理测验量表等。

（3）职业能力测试。职业能力测试的内容较多，如语言能力、数学能力、逻辑推理能力、分析能力、机械推理、空间关系、手指协调、创新思维能力等。相应的职业能力测试工具也比较多。如一般能力倾向测验、区分性能力倾向测验、明尼苏达办事员能力测验、托兰斯创造思维测验和明尼苏达集合测验等。

（4）职业兴趣测试。职业兴趣测试常用的工具有霍兰德职业兴趣问卷、斯特朗兴趣清单（SII）、爱丁堡职业倾向问卷、明尼苏达职业兴趣问卷等。

其他的自我认知方法还有生涯人物访谈、分类卡等。这些方法各有特点，在实际应用中往往需要将几种方法结合起来使用，来实现自我认知与探索。通过这些方法，充分了解自己的性格、兴趣、能力和价值观之后，才能根据自己的特点，有针对性地规划职业、选择职业。可以说，自我认知和探索，是确定职业生涯规划的前提和首要步骤。

三、自我认知与职业生涯规划的关系

职业是个体在社会网络中存在与发展的载体，是个体实现自身价值的重要手段，不仅决定了个体在社会分工中承担的角色和作用，也决定了个体的社会关系和在社会中所处的地位。职业之于人，犹如翅膀之于飞鸟，职业生涯规划则为个体插上飞翔的翅膀，使个体在人生的旅程中逐梦飞翔。

要合理地进行职业生涯规划和职业选择，必须先要充分了解自己。正确地认识自己是通向成功的起点，职业心理学的研究证明：一个面临求职择业的人，只有对自己的性格、兴趣、能力、价值观、心理素质及优缺点等都有一个实事求是的正确的认识和评估之后，才可能从自己的实际出发，最终实现职业理想。

对大学生来说，根据自身特点来规划、选择职业显得尤为重要。可以说自我认知是大学生做好职业生涯规划、实现职业理想的首要前提。如果自我认知出现偏差，就会对职业生涯规划产生消极的影响。步入大学之后，每个学生的出身和成长环境的不同，会造成学生之间表面上的差距。比如一些学生中学时代教育条件或者经济条件较差，他们会觉得自己在很多方面都不如其他同学，学习成绩不如别人，文艺特长比不过别人，甚至在风度、气质等方面都有一些差距，慢慢产生自我认知的失衡。尤其是当面临就业时，一些家庭条件较好又有社会资源的学生轻易获得一份工作，而自己过关斩将历经数轮面试却还不一定能拿到录用信，由此对自己、对社会产生不良的认知。这种认知必然会导致其对职业生涯规划丧失信心，进而影响职业选择与人生理想的实现。

就大学生择业而言，自我认知与探索是大学生从"学生"身份向"工作者"角色顺利转换的前提，是大学生走向工作岗位，实现人生价值的必经步骤和重要环节。所以要想成功地实现自己的择业目标，必须进行自我认知与探索。了解自我有很多维度，其中性格、兴趣、能力和价值观是最重要和最为核心的部分。在择业之前，大学生对自己的职业性格、职业兴趣、职业能力、职业价值观等有一个全面的了解和清醒的认识，才能扬长避短，充分调动和挖掘自身各种潜能，减少求职过程中的盲目和被动，顺利地实现就业乃至实现职业生涯和人生的成功。

第二节　性格探索

一、性格概述

（一）什么是性格

性格是一个人在对现实稳定的态度和习惯化了的行为方式中所表现出来的人格特征。人对现实的态度就是对社会、对集体、对他人和对自己的看法和评价，是一个人的世界观、人生观的集中体现，人们对现实的态度和与之相适应的行为方式共同构成了人的性格。常说某人热情、开朗、果断、腼腆、暴躁、骄傲、优柔寡断等，这描述的就是人的性格特征。性格是在个体生物学因素的基础上，在后天社会生活实践中逐渐形成的，一经形成便比较稳定，它会在不同的时间和情况下表现出来。但这种稳定是相对的并不是一成不变的。生活环境发生重大变化或遭受重大打击，都会给一个人带来性格上的显著变化。比如当某人得知自己身患绝症时，性格可能会由开朗变得暴躁或沉默寡言。性格没有好坏之分，但有明显的社会道德评价的意义，能直接地反映一个人的简单道德风貌。在职业生涯规划中，性格回答的是你"适不适合做这项工作"。

（二）性格的分类

心理学家根据不同的分类标准和分类原则，对性格进行了分类，主要有以下几种。

（1）理智型、情绪型和意志型。这是根据认知、情感、意志三种心理机能哪种在性格中占优势进行划分的。理智型的人常常以理智来衡量和评价周围的情况，并以理智来支配和控制自己的行动；情绪型的人往往不善于思考，对事物的评价和采取的行动易受情绪左右；意志型的人，意志的成分明显比理智和情绪占优，一般表现为行动目标明确，主动积极，有较强的自制能力。

（2）外向型、内向型。这是根据心理活动倾向性划分的。外向型的人性格开朗乐观，总是保持着积极向上的心态，善于社交；内向型的人比较关注个人内心，不善于表达和交际。

（3）独立型、顺从型、反抗型。这是根据个体独立性程度划分的。独立型的人有主见，善于独立思考，不易受外部环境的干扰和影响，能够独立地按照自身内部标准和价值观行事；顺从型的人，易受外在环境和他人的观点影响，更多的是去参照和接受他人意见，应变能力较差。反抗型的人在先知道他人的观点和意见之后才提出自己的观点和意见，且与他人的观点往往是对立的。

（4）九型性格，包括完美型、助人型、成就型、艺术型、理智型、疑惑型、活跃型、领袖型、和平型。这是根据人们内在最深层的价值观和注意力焦点及行为习惯的不同而划分的。

（5）经济型、理论型、审美型、宗教型、权力型、社会型。这是根据人的社会生活方式，以及由此而形成的价值观划分的。经济型的人一切以经济观点为中心，以追求财富、获取利益为个人生活目的；理论型的人以探求事物本质为人的最大价值，但解决实际问题时常无能为力；审美型的人以感受事物的美为人生最高价值，不大关心现实生活；宗教型的人把信仰宗教作为生活的最高价值；权力型的人以获得权力为生活的目的，并有强烈的权力意识与权力支配欲，以掌握权力为最高价值；社会型的人重视社会价值，以爱社会和关心他人为自我实现的目标，并有志于从事社会公益事务。

二、性格与职业生涯规划

（一）性格影响职业选择

瑞士心理学家、分析心理学创始人卡尔·荣格有句名言"性格决定命运"，成功心理学的研究也表明，在外部条件给定的前提下，一个人能否成功，关键在于能否准确识别并全力发挥其性格优势。基于此，如今多数用人单位在招聘工作人员的时候，除了要求求职者具备必要的能力之外，通常还要求有与职业相匹配的性格。不同性格类型的人，适合于不同的职业，根据性格选择职业，能使自己的行为方式与职业工作相吻合，也能更好地发挥自己的聪明才智和一技之长，从而得心应手地完成本职工作。一般而言，外向的人适合去从事与外界交往较多的社交类活动与工作，而内向的人则更适宜于去做稳定的与人交往不太多的活动与工作。例如，在能力接近的情况下，一个性格外向又能言善辩的人与一个性格内向而沉默寡言的人相比，前者更适合从事管理、政治家、记者、律师等类的职业，前者也比后者更可能在这类职业上取得成功。相反，后者比前者更适合从事技术人员、统计员等职业。如果性格和职业不匹配，个体容易体会到压抑、乏味，甚至是痛苦的感受，进而影响在职业上的表现。虽然职业成功不仅仅取决于性格，但现今职场，性格与职业发生错位而导致职业生涯失败的例子不胜枚举，可以说性格已经成为职场人在职业选择与职业定位中不得不慎重考虑的因素。

现实生活中，每个人都有与众不同的性格，有的人自来熟，见谁跟谁聊，而有些人则总让人感觉和他们无话可说；有的人观察入微，而有些人却什么都入不了他的眼。很难说什么类型的性格好，什么类型的性格坏，只能说性格的特征不同，其行为习惯就不同，行为习惯的差异，就决定了未来生活和工作的选择不同。

罗曼·罗兰说："每个人都有他的隐藏的精华，和任何别人的精华不同，他使人具有自己的气味。"所以说性格本身没有优劣之分，它只是一个独立个体所具备的独特的、稳定的个性心理。

任何一个性格测评工具只是用来帮助受测者梳理自己的思路，而并非测出一个人性格类型的标准答案，性格类型的裁定者必须是自己。什么类型并不重要，重要的是要了解自己的性格特点，去做一些适合做的事情，在与他人相处时，了解他人的性格特点，促进双方合作交流愉快。

性格是由人们对现实的态度和与之相适应的行为方式构成的，但态度和行为方式不是一一对应的，在同一个人身上，同一性格特征在不同的时间、地点和条件下，可以以完全不同的行为方式表现出来；而在不同人身上，不同的性格特征可以有相同的行为方式。因此，必须认识到行为方式与性格特征之间存在错综复杂的关系，否则，容易被一个人的表面现象所蒙蔽。

可以通过对自我性格的了解，发现自己"适合做什么"。

（二）职业塑造性格特征

职业性格是人们在长期的职业生活中形成的与职业相联系的稳定的心理特征。性格并不是与生俱来的，是在后天的社会实践中逐渐形成的，这就意味着职业性格具有一定的可塑性。职业心理学的研究表明，不同的职业对人的性格有不同的要求，可以说每一种职业都有它不同于其他职业的性格要求，相匹配的职业性格有助于个体在相应职业中更好地完成工作。当然了，一个人的性格不可能百分之百完美匹配某项职业的要求，要适应这一职业，就必须具备或有意识地去培养这一职业的性格特征。在实际中，可以根据自己的职业方向和规划，在职业实践中不断培养和发展相应的职业性格，通过巩固适合的、改变不适合的，来形成与职业相匹配的性格特征，使职业和性格实现最大程度的契合。

（三）性格和职业相辅相成、相互对应又相互作用

在职业选择中既要考虑性格和职业的匹配性，也要注重在职业实践中培养和强化良好的职业性格。不过，人的性格具有多种特征，在一个人身上表现出来的性格是一个有机的整体，丰富且复杂，往往在不同的场合下会显露出它不同的侧面来。所以，不能绝对固化地去看待性格与职业的关系，不同类型的性格在同一职业领域中完全可能有各具特色的表现，大学生在做职业选择时最重要的是把握自身性格的主要特征，争取做到扬长避短。

三、性格的探索方法

不同的理论学派对性格的研究角度不同，由此产生了众多的性格理论和性格测评方法。以下是几种常见的、应用较广的性格测评工具。

（一）MBTI

MBTI（Myers-Briggs Type Indicator）即迈尔斯-布里格斯性格类型指标，是由美国心理学家凯瑟琳·布里格斯和她的女儿伊莎贝尔·迈尔斯在荣格心理类型理论的基础上研究发展的测评工具，正式形成和流行于 1976 年，也称母女测验，在中国被称为行为风格测验。MBTI 具有较高的信度、效度，被广泛应用于人员选拔、职业选择、职业生涯发展、团队建设、组织诊断及多元文化培训中，成为国际上最流行也最具权威性的性格测评工具。

1. MBTI 的四维八极

MBTI 用四个维度来衡量一个人的类型偏好，或称作倾向，四个维度中的每个维度偏好又由两极组成。所谓偏好是一种天生的倾向性，是一种特定的行为和思考方式。这些偏好并无优劣之分，却造成了人与人之间的不同。每个人在每个维度上都会有自己天生就具有的倾向性，也就是处在两个方向分界点的这边或那边，这就是所谓的"偏好"，每个维度上有且只有一种偏好。例如，如果落在外倾的一边，就可称为"具有外倾的偏好"；如果落在

内倾的一边，则称为"具有内倾的偏好"。

（1）维度一：能量倾向，即个体与外界相互作用的方式，以及心理能量的指向，分为外倾和内倾两极。

外倾（E）：注意力和心理能量集中于外部世界的人或事物，关注自己如何影响外部环境。从与人交往和行动中得到活力；行动先于思考；重视广度而不是深度；善表达；善与人打交道；喜欢行动和变化。

内倾（I）：注意力和心理能量集中于自己的内心世界，关注外部环境变化对自己的影响。从对思想、回忆和情感的反思中得到活力；思考先于行动；喜欢深度而不是广度；注重内心体验，善思考，不善表达，不喜成为注意的中心。

（2）维度二：接收信息，即个体获取信息的方式，分感觉和直觉两极。

感觉（S）：关注由感觉器官获取的具体信息，通过五官来接触和收集信息。相信确定和有形的东西，对概念和理论兴趣不大；重视现实性，着眼于现实；喜欢使用和琢磨已知的技能；关注细节，对于周围发生的事件观察入微；信赖有形有据的事实和信息，习惯于按照规则办事。

直觉（N）：关注事物的整体和发展变化趋势，通过想象、无意识等超越感觉的方式来获取信息。相信灵感或推理，相信"第六感"；重视可能性和独创性；喜欢学习新技能，但掌握之后很容易就厌倦了；着眼于未来，惯于从长远角度看待事物；留意事物的变化趋势，特别善于看到事物新的可能性。

（3）维度三：处理信息，即个体的决策方式，分思维和情感两极。

思维（T）：注重依据客观事实进行分析，通过分析某一行动或者选择的逻辑后果来做出决定。重视事物之间的逻辑关系；重视标准和原则；理智、客观、公平公正，认为坦率比圆通更重要，常被认为冷漠、不近人情。

情感（F）：注重自己和他人的感受，将自己的价值观作为判定标准。重视同情与和睦；重视准则的例外性；体贴、宽容、善解人意，认为圆通比坦率更重要，常被认为善良、富于同情心。

（4）维度四：行动方式，即个体偏好的生活方式，是接收信息和处理信息维度在个人生活方式上的综合效应，分判断和知觉两极。

判断（J）：喜欢有条理地、按部就班地生活，通常生活有规划、讲秩序；喜欢按照计划和日程安排办事，喜欢将事情管理得井井有条；目的性较强，重视结果，喜欢做出决定，愿意进行管理和控制，从完成任务中获得能量。

知觉（P）：喜欢随意、宽松自由的生活方式，更愿意去体验和理解生活而不是去控制它；喜欢变化，喜欢收集新信息而不是做结论；好奇性、适宜性强，重视过程，善于随信息的变化调节自己以适应当前场合的需要，并从中获取能量。

2. MBTI 十六种性格类型及特征

人的性格是一个非常复杂的系统，现实生活中，以上四个维度并不是独立存在的，而是作为一个整体彼此相互影响的。因此要想正确了解一个人的性格，就需要将四个维度结合起来。将 MBTI 这四个维度上的偏好加以组合，可以形成十六种性格类型。这十六种性格类型及特征如表 3-1 所示。

表 3-1　MBTI 十六种性格类型

人的性格类型		感觉型（S）		直觉型（N）	
内倾型（I）	判断型（J）	ISTJ	ISFJ	INFJ	INTJ
	知觉型（P）	ISTP	ISFP	INFP	INTP
外倾型（E）	知觉型（P）	ESTP	ESFP	ENFP	ENTP
	判断型（J）	ESTJ	ESFJ	ENFJ	ENTJ

ISTJ：沉静，认真；贯彻始终、得人信赖而取得成功。讲求实际，注重事实，能够合情合理地去决定应做的事情，而且坚定不移地把它完成，不会因外界事物而分散精神。不论在工作上、家族上或者生活上做事，都以有次序、有条理为乐。重视传统和忠诚。

ISFJ：沉静、友善，有责任感和谨慎，能坚定不移承担责任，做事贯彻始终、不辞辛劳和准确无误。忠诚，替人着想，细心。往往记着他所重视的人的种种微小事情，关心别人的感受。努力创造一个有秩序、和谐的工作和家居环境。

INFJ：探索意念、人际关系和物质拥有欲的意义，以及它们之间的关系。希望了解什么可以激发人们的推动力，对别人有洞察力。尽责、能够履行他们坚持的价值观念，有一个清晰的理念以谋取大众的最佳利益。能够有条理地、果断地去实践他们的理念。

INTJ：有具有创意的头脑，有很大的冲动去实践自己的理念和达到目标。能够很快地掌握事情发展的规律，从而想出长远的发展方向。一旦做出承诺，便会有条理地开展工作，直到完成为止。独立自主。无论为自己或是为他人，有高水准的工作表现。

ISTP：容忍、有弹性。是冷静的观察者，但当有问题出现，便迅速行动，找出可行的解决方法。能够分析哪些东西可以使事情进行顺利，又能够从大量资料中，找出实际问题的重心。很重视事件的前因后果，能够以理性的原则把事实组织起来，重视效率。

ISFP：沉静、友善，敏感和仁慈。欣赏眼前和自己周遭所发生的事情。喜欢有自己的空间，做事又能把握自己的时间。忠于自己所重视的人。不喜欢强迫别人接受自己的意见或价值观。

INFP：理想主义者，忠于自己的价值观及自己所重视的人。外在的生活与内在的价值观配合。有好奇心，很快看到事情的可能与否，能够加速对理念的实践。试图了解别人、协助别人发展潜能。适应性强，有弹性。如果和他们的价值观没有抵触，往往能包容他人。

INTP：对任何感兴趣的事物，都要探索一个合理的解释。喜欢理论和抽象的事情，喜欢理念思维多于社交活动。沉静、满足，有弹性，适应力强。在自己感兴趣的范畴内，有非凡的能力去专注而深入地解决问题，有怀疑精神，有时喜欢批评，常常善于分析。

ESTP：有弹性，容忍。讲求实际，专注即时的效益。对理论和概念上的解释感到不耐烦，希望以积极的行动去解决问题。专注于"此时此地"，喜欢主动与别人交往，喜欢物质享受的生活方式。能够通过实践达到最佳的学习效果。

ESFP：外向，友善，包容。热爱生命、热爱人，爱物质享受。喜欢与别人共事。在工作上，能用常识、注意现实的情况，使工作富有趣味性。富有灵活性、即兴性，易接受新朋友和适应新环境。与别人一起学习技能可以达到最佳的学习效果。

ENFP：热情而热心，富于想象力。认为生活充满很多可能性。能够很快地找出事件和资料之间的关联性，而且有信心依照自己所看到的模式去做。既希望别人的肯定，又乐于欣赏和支持别人。即兴而富于弹性，时常信赖自己的临场表现和流畅的语言能力。

ENTP：思维敏捷，机灵，能够激励他人，警觉性高，勇于发言。能随机应变地去应对新的和富于挑战性的问题。善于引出在概念上可能发生的问题，然后很有策略地加以分析。善于洞察别人，对日常例行事务感到厌倦。甚少以相同的方法处理同一事情，能够灵活地处理接二连三的新事物。

ESTJ：讲求实际、注重事实。果断，很快做出实际可行的决定。能够安排计划和组织人员以完成工作，尽可能用最有效率的方法达到目的。能够注意日常例行工作的细节。有一套清晰的逻辑标准，会有系统地跟着去做，也想别人跟着去做。会以强硬态度去执行计划。

ESFJ：有爱心、尽责、合作。渴望有和谐的环境，而且有决心营造这样的环境。喜欢与别人共事以能够准确、准时地完成工作。忠诚，即使在细微的事情上也如此。能够注意别人在日常生活中的需要而努力满足他们。渴望别人赞赏和欣赏自己所做的贡献。

ENFJ：温情，有同情心，反应敏捷，有责任感。高度关注别人的情绪、需要和动机。能够看到每个人的潜质，并帮助别人发挥潜能。能够积极地协助他人和组织的成长。忠诚，对赞美和批评都能做出很快的回应。社交活跃，在一组人当中能够惠及别人，有启发人的领导才能。

ENTJ：坦率、果断、乐于作为领导者。很容易看到不合逻辑和缺乏效率的程序和政策，从而开展和实施一个能够顾及全面的制度去解决一些组织上的问题。喜欢有长远的计划，喜欢有一套制定的目标。往往是博学多闻的，喜欢追求知识，又能把知识传授给别人。能够有力地提出自己的主张。

3. MBTI 与职业选择倾向

知道自己的 MBTI 类型，就可以帮助了解职业倾向。十六种性格类型都有各自对应的职业倾向，每一个职业倾向又对应着一些典型的工作。值得一提的是，这些职业倾向描述的只是某一种大的、宏观性的类别，所列典型工作也只是一些普遍性的名称。重要的是要从中把握住这些典型工作的特点，筛选出那些适合自己性格类型的工作，从而灵活地运用性格类型理论来进行自我认知和职业规划。

（二）卡特尔 16 种人格因素问卷

卡特尔 16 种人格因素问卷（16PF），是美国心理学家卡特尔在 1949 年提出的。卡特尔用因素分析的方法对人格特质进行了分析，提出了一个基于人格特质的理论模型。他认为在构成人格的特质中，有些是人皆有之的共同特质，有些是个人独有的个别特质；有的是遗传决定的，有的则受环境的影响。经过多年研究，卡特尔找出了 16 种相互独立的根源特质，并据此编制了"16 种人格因素问卷"，在心理学界和有关领域得到了广泛应用。同 MBTI 一样，16PF 也被单位或组织广泛使用，以帮助员工了解自我，并作为员工对自己职业生涯进行管理的工具。这 16 种人格特质是：乐群性（A）、聪慧性（B）、稳定性（C）、恃强性（E）、兴奋性（F）、有恒性（G）、敢为性（H）、敏感性（I）、怀疑性（L）、幻想性（M）、世故性（N）、忧虑性（O）、实验性（Q1）、独立性（Q2）、自律性（Q3）、紧张性（Q4）。卡特尔认为每个人身上都有这 16 种人格特质，只是在表现的程度上有差异。用这个问卷所确定的人格特质，可以预测一个人的行为反应。

对性格的探索不能仅仅局限于 MBTI、16PF，大五人格模型、基本人际关系行为倾向等都是有效的自我性格探索的工具。"不识庐山真面目，只缘身在此山中"，要了解自身性格，除了以自评和测评工具进行探索之外，还需要了解别人眼中的自己，从别人的反馈中更全面地审视自己的性格。

第三节　兴趣探索

一、兴趣概述

（一）什么是兴趣

兴趣是个体积极探索某种事物的认识倾向，是引起和维持注意的一个重要的内部因素。兴趣是个体选择并参与某种活动的原动力，是促进个体持续投入注意和意志的重要心理因素。当个体对环境中的某人、某事、某物感兴趣时，会对其产生特别的注意力，并调动感知、记忆、思维、情感、意志等心理活动。兴趣与需要有密切的关系，往往是在需要的基础上产生的，是对需要的一种情绪表现。个体只有对某种客观事物或精神生活产生需要以后，才会对这一事物或生活产生兴趣，一般来说兴趣正是基于需要而产生的，需要的对象构成兴趣的对象。

（二）兴趣的产生过程和发展阶段

心理学的研究表明，人的兴趣的产生和发展一般要经历这样一个逐步深化的过程，即有趣—乐趣—志趣。通常把它称之为"兴趣链"。

有趣是兴趣的初级阶段，是一种被新奇的事物所吸引而格外注意，由此发生的直接兴趣。当新奇感消失时，兴趣也会自然消退。这一阶段，兴趣的特点是随生随灭，为时短暂，非常不稳定，属于兴趣发展的低级水平。

若对感到有趣的事物有了定向地、更深入地了解和认识，就会产生参与意识，这时便会形成乐趣，这是兴趣的第二阶段。这一阶段，个体表现出对某种事物的追求和迷恋，又被人们称作爱好。它的特点是基本定向，专一深入，持续时间较长，属于兴趣发展的中级水平。

当乐趣与社会责任感、理想信念、奋斗目标相结合的时候，就会转化为一种志趣，这是兴趣的第三阶段。在这一阶段，兴趣表现出社会性、自觉性和方向性的特性来，这也是个体取得成功的根本动力所在。其特点是积极自觉，持续时间长，甚至可能终身不变，属于兴趣发展的高级水平。

关于兴趣发展的阶段，还有一种四阶段模型理论，该理论将兴趣的发展分为四个主要阶段：激发的情境兴趣，维持的情境兴趣，最初的个体兴趣和稳定的个体兴趣。

（三）兴趣的分类

（1）根据兴趣与需要的关系，可把兴趣分为物质兴趣和精神兴趣。物质兴趣主要指人们对舒适、美好的物质生活的兴趣和追求，如对吃、穿、住、行的兴趣；精神兴趣主要指人们对精神生活的兴趣和追求，如对文化、艺术等的兴趣。对物质的过分追求容易使人腐化，对不健康兴趣的追求容易使人堕落，因此对大学生尤其是刚入校的新生来说，无论物质兴趣和精神兴趣都需要进行积极的引导和有意识的掌控，以防止在物质兴趣方面出现畸形发展，在精神兴趣方面产生消极追求。

（2）根据兴趣产生的方式，分为直接兴趣和间接兴趣。直接兴趣是指对事物或活动过程本身的兴趣。例如，有的大学生富于创造性，喜欢制作各种模型，对制作过程会表现出浓厚的兴趣。间接兴趣主要指对活动结果的兴趣，而不是对活动本身的兴趣。例如，有的大学生对体育活动不感兴趣，但是当意识到通过参加体育活动可以增强体质、提高学习效率时，可能会积极参加各项体育活动，这时他感兴趣的不是体育活动本身，而是由此产生的健康体魄和高效率的学习状态。直接兴趣和间接兴趣是相互联系、相互促进的关系。

此外，根据兴趣的社会价值可分为高尚兴趣和低级兴趣，根据兴趣持续时间可分为稳定兴趣与暂时兴趣，依据兴趣效能可分为积极兴趣和消极兴趣，等等。

二、兴趣与职业生涯规划

（一）职业兴趣

职业兴趣是指人们对即将从事或正在从事的职业活动的持久而稳定的心理倾向，是兴趣在职业方面的表现，它使个人对某种职业给予优先的注意，并具有向往的情感。职业兴趣不同于日常生活中的兴趣爱好，它们所指的对象不同，兴趣的对象指向某种事物，职业兴趣的对象则指向某一职业。

（二）兴趣在职业选择中的作用

物理学家杨振宁曾说："一个人要出成果，原因之一就要顺乎自己的兴趣，然后再结合社会的需要来发展自己的特长。有了兴趣，'苦'就不是苦，而是乐。到了这个境地，工作就容易出成果了。"个体一旦有了职业兴趣，就会热爱自己的工作岗位，坚定执着地追求自己的职业生涯目标。在职业的选择过程中，兴趣的影响主要表现在三个方面：一是判断自己能否对某一职业产生兴趣；二是预测自己能否在职业活动中挖掘出个体潜力；三是判断自己是否会对某一职业环境和职业角色有更好的适应。具体来说，兴趣在职业选择中的作用如下。

（1）兴趣是职业选择的重要依据之一。职业选择中，兴趣体现为争取得到某种职业的意向。俗话说兴趣是最好的老师，职业兴趣可以使人集中精力去获得所喜欢的职业知识，启迪智慧并创造性地开展工作。英国著名人类学家古道尔从小喜欢生物，对黑猩猩的强烈兴趣，使她不畏艰险，只身进入热带森林与黑猩猩一起"生活"了 10 年之久，并获得了极宝贵的第一手资料，为揭开黑猩猩的秘密做出了贡献。这就是兴趣的作用所在。

（2）兴趣可以挖掘个体潜能，从而提高工作效率。如果一个人对某事物感兴趣，即使这件事物在别人眼里枯燥无比，他也能从中发掘出无穷的乐趣，并激发对该事物的求知欲与探索热情。研究发现：一个人对某项工作感兴趣时，就能发挥出全部才能的80%～90%，在工作过程中也会具有主动性和创造性，不仅能使工作效率得到极大提高，而且能长时间处于不疲倦的状态。相反，当从事自己不感兴趣的工作时，只能发挥人全部才能的20%～30%，在工作时表现为被动、效率低、容易疲劳。

（3）兴趣可以增强人的职业适应性，保证个人职业稳定性与工作满意度。兴趣是保证职业稳定、职场成功的重要因素。从事自己感兴趣的工作，容易让个体产生积极、愉快的情绪体验，由此导致工作满意度的提高，使工作的长期性和稳定性得到保障。有人曾对美国成功人士进行了一次调查，结果表明他们之中94%以上的人都从事着自己喜爱的工作。另一项针对美国科学家的调查显示，少有人是出于谋生的目的而工作，他们大多是因个人对某一领域问题的强烈兴趣而不计名利报酬地忘我工作。

三、兴趣的探索方法

作为一种心理现象，人们很早就认识到了兴趣对职业的积极作用。20世纪30年代起，西方大量学者对职业兴趣进行了研究，编制了许多有关兴趣或职业兴趣的测试量表。其中影响较大的是霍兰德的职业兴趣类型理论和斯特朗兴趣量表。

（一）霍兰德职业兴趣类型

1. 兴趣类型

美国约翰斯·霍普金斯大学心理学教授、职业指导专家约翰·霍兰德认为人的人格类型、兴趣与职业密切相关，兴趣是人们活动的巨大动力，凡是具有职业兴趣的，都可以提高人们的积极性，促使人们积极地、愉快地从事该职业。霍兰德认为大多数人的职业兴趣可以划分为六种（见表3-2）：现实型（R）、研究型（I）、艺术型（A）、社会型（S）、企业型

（E）和常规型（C）。

表 3-2　霍兰德职业兴趣类型

类型	喜欢的活动	重视	典型职业
现实型（R）	偏好与物体打交道，喜欢摆弄和操作工具、机械、电子设备等具体有形的实物，愿意使用工具从事操作性工作，动手能力强，动作协调	具体的事物或任务	木匠、农民、工程师、飞机机械师、机械工、电工、火车司机、长途公共汽车司机
研究型（I）	偏好对各种现象进行观察、分析和推理，并进行系统的创造性的探究，以求能理解和把握这些现象，抽象思维能力强，喜欢逻辑分析和推理，不断探讨未知的领域	科学研究	药剂师、化学家、物理学者、数学家、实验员、科研人员
艺术型（A）	偏好模糊、自由和非系统化的活动，有创造力，善表达，乐于创造新颖、与众不同的成果，渴望表现自己的个性，追求完美	想象力，自我表达，看重美的品质	内装饰专家、摄影师、音乐教师、作家、演员、记者、诗人、作曲家、编剧、雕刻家、漫画家
社会型（S）	喜欢与人合作，偏好进行传授、培训、教导、治疗和咨询等社会服务性的活动	社会义务和伦理道德	教师、社会工作者、牧师、护士、导游、咨询人员
企业型（E）	喜欢从事领导他人实现组织目标或获取经济收益的活动，追求权力、权威和物质财富，具有领导才能	声望、经济成就和社会地位	推销员、旅馆经理、饭店经理、广告宣传员、调度员、律师、政治家、零售商
常规型（C）	偏好对数据资料进行明确、有序和系统化的整理工作，喜欢固定的、有序的工作和活动，希望确切地知道工作的要求和标准，愿意在一个大的机构中处于从属地位	细节、权威和规章制度	记账员、会计、银行出纳、税务员、核算员、统计员、计算机操作员、秘书

2. 六种兴趣类型之间的关系

霍兰德在1970年提出职业兴趣六角形模型（见图3-2），把个体的职业兴趣和工作环境分为六种。如果个体的职业兴趣与工作环境相符合，个体的职业满意度、幸福感和控制感都会增强，如此不仅有利于个体的发展，还有利于组织的成就。霍兰德所划分的六大类型，并非是并列的、有着明晰的边界的。他以六边形标示出六大类型的关系，任何两种类型之间距离越近，则其职业环境和人格特质就越相似；反之，则越具有相反的特质。

（1）相邻关系，如 RI、IR、IA、AI、AS、SA、SE、ES、EC、CE、RC 及 CR。属于这种关系的两种类型的个体之间共同点较多。例如，企业型（E）和社会性（S）人都比较偏好人际交往，这两种职业环境中也都有很多机会与人接触，只是两种类型的个体人际交往方式有所不同而已。

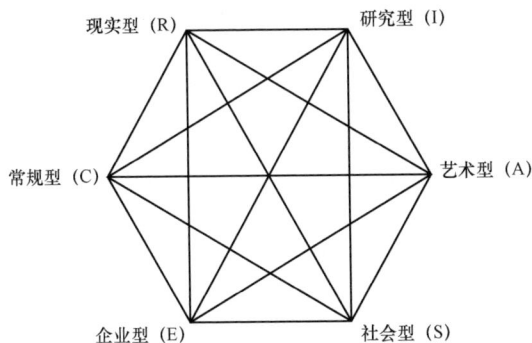

图 3-2　霍兰德六角形模型

（2）相隔关系，如 RA、RE、IC、IS、AR、AE、SI、SC、EA、ER、CI 及 CS，属于这种关系的两种类型的个体之间共同点较相邻关系少。

（3）相对关系，在六边形上处于对角线位置的类型之间即为相对关系，如 RS、IE、AC、SR、EI 及 CA，相对关系的个体人格类型共同点最少，属于这种关系的两种类型的个体缺少一致性，往往具有相反的特质。例如，常规型（C）的人喜欢按照固定的要求和标准行事，而艺术型（A）的人则追求个性化与创造性的工作。

3. 霍兰德代码

霍兰德认为个人的职业兴趣往往是多方面的，因此，通常用 3 个字母（代表三种兴趣类型）的代码来表示一个人的职业兴趣，这个代码就称为"霍兰德代码"。这三个字母之间的顺序表示了不同类型兴趣强弱程度的不同。例如，RIA 和 AIR 的人具有相似的兴趣，可选择近似的职业，但他们对同一类型事物的兴趣强弱程度是不同的。

霍兰德将其职业人格类型理论运用于美国劳工部制定的职业条目词典，借助职业分析的有关内容，将其中 12 099 种职业赋予霍兰德人格类型代码，编撰了"霍兰德职业代码词典"，为各类人员按照自己的职业兴趣类型搜寻合适的职业提供参考和指导。

（二）斯特朗职业兴趣量表

在 20 世纪 20 年代，斯坦福大学的爱德华·斯特朗编制完成了第一个正式的职业兴趣量表，这是最早的职业兴趣测验。斯特朗认为，兴趣能够给人带来在才能或成就中所看不到的一些东西。这些东西就是人们想做的事情，以及那些能使他们感到满意的事情。斯特朗研究了兴趣与满意、人格和能力的关系，他认为兴趣是长久的，并不完全受到职业培训和生涯体验的影响。他的研究表明，兴趣并没有特别受年龄的影响，个人的兴趣到 25 岁时形成稳定，成年人的经历会对兴趣有小幅度的改变。

在斯特朗去世之后，坎波尔于 1968 年主持了对该量表的修订工作，增加了基本兴趣量表（BIS）和一般职业主题（GOT），修订后的量表更名为斯特朗-坎波尔兴趣量表（SCII）。SCII 的 1985 年最新版本包括 325 个项目，构成 264 个量表，其中包括 6 个一般职业主题量表、23 个基本兴趣量表、207 个职业兴趣量表、2 个特殊量表、26 个管理指标量表。一般职业主题量表是根据霍兰德职业理论建立起来的，有 6 个分量表，每个分量表 20 题；基本兴趣量表是由在内容上具有相似性且在统计上具有高相关的题目组成的同质性量表；具体职业量表是根据斯特朗的经验性方法建立起来的，共涵盖 106 种职业；特殊量表包括学术满意度量表和内—外向量表两个分量表；管理指标量表是对每一份答案进行常规性统计，以确保在施测及数据录入过程中没有意外情况发生，它包括整体反应指标、异常反应指标和反应类型指标三个统计量。

斯特朗-坎波尔兴趣量表是国外流行的职业兴趣测验，它被广泛应用于人才测评中，既能帮助个人了解自身职业兴趣，也能为企业挑选员工提供有效的参考信息。

第四节　能力探索

一、能力概述

（一）什么是能力

能力是指顺利地完成某种活动所必须具备的个性心理特征。个体要完成任何活动，都必须具备一定的能力，例如，要想从事舞蹈活动，个体必须具备动作协调能力；要想从事音乐活动，则要具备灵敏的听觉能力。这些能力的强弱直接影响着活动效率的高低。

（二）能力的分类

（1）按能力的构造不同可分为一般能力和特殊能力。

一般能力是指完成任何一种活动都必须具备的能力，它主要包括观察力、记忆力、注意力、想象力、思维力和抽象概括能力等，也叫基本能力。其中抽象概括能力是一般能力的核心。在西方心理学中一般能力又被称为"智力"。正常发展的智力是人认识客观事物并运用知识解决实际问题的基础。

特殊能力是指从事某种专业活动或某种特殊领域的活动所必须具备的能力，如音乐能力、美术能力、运动能力等。

（2）按创造程度可把能力分为再造能力和创造能力。

再造能力，又称模仿能力，指在活动中遵循现成的模式或程序，顺利地掌握前人所积累的知识、技能的能力。

创造能力是指不依据现成的模式或程序，独立地掌握知识和技能，创造出独特的、新颖的、有社会价值的产品的能力。

（3）按能力、先天禀赋、社会文化因素三者关系，以及能力在人一生中的不同发展趋势，可把能力分为流体智力和晶体智力。

流体智力是指在信息加工和问题解决过程中所表现出来的基本能力。如对关系的认识，类比、演绎推理能力，形成抽象概念的能力等。它较少地依赖于文化和知识的内容，而是取决于个人的禀赋，一般在30岁以后将随年龄的增长而降低。

晶体智力是指应用先前已获得的知识经验的能力，它取决于后天的学习，与社会文化有密切的关系。晶体智力在个体一生中都有所发展，只是25岁以后发展的速度渐趋平缓。

（4）按获得方式可把能力分为能力倾向和技能。

能力倾向是指个体出生时先天具有的潜在才能，如音乐、运动能力等。它是与生俱来的，代表着个人能力发展的潜在可能性，不过也有可能因未被开发而荒废。遗传、环境和文化都会影响能力倾向的发展。

技能则是指经过后天学习和练习培养而形成的能力，如阅读能力、人际交往能力、表达能力等。美国著名职业规划师辛迪·梵和理查德·鲍尔斯将技能分为专业知识技能、自我管理技能、可迁移技能（或称通用技能）三类。

（三）能力结构理论

能力结构是指一个人所具备的能力类型及各类能力的有机组合。能力不是某种单一的特性，而是具有复杂结构的多种心理特征的总和。

1. 斯皮尔曼二因素论

20世纪初，英国心理学家斯皮尔曼用因素分析的方法对大量和能力有关的因素进行了分析，提出了能力的二因素理论。斯皮尔曼认为，能力是由一般因素G和特殊因素S构成的。G因素体现在各种活动中，是人人都有的，只是各人的量值有所不同。一个人的聪明程度就是由G因素量值的大小决定的。S因素则因人而异，每一种S因素只参与一个特定的能力活动，如运算能力由某种S因素和G因素构成；言语能力又由另一种S因素和 G 因素构成。

2. 瑟斯顿群因素理论

美国心理学家瑟斯顿认为，任何智力活动都是由许多彼此互不相关的原始因素共同起作用的结果。他对大量智力测验进行了因素分析，结果找到了 7 种因素，即词语理解能力、词语流畅能力、计算能力、空间知觉能力、记忆能力、知觉能力和推理能力。他把这 7 种因素作为原始能力，并用这 7 种因素构造了一个智力测验。按照他的理论，这 7 种原始因素之间应该是彼此独立的，但实际结果并不是这样，7 种因素之间仍有一定的相关性。

3. 吉尔福特智力三维结构理论

美国心理学家吉尔福特于 1967 年提出了智力三维结构理论。这一理论主张应从操作方式、操作内容、操作产品三个维度去考虑智力结构，并把这三个维度作为长、宽、高构建一个智力的三维立体结构模型。在这个模型中，操作方式即智力活动过程，包括认知、记忆、发散思维、聚合思维、评价 5 个因素；操作内容即智力活动内容，包括图形、符号、语义、行为 4 个因素；操作产品即智力活动结果，包括单元、类别、关系、系统、转换、蕴含 6 个因素。三个维度可以组合为 120 种能力因素。后来吉尔福特又对智力三维结构理论进行了改进，增加为 180 种能力因素。

4. 加德纳多元智力理论

美国教育家、心理学家加德纳在 1983 年提出了多元智力理论。他认为智力是多元的，由同样重要的多种能力构成，并且多种能力不是以整合的形式存在，而是以相对独立的形式表现出来的。他认为人类至少有七种不同的智力：言语—语言智力、音乐—节奏智力、逻辑—数理智力、视觉—空间智力、身体—动觉智力、自知—自省智力、交往—交流智力。后来又加入了自然观察智力和存在智力两种。

二、能力与职业生涯规划

（一）职业能力

职业能力是指人们从事某种职业必须具备的并使职业活动得以顺利完成的个性心理特征。职业能力是在学习活动和职业活动中发展起来的综合能力，直接影响职业活动的效率。

（二）职业能力的构成

职业能力是多种能力的综合，大致由一般职业能力、专业能力和职业综合能力构成。

（1）一般职业能力。主要指一般的学习能力、文字与语言运用能力、数学运算能力、空间判断能力、形体知觉能力、颜色分辨能力、手的灵巧度、手眼协调能力等。

（2）专业能力。主要是指从事某一职业的专业能力。从事某一职业所需的专业知识与技能要通过专门教育和培训来获得。

（3）职业综合能力。主要有跨职业的专业能力、方法能力、社会能力、个人能力等四个方面。跨职业的专业能力包括运用数学和测量方法的能力、应用计算机的能力、运用外语解决技术问题和进行交流的能力；方法能力包括收集筛选信息的能力、独立决策和实施计划的能力、自我评价和接受他人评价的能力；社会能力主要指一个人的团队协作能力、人际交往和善于沟通的能力；个人能力是指一个人的社会责任心、诚信和职业道德。

（三）能力与职业生涯规划的关系

（1）职业能力是从事某种职业的必要条件。任何一个职业岗位都有相应的职业能力要求，在进行职业生涯规划时，可通过测评工具来明确自己的职业能力和胜任某种职业的可能性，在看清楚自己的职业能力和胜任某种职业的可能性后，再选择职业和确定就业途径。如果对自己的职业能力不清楚，职业实践活动就会比较盲目，即使有了岗位，也可能干不久就又需要重新寻找职业岗位。

（2）职业能力是在职业实践中形成和提高的。这种职业实践可能是正式职业，也可能是某种兼职。能力的形成和发展是以人的遗传素质为前提的，如果个体在遗传方面有缺陷，可能难以形成和发展出相应的能力。但同时应该意识到职业能力的形成并不完全取决于先天因素，后天有意识的学习、教育、训练等活动都能使个体获得能力，尤其是建立在普通教育基础上的职业教育，更是发展职业能力最有效的途径。职业能力是多方面能力的综合，需要通过长时间的积累才能形成。所以，在接受教育和培训过程中要认识到自身的能动作用，充分利用学习和培训的机会提高自己的职业能力。

因此，在确定自己的理想职业后，要对比自己现有的各项能力和理想职业要求的各项能力之间有多大的差距，对于能力不足的部分，要进行提升。

三、能力的探索方法

对能力的测评主要是借助心理学、测量学、管理学等学科知识，通过一系列的手段对个体的知识、技能、职业倾向和发展潜力等素质进行客观测量和综合评价。能力测评的历史已有百年，20 世纪五六十年代以后，随着测评思想和方法的演变，职业能力倾向测验技术也越来越丰富和成熟，包括智力测验、能力测验、性向测验、成就测验、情景模拟等，被广泛应用于单位招聘、选拔、培养人才上，也为个体进行职业生涯规划提供了依据和指导。

（一）一般能力测验

（1）比奈-西蒙智力量表。这是世界上第一个智力测量量表，由法国心理学家比奈和他的同事西蒙于 1905 年编制，称为比奈-西蒙量表。该量表包括 30 个项目，每个项目的难度逐渐上升。在施测中，根据儿童通过项目的多少来评定智力的高低。1916 年，经斯坦福大学教授推荐介绍，比奈-西蒙量表传入美国，并经修订后成为斯坦福-比奈量表。

（2）斯坦福-比奈智力量表。斯坦福-比奈智力量表是一种年龄量表，它以年龄作为测量智力的标尺，规定某一年龄应该达到的某一智力水平。推孟引入"智力商数"的概念，以此作为比较人的聪明程度的指标。智力商数，简称为智商（IQ），是以智力年龄（简称 MA）与生理年龄（简称 CA）的比率来表示智力，其公式为：智商（IQ）=智龄（MA）/实龄（CA）×100。经 1937 年和 1960 年两次修订之后，斯坦福-比奈智力量表成为目前世界上广泛流传的标准测验之一。

（3）韦克斯勒智力量表。由美国心理学家韦克斯勒编制，包含三套量表，即韦氏成人智力量表、韦氏儿童智力量表和韦氏学前儿童智力量表，分别适用于成人、儿童和幼儿。每套量表又包含两个分量表：语言分量表和操作分量表，分别测试个体的语言能力和操作能力。语言分量表包含的项目有词汇常识、理解、回忆、发现相似性和数学推理等；操作分量表包含的项目有完成图片、排列图片、事物组合、拼凑和译码等。

（4）瑞文标准推理测验。瑞文标准推理测验是英国心理学家瑞文于1938 年设计的非文字智力测验，用以测验一个人的观察力及清晰思维的能力。整个测验由 60 张图构成，分为 A、B、C、D、E 五组，每组 12 题，五组题目难度逐步增加，每组内部题目也按先易后难的顺序排列。瑞文标准推理测验可用于各个年龄段，不受文化、种族和语言的限制，因此被世界各地广泛应用。

（5）陆军甲种测验和陆军乙种测验。第一次世界大战期间，为适应战争的需要，美国陆军研制了陆军甲种测验，用来快速鉴别大量的应征入伍者。该测验为文字测验，适用于文化水平较高的被试者，包括 8 个分测验，分别是指导测验、算术测验、常识测验、异同测验、词句重组测验、填数测验、类比测验和句子填空测验。为选拔文化水平较低的士兵和文盲士兵，美国陆军又编制了陆军乙种测验。该测验为非文字测验，包括迷津、立方体分析、补足数列、译码、数字校对、图画补缺和几何图形分析等 7 个分测验。

（二）特殊能力测验

（1）机械能力测验。机械能力测验是最早和最经常用于工业或军事测验中的特殊能力倾向测验，分为空间关系测验和其他机械能力测验。比较著名的有明尼苏达空间关系测验、明尼苏达书面形状测验、本纳特机械理解测验和 SRA 机械概念测验。

（2）文书能力测验。较常见的文书能力测验有明尼苏达文书测验和计算机程序员能力倾向成套测验。前者由安得鲁和帕特森编制，主要用于选拔职员、检验员和其他要求知觉和操纵符号能力的职业人员。后者由帕洛摩编制，主要用于评估和选择学习计算机课程的申请者。

其他特殊能力测验还有西肖尔音乐才能测验、梅尔美术判断测验、飞行能力测验等。这些特殊能力测验弥补了一般能力测验的不足，广泛应用于工业、军事、艺术等领域，极大地满足了社会对人才进行分类和选拔的需要。

第五节　价值观探索

一、价值观概述

（一）什么是价值观

价值观就是个体在工作和生活中所看重的原则、标准或品质，是个体用来区分好坏、分辨是非、判别重要性并指导行为的心理倾向系统，是个体核心的信念体系。价值观支配着个体的行为、态度，决定了其在一定社会环境中的取向和追求，是个体判断事物价值大小及对自己重要程度的总体评价标准。每个个体都是根据自己的价值观去行事的，尤其是面临选择和决策时，藏在深处的价值观总是自然而然地起着指引和决定的作用。

价值观具有以下几个特点：稳定性和持久性。个体的价值观一旦形成，便具有相对的稳定性，形成一定的价值取向和行为准则，短时间内往往很难改变。当然了，价值观的稳定性和持久性并不是说价值观会一成不变地伴随个体一生。随着社会群体的自然更替和社会环境的变化，社会群体的价值观是不断变化的，表现为新的价值观、价值体系对传统价值观、价值体系的冲击和挑战，呈现出以新代旧的趋势。这种价值观的变化在社会变革时显得尤为明显。历史性和选择性。价值观是后天形成的，在形成的过程中受到家庭和社会环境因素的影响。不同的历史时代、社会背景会形成不同的价值观，不同的个体在成长过程中受所处环境的影响也会形成不一样的价值观。主观性。价值观的作用方式是内隐的，不能直接被外界观察和记录，具有主观性。

价值观决定人的自我认识，它直接影响和决定一个人的理想、信念、生活目标和追求方向，只有通过价值观的判断，个体才能明白事物对自己的意义，并成为决定行为和决策的充足依据。因此对自己的价值观进行探索是自我认知中不可忽视的一部分。价值观对动机有导向作用。个体的动机受价值观的支配和约束，影响着个体动机和行为模式的形成。在相同情境下，价值观不同的个体，其动机和行为模式也不同，经过价值观判别之后，被认为是可取的那些因素才能转化为行为的动机，进而引导人们的行为。比如，对于金钱的观念，"拜金主义"者认为金钱是最重要的，为了金钱可以抛却道德、罔顾法律；而有的人则把钱财用来做慈善或社会公益事业。价值观具有认知反映功能。价值观作为一种内隐的评判体系，是个体对客观世界及行为结果的评价和看法，能够反映个体的认知程度和需求状况。一般情况下，对外部世界的正确认知有助于个体形成积极合理的价值观，若是对外部世界的认知出现偏差或失误则会形成消极或错误的价值观。

（二）价值观的分类

1. 奥尔波特六分法

人本心理学先驱、美国著名人格心理学家奥尔波特将价值观分为理论型（科学型）、经济型（实用型）、宗教型（信仰型）、审美型、社会型和政治型六种类型。

理论型（科学型）价值观主要强调对于真理的追求，拥有这种价值观的人具有旺盛的求知欲，重知识，爱科学，擅长观察、分析和推理，具有很强的自制能力，能够很好地控制自己的情绪。

经济型（实用型）价值观讲求实效，对于实用性的知识感兴趣。拥有这种价值观的人看重事物的功利价值，讲究经济效益，追求财富积累，倾向于从经济观点出发看待一切事物，判断事物的有用程度。

宗教型（信仰型）价值观追求善的普遍性，相信命运，相信超自然的力量，具有坚定的信仰，能够约束和抑制他们认为低俗的那些欲望，倾向于创造崇高的境界和体验。

审美型价值观以感受事物的美为人生的最高价值，追求艺术美感，致力于使事物变得更有魅力，具备较强的审美能力。

社会型价值观崇尚人际交往，具有这类价值观的人重视与他人的关系和人际往来。他们享受人际交往的快乐，并且从帮助他人中获得乐趣，喜欢互相依靠和共同生活，致力于增进社会的福利。

政治型价值观以掌握权力为最高价值，对权力有着超于常人的欲望和偏好，喜欢占据支配性的地位。具有此类型价值观的人总是充满自信，喜欢组织和支配他人，希望显示自己的能力和影响。

2. 格雷夫斯七等级价值观

行为科学家格雷夫斯在大量调查的基础上对价值观进行了归类，从表现形态上将价值观概括为以下七个等级。

第一级为反应型。这种类型的人对于周围的事物缺乏认识，并未意识到自己和周围社会成员的存在，以及存在意义。他们对于周围事物的反应都是基于自己基本的生理需要，而不顾其他任何条件。类似于婴儿，这种人是非常少见的。

第二级为部落型。具有这种类型价值观的人对他人有着很强的顺从性和依赖感，缺乏独立人格，服从于传统习惯和权势。

第三级为自我中心型。这种类型的人信仰极端的个人主义，完全以自我为中心，只关注自身利益，自私冷酷而又喜欢挑衅。但是对于权力有着很强的服从性。

第四级为坚持己见型。持有这种类型价值观的人立场鲜明，无法容忍模棱两可或含糊不清的意见，难于接受不同的价值观，喜欢把自己的观点强加于他人之上，希望别人接受他们的价值观。

第五级为玩弄权术型。具有这种类型价值观的人非常看重地位和社会影响，通过摆布别人来达到个人目的，极端现实而又积极追逐名利。

第六级为社交中心型。这种类型的人把被人喜爱和与人良好相处看作非常重要的目标，重视自己和他人的联系。

第七级为存在主义型。具有这种类型价值观的人具有很高的容忍度，能接纳和容忍不同的观点、意见，也敢于直言表达自己的观点、意见和态度。

二、价值观与职业生涯规划

（一）职业价值观

价值观是人们认识、评价周围客观事物是否满足自身或社会需要的内部标准，这种标准体现在职业选择和职业评价上就是职业价值观。职业价值观反映了一个人对职业的认识和态度，以及他对职业目标的追求和向往，具有明确的目的性、自觉性和坚定性，对一个人职业目标和择业动机起着决定性的作用。

职业价值观是个体在后天发展中形成的，受个体性别、年龄、兴趣爱好、阅历、教育状况、家庭、社会环境等方面的影响，个体对各种职业有着不同的认识和不同的主观评价。这种认识和评价决定了人们对职业的期望，影响着人们对就业方向和具体职业岗位的选择，关系到人们就业后的工作态度和取得的成绩水平，从而决定了人们的职业发展情况。

（二）社会主义核心价值观在职业选择中的作用

社会心理学将价值观看作是个体的心理现象和个体的社会心理现象，认为价值观既是个体的选择倾向，又是个体态度、观念的深层结构，同时还是群体认同的重要依据。换言之，价值观可分为个体价值观、社会价值观和国家文化价值观三个层面。个体价值观是个体层面的价值体系，作为一套保障社会制度稳定及正常运作的行为准则，必然要符合社会层面的价值观和国家文化价值观。

倡导富强、民主、文明、和谐，倡导自由、平等、公正、法治，倡导爱国、敬业、诚信、友善，积极培育和践行社会主义核心价值观。富强、民主、文明、和谐是国家层面的价值目标，自由、平等、公正、法治是社会层面的价值取向，爱国、敬业、诚信、友善是公民个人层面的价值准则。

对大学生而言，树立正确的职业价值观，践行社会主义核心价值观对其职业定位、择业行为、择业手段，以及职业发展都具有重要的影响。个人不能离开社会而独立存在，个人的发展离不开社会的发展，个人的职业价值也只有通过在工作中为社会多做贡献才能实现。那种只考虑个人、不考虑国家和社会需要的职业价值观是不可取的。大学生在择业时要正确处理好个人利益与国家、社会利益的关系。当然这并不是说在择业时要完全忽略个人的感受，只去尽社会责任，这样不但不利于个人发展，也会造成社会资源的浪费和损失。只有形成与社会发展相适应的职业价值观，才能使个人在正确的道路上实现职业理想和人生价值，达到自我发展和社会发展的协调。

三、价值观的探索方法

人的价值观千差万别，又具有很强的主观性，但并不是不可测量和评估的。在日常生活、学习中，可以通过一些量表工具来探索自己的职业价值观，也可以通过一些简便易行的方法来了解自己的职业价值观。

（一）职业锚测试

锚是使船只停泊定位用的金属器具。那么职业锚是什么呢？职业锚，又叫职业定位或职业系留点，是指当个体不得不做出选择的时候，无论如何都不会放弃的职业中的那种至关重要的东西或价值观，是个体选择和发展职业时所围绕的中心。职业锚是个体在与工作环境互动过程中，通过将实际工作与自身能力、动机和价值观等相互作用、相互整合而形成的，是个体职业观念的核心。

职业锚理论是由美国著名职业指导专家、麻省理工学院的施恩教授在几十年理论研究和实践基础上于 1978 年提出的。职业锚理论强调个人能力、动机和价值观三方面的相互作用与整合，为个体选择职业提供了一种基础。职业锚测评主要是通过对个体过去行为的分析和未来目标的探索，帮助个体认清真实的自我，从而在面临职业选择时，做出与个体价值观和真实自我相匹配的职业决策。经过不断研究，施恩共发现了 8 种类型的职业锚，分别是自主型、创业型、管理型、技术职能型、安全稳定型、挑战型、生活型、服务型。目前，职业锚测评已成为国外职业测评运用最广泛、最有效的工具之一。

（二）WVI 工作价值观量表

WVI 工作价值观量表是美国心理学家舒伯于 1970 年编制的，用来衡量与工作满意状况有关的价值观，以及激励人们工作的目标。该量表将职业价值分为 3 个维度：一是内在价值观，即与职业本身性质有关的因素；二是外在价值观，即与职业性质有关的外部因素；三是外在报酬，共计 13 个因素，分别是利他主义、美感、智力刺激、成就感、独立性、社会地位、管理、经济报酬、社会交际、安全感、舒适、人际关系、变异性。

（三）罗克奇价值观调查表

罗克奇价值观调查表是国际上广泛使用的价值观问卷，是由美国社会心理学家米尔顿·罗克奇于 1973 年编制的，用该量表可以测得不同的价值观在不同的人心目中所处的相对位置，或相对重要性程度。罗克奇认为，个体的各种价值观是按一定的逻辑意义联结在一起的，是依据一定的结构层次或价值系统而存在的。价值系统是沿着价值观的重要性程度的连续体而形成的层次序列，主要包括两种价值观序列，即终极价值观和工具价值观。终极价值观序列由"目的"价值观组成，指的是个人价值和社会价值，用以表示存在的理想化终极状态和结果；工具价值观序列由"工具"价值观组成，即与其为人处世方式有关的价值观，指的是道德或能力。每个序列又包含 18 种价值观，各种价值观后都有一段文字描述，施测时按照各种价值观对自身重要性程度进行排序。

第四章
小学生职业生涯教育

第一节　基于小学生职业认知
发展阶段特点的生涯教育

再具体到我国小学职业生涯规划教育的实践来看，自 2010 年至今仅有的少量探索，目前也存在缺乏理论研究、缺乏小学阶段学生职业认知特点和规律的研究、缺乏系统化的实践探索等问题，且具有碎片化、随机性、任意性、课程中心等特点。尤其缺乏基于小学生发展阶段特点而展开的更接近科学的生涯规划教育。本研究针对这一突出问题，尝试以小学生职业发展阶段特点研究为基础，从小学生的特点出发，探索更有效的小学生涯教育策略。

一、小学生职业认知的发展特点

（一）职业愿景的不稳定性

所谓职业愿景的不稳定性，即这一时期的小学生，对未来职业的憧憬更多表现出的是不稳定的，甚至是随时可变的。比如访谈中问一位小男孩未来想从事的职业，他说发明家、教师、工程师都想过。当第二次问他同样的问题时，他说想当医生。小学生的职业愿景表达了其对某种职业的喜欢与不喜欢，从兴趣影响因素来看，11、12 岁儿童的职业兴趣多受现实情境影响，如新奇的事物和感官刺激等。例如，某些儿童的职业愿景并不来自职业本身，因为喜欢自己的老师而想成为教师，甚至因为喜欢某个玩具而想从事某个职业，这些因素都能引发学生的职业梦想。此外，这个年龄段的小学生对社会职业的认识与理解还处于表面阶段，可以说并不真正了解这个职业，甚至是不知道这个职业是做什么的。所以，基于小学生的职业兴趣极容易发生转移的特点，需要在小学生职业兴趣萌发的初级阶段提供一些必要的外部支持和教育引导。

（二）职业性质的虚拟性

所谓职业性质的虚拟性，即这一时期的小学生所提出的各种各样的职业，从性质上来看，呈现出了一种虚拟性、想象性、幻想性的特点，但在虚拟的想象之中又不是完全凭空想象，具有一定程度的客观实在性，是基于现实生活的一种想象，而非幼儿园及小学低年段学生的那种超越现实生活，完全天马行空的想象，如发明长生不老药。11、12 岁儿童幻想活动中出现的画面或场景，是"我自己要什么"的一种具象化，反映出一个人内心的真实渴求或呼唤。可以说，小学生的职业梦想主要是小学生自我心中的"梦幻目标"。

儿童有着非常细腻的情感，他们的想法虽然基于现实生活，但又不受现实可能性左右，是纯粹意义上的喜欢，他们会因为一个很微妙的感觉而喜欢上一种职业。儿童在自由的角色构想与体验中发现自己的优势与潜能，理解不同职业的内容与特征，儿童进入了一个现实以外的真实世界。幻想代表了大脑寻求意义、秩序的努力，它要达到的是理解。幻想并不是理性的对立物，而是它的先决条件。在孩子的梦想中，形象高于一切，经验只是其次。

（三）职业动机的自我性

所谓职业动机的自我性，就是这一阶段的小学生开始逐步发展自我概念，喜好、兴趣与能力成为个人抱负与活动的主要因素。这一时期的小学生逐渐认识到自己和他人是不同的，据此开始对自己不同于他人的兴趣和经验开始有相对清晰的认识。他们更主要的是将自己的兴趣与期待的职业进行匹配。小学生开始以各种不同的方式来表达自己的需要，且经过对现实世界不断的尝试，来修饰自我的角色。自我认同性是这个阶段小学生萌发美好职业梦想的积极因素。如一位未来想研究生态学的小女孩说："我喜欢各种各样的昆虫、特别小的植物、参天大树上面的鸟……我能记得它们的习性、特征等。"这位小女孩，基于浓厚的自我兴趣爱好，主动观察生活，探寻了大量的职业信息，开启了她对未来职业、美好生活的向往与追求。自我概念和兴趣之间的联系通常是强烈和明显的。

美国生涯大师唐纳德·舒伯的生涯发展阶段理论及艾丽·金兹伯格的生涯发展理论中，都将 11～12 岁确定为"兴趣期"。这个时期的儿童在考虑未来职业时，以喜好为主要考虑因素，喜好是个体抱负与活动的主要决定因素。依据美国心理学教授约翰·霍兰德的职业兴趣理论，当一个人的职业兴趣与其职业相匹配时，将大大提高他们的工作满意度、职业稳定性和职业成就感。

（四）职业价值观的多元性

心理学家丹尼尔·莱文森的"人生四季"理论中，梦想指的是个人对于如何度过一生的观点，即这个人追求什么样的价值观。梦想根植于人的职业抱负。唐纳德·舒伯认为，职业价值观是个人追求的与工作有关的目标，亦即个人在职业上所看重的工作特质或属性，它是个人价值观在职业上的反映。职业价值观反映了人们对奖励、报酬、晋升、发展或职业中其他方面的不同偏好，它体现了一个人最想从工作中获得什么，在工作中最看重什么，它是欲望、动机、需要的混合体。通过与儿童对话，发现儿童的职业选择与价值观有重要的关联。如一个小男孩的梦想是当一名教师，他的职业动机更多的是考虑自己人生的平稳、小幸福；另一位小男孩的梦想是当一名医生，他的职业动机更多的是看重能够救助他人、造福人类。

价值观是因人而异的，每个人都有独一无二的价值观。由于每个人的先天条件和后天环境不同，因此，每个人的价值观的形成就会受到不同的影响。访谈中的儿童职业价值观也呈现出多元化特点，如来自收入、名望、助人、安全、舒适、利他等价值取向，且利他主义职业价值观得到这个年段小学生的普遍认同。

二、小学生职业生涯教育的可能空间

小学阶段职业生涯教育与幼儿阶段、初高中阶段、大学阶段等相比，有着共同要完成的教育责任之外，也有其本阶段重点要完成的任务。在小学阶段职业生涯要完成的主要任务并不是对未来职业真正做出选择，不以对学生未来职业定向为目标，而应是在遵循学生职业认知发展规律和特点的基础上，通过适切的体验活动，帮助学生发现自己的职业兴趣，提供对自我与世界的了解，树立正确的职业观念，唤醒学生对未来职业生涯的思考，并激发面对未来从容生活的勇气。

弗兰克·帕森斯在《选择一个职业》一书中提出"特质因素论"，特质因素理论是最早的职业生涯理论。"特质"是指能够通过心理测验所测得的特征；"因素"是指能够胜任工作表现必须具备的特征。后经威廉等人进一步发展而完善。帕森斯提出职业选择的三大原则。第一，了解职业，充分认识到职业对学历、经验等的要求，以及职业能为个人提供的工作环境、待遇、发展机会等。第二，了解认识自己，包括性格、能力、价值观、优劣势等。第三，匹配。找出自我特质和职业要求相一致的职业，个人的优势就会更好地在职业环境中发挥出来。

小学阶段的职业生涯教育，可以在帮助学生认识职业、认识自己，包括入职匹配方面，在充满浪漫幻想的基础上，进行一些更加具有现实意味的引导。因此，认识职业、认识自己成为小学职业生涯教育的重点所在。

（一）对职业认知的"现实性"引导

针对小学生职业认知所存在的更多虚拟性问题，11、12 岁的小学生职业生涯教育，应该更多给予现实性的引导。

小学生终究要走向社会，从自然人发展为社会人，小学生不可能永远生活在虚拟的世界里。从现实中了解到，小学生对自己将来想要从事的职业性质、职业内容、岗位标准要求、技能获取途径等不甚了解，虽然有所认识，但这种朦胧的职业意识仅仅停留在臆想阶段。基于这样的职业理解所建立起来的职业梦想是缺少理性思考的，往往受制于"他人""环境"抑或"一时的冲动"。对于还没有进入工作世界的小学生来说，他们对未来的理想工作充满无限的美好幻想与期待，他们会羡慕医生拥有高明的医术、钦佩教师拥有众多学生的爱戴……然而，这些只是某些工作中光鲜亮丽的一面，现实的工作往往不如想象中那么轻松、美好、愉悦。这种对职业单方面的盲目认知如果得不到正确引导的话，很容易受社会上各种不良现象的影响，从而在理想与现实之间产生较大偏差。

（二）对特质自我的"自我认知"的引导

在小学生的"自我职业认知"发展现状中，小学生将自我兴趣、自我能力优势与未来职业相匹配的愿望与需求已经出现萌芽，这既是生涯规划教育的目标追求，也是小学生职业意识发展的理想样态。

目前的职业认知，多是小学生通过观察周围的人和典型的事件，以及周围的评价来判断自身的职业兴趣、自我能力优势的，这种职业梦想通常会比较理想，只是单方面考虑自己是否喜欢。

虽然有部分小学生表现出对自我有所认知和了解，但大部分小学生对自我兴趣爱好、能力优势的整体认知处于刚刚起步的阶段，仍然比较模糊。另外从家庭教育、学校教育中来看，无论家长抑或教师对小学生这一认知发展规律和特点认识不清晰，对这一发展关键期尚缺少足够的认识与引导，漠然视之，甚至阻碍之。这种认识的模糊性抑制了小学生的自主意识发展，不能不说是一种损失和缺憾。赫尔巴特将个体天生的兴趣称为个性，认为其是后天发展之"朦胧的根源"，教育者的目的就是让这种个性"具有鲜明的轮廓"，乃至"明显地显露出来"。

（三）基于个体因素匹配职业的"职业观"引导

从数据中了解到，小学生从经济报酬、个人声望、利他性、安全性等价值观维度分别选择了不同的职业，呈现出职业价值观多元化的特点，这与小学生对职业认知的肤浅性相关。从小学生职业认知程度来看，小学生虽能说出自己所选择的职业的名字，但是他们对所憧憬的职业的内容、性质、概念等并不清楚，所谓的了解是相对于那些他们一无所知的职业而言的，并不是真正意义上的了解。如当具体问到"你对这个职业了解多少"时，提到设计师，他们认为就是设计一张图纸，然后让工人去干就行；提到警察，他们认为就是维护治安的；等等。因此，需要更多职业观的引导。

第一，多样性行业范畴的社会价值引导。小学生对医生、教师等经常能接触到的行业是较为熟悉的，但是整个人类社会的行业不计其数，小学生的职业范畴认识比较狭窄。因此，需要引导小学生了解多种多样的行业，让他们了解每种行业为社会系统的运行所作出的贡献。

第二，平等职业观的引导。小学生虽有朦胧的职业观倾向，但是职业认知的水平较低，职业价值观倾向更多来源于家长观念和社会风气的影响。部分家长长期在家庭教育中向学生灌输职业选择中的"高大上"和"光鲜"，并分析所谓"低端职业"或工种的弊端及不利，督促学生向"仰视链职业"靠拢。处于蒙昧状态的小学生不仅对世界知之甚少，对职业世界同样如此，缺少较为理性的内在认知，这样的职业价值观是混沌、蒙昧的。在启蒙思想家眼里，教育就是使人从"蒙昧"中牵引出来，从"未完成的人""待发展的人"走向"完满的人""成熟的人"。

生涯规划教育虽然不是对小学生人生过早地定向,但是引导小学生学会尊重各种职业,懂得任何一种职业都各有利弊,只有分工不同,没有高低贵贱之分,三百六十行,行行出状元,对于价值观尚未形成的小学生来说,祛除蒙昧,树立正确的职业价值观至关重要。

三、以小学生职业认知特点为基础的启蒙教育策略

(一)增强自我意识训练的认知强化策略

"自我"是一个复杂的人格系统,是人类生命体不断发展的重要部分,它不是与生俱来的东西,而是在社会经验过程和社会活动过程中出现的。自我的认知需要在对他人、对自己,以及他人对自己的体验中发现。认识自我是生涯探索的起点,个体只有客观、清晰地认识自我的各个方面,才能更好地发展自我、规划人生。

在小学的生涯教育中,特别需要引导学生多开展增进自我了解的活动,如让学生写"我的志向""我的兴趣爱好""我是怎样的一个人"等之类的作文;将平时令自己高兴、引以为荣的事情通过写日志的方式记录下来,逐渐了解自己的长处与优点,进而能够接纳自我;讲述自己经历过的印象深刻的故事,引导学生回忆当时的感受,并反思这一事件与自己成长的关联;帮助学生分析自己认为感兴趣的活动是否能够达到忘我状态与完成后是否很有成就感。还可以通过设计思维导图,学会从不同的方面进行自我评价。对于他人的评价教师要引导学生客观地去看待,不能盲目相信或质疑,而是要认真地进行辨析、甄别,形成基于事实的客观判断。

(二)增强"课程 + 价值观"的职业观引导课程建设策略

唐纳德·舒伯认为"生涯发展课程是促进学生生涯发展的最适宜的方式"。从小学生职业认知现存问题来看,小学生生涯教育课程设计要重视"课

程＋价值观"的职业观引导。"课程＋价值观"，即小学生涯教育课程，无论开发何种课程、举行何种活动、介绍何种职业，都要在每一种职业介绍的后面，对其能对社会所做的贡献、所具有的社会意义进行客观介绍。

这种价值观的引导，可以让五六年级的小学生，在对一种职业进行认知时，既能考虑到自己将来的人生实现，如金钱、地位、事业追求、人生理想等，也能从社会效益的角度去客观地认识一个职业、一个行业。这样的介绍，可以使得小学生逐渐走出以个人为中心的藩篱，形成一种"个人—社会"均衡考虑的思维模式、职业观，而不单纯地只考虑个人人生可以获得何种幸福。同时，这种价值观的引导，也要让小学生以一种平等观念看待所有职业和行业。引导学生认识到，人生幸福不仅仅与从事挣钱多、关注度高的行业相关，更与所实现的社会价值、贡献、自己的幸福观等多种因素息息相关。如此，可以更好地引导儿童以一种平常心看待各种行业。

（三）增强社会实践的现实体验策略

心理学家让·皮亚杰认为："儿童通过手脚对真实事物的接触，在头脑中构筑知识体系，然后，通过刺激与条件反射衍生出更多的技能，从而在这样一个良性的自我增强的循环过程中迎接更多的挑战，更深刻地获得知识。"访谈中了解到，小学生的职业认知多以间接经验为主要方式。因此，学校就要给孩子们搭建丰富的职业体验平台，让孩子们走进社会，走进真实的职业世界，促进儿童社会化的过程。这种体验式的生涯启蒙教育关注学生的成长过程，不是将结果放在首位，不是为未来职业过早定位、定向，而是让学生身体力行地参与到真实的情境中去实践，在实践中领悟，从而重新构建自己的知识经验，更真实而具体地了解自己、了解职业、了解社会。小学阶段的生涯教育具有启蒙性，应尊重小学生对生活世界的认识和生活经验的沉淀，让小学生获得成长。如根据小学生的职业兴趣而开展的系列职业微体验活动——小消防员、小厨师、小茶艺师、小考古学家等。

还可以让小学生走出校园，走进科研院所、医院、茶馆、餐厅、银行、消防队、法院等职业场所，让他们通过"职业"认识职业。通过与不同行业的人员对话交流、生命联结、情感沟通、心灵碰撞，感受各种职业的酸甜苦辣，学会如何尊重他人、了解自我，如何与人交往，如何遵守职业规则……这些都会潜移默化地在他们幼小的心灵中孕育出服务社会的责任和担当。

小学生开展职业体验活动，不是走马观花式地参观走走，而是要精心设计各个具体的环节。如出发前学生在教师的指导下需要做哪些活动前的准备，如何设计最佳参观路线，职场人员如何用小学生的语言进行讲解介绍，如何根据工作内容设计可操作的体验环节，如何采用小组合作的形式与职场人员进行访谈，等等。这些都需要与职业人员共同商量来制订切实可行的活动计划，这样才能保证学生职业体验的有效性。

第二节　小学阶段职业生涯规划教育启蒙实践

职业生涯规划教育是学生今后发展道路上的指路明灯，可以让学生更好地明确自己想要的是什么并为之奋斗终身，但是在中国现阶段无论是老师还是家长都认为在小学阶段开展此类课程为时尚早，学生并不能对课程中的内容进行理解，但是却忽视了小学阶段是学生学习与发展的启蒙时期，在这一阶段对学生进行职业生涯规划教育更有利于职业价值观念的形成，对学生今后的发展与提升起到了十分重要的作用。

一、在如今职业生涯规划启蒙中所存在的问题

随着社会的发展与进步，教育理念也随之有所改变，小学职业生涯规划启蒙逐渐被教育者所认知，但是却也不被很多人所接受，认为在学校阶段有效提高学生的学习成绩才是学校与教师的职责，然而在美国所提倡的职业规划教育便是根据小学生、初中生等不同年龄阶段进行不同的职业规划教育，在中国普遍认同的便是在小学阶段由于学生年龄尚小，

对其开展职业规划教育意义不大，显然这是一种错误的认知，小学阶段有助于学生更好地树立职业观以及价值观，促使学生根据自己的兴趣与未来的职业挂钩，并对自己的未来有所选择，而不是在今后选择职业之时一脸茫然、不知所措。

二、如何合理规划与实现小学生职业启蒙教育

（一）对教师加强职业规划相关教育

教师是学生学习道路上的引领者，而且教师的思想观念，以及教学方式会对学生产生较为深远的影响，因此学校要加强对教师的培训，增加教师的小学生职业生涯规划的认同感，邀请其他专业教师来对本校教师进行专业的指导，进而有效提高本校老师的相关职业素养，并将其中有经验，以及教学理念较为新颖的教师纳入职业生涯规划的教师体系中来，通过专业化的学习与发展，将其培养成为这方面专业的教师，进而对学生进行更为科学合理的教学，促使学生可以在其中发展与提升自我。

（二）设置职业启蒙教育课程

专门的课程设置可以更规范地为学生介绍职业启蒙教育，促使学生形成相应的学科理念以及能力，以及在学习的过程中形成良好的职业观，促使学生可以更好地将职业规划与自己的梦想联系起来，并努力为之奋斗，职业意识是伴随学生成长与发展中所必备的因素，可以更好地促进学生的发展与进步，而且这一门学科的教学目标不是根据学生的特点强制性或严格为其进行相应的职业规划与设计，而是要努力抓住学生自主意识的关键时期，从多方面对学生的职业意识进行培养，让小学生可以更好地在课程学习的过程中认知自我，并有效培养学生的语言能力，以及交流能力，进而促使学生可以得到全面的发展与提升，并有效适应现当代社会的发展，让学生在学习的过程中不断地提升自我与发展自我。

（三）与教学科目融合渗透

在开展小学职业规划的过程中，如果仅仅是依靠课程上的教育，很多小学生并不能对其中所传达的思想进行理解，甚至会认为这是一门枯燥的课程，不愿意进行下一步的学习，长此以往这一门学科便无法顺利地开展与进行下去。故而需要采取更为科学有效的方式对学生进行教学，将小学职业启蒙教育与其他学科结合起来，并相互渗透，因此需要加强对各科教师的职业教育规划培训，促使所有老师都可以接受这一新型理念，并在实际教学中进行渗透，促使学生可以从各方面接受职业规划教育思想，从多维度促进学生的发展与进步。

（四）拓展职业相关实践活动

实践可以促使学生将所学运用于社会中，将所学知识运用于实践，并对知识进行逐步地深化，促使学生可以真正地发展与提升自我。而且通过相关实践活动有效培养学生的劳动技术素养，以及科学创新能力，故而教师在进行教学之时可以根据学生的实际情况，以及课程开展状况在其中融入相应的教学活动，并在实践活动之中让每个学生都可以切身感受每个职业的素养要求以及形象要求，进而有效地促使学生为了自己的梦想朝相应的方向奋斗，而且职业素养活动的开展可以在实践活动的支持下提高学生的课堂参与度以有效激发学生的学习兴趣，并为学生提供一个可以实现自我理想，以及梦想的相关平台，以有效增加学生对未来职业的期待，故而学校可以定期举办一些真实社会场景活动，让学生扮演其中的医生、教师，以及收银员等角色，或者是开展职业风采展示节目，让每个学生根据自我的未来梦想、自我感知，以及课堂所教授的内容对角色的职业风采进行展示，并在全校进行交流与交谈。

（五）家校合作协同促进学生发展

对学生开展职业规划不仅要有效改变教师的教学思路，以及教学观念，还要得到家长的同意，进而通过家校合作，促使学生从多方面得到发展与提升。而且可以在与家长进行交流、沟通之后共同组织一个职业交流日，在学校定期开展交流会，每次邀请不同职业的家长，对学生讲解这个职业所需要的职业素养，以及职业技能，让学生对这个职业进行更为深入与透彻的理解，而且在交流活动结束之后还可以让学生进行小组内讨论，在活动中通过交流与分享的形式，促使学生对每个职业进行更为深入与透彻的了解，并让学生对未来的职业进行设想，促使学生在整个活动中发展与提升自我。

小学是学生教育启蒙的黄金时期，对学生今后的学习与发展有很重要的作用，而且也是学生人生观、世界观形成的重要阶段，故而便要求教师采取更为科学有效的教学方式对学生开展教学，而且随着素质教育的改革与开展，对小学生职业素养规划教育的重视程度愈发提高，因此便要求教师可以从多角度、多方面对其进行职业启蒙教育渗透，让学生对未来充满幻想与希望，继而促使学生更好地进行学习与发展，而且在进行教学的过程中要多开展相关实践活动，让学生可以在实践中将自己所学的知识付诸实践，继而对知识进行更深层次的深化记忆，并有效提高学生对这一学科的兴趣，让学生在兴趣的引导下进行学习，而且可以邀请学生家长来学校为学生进行相关职业素养的要求，让学生可以更近地接触自己喜欢的行业，促使学生可以在这个过程中更好地认知自我与自己所喜欢的职业，并为之所努力与奋斗。

第三节 开展小学生职业生涯规划教育的策略

随着社会经济的不断发展和我国产业结构的调整，社会对职业型人才的需求越来越高，职业生涯教育备受关注。职业生涯教育在高等教育和中等职业教育上已经取得不少研究成果,同时国家也明确指出职业生涯教育课程成为高等和中等职业教育的必修课程。但是与高等和中等职业教育相比,我国中小学尤其是小学很少开设职业生涯教育课程,小学生对于职业的认识很少,综合能力较弱,不能规划好自己的发展方向。本节结合当前小学职业生涯教育课程开发的必要性和意义,浅谈小学职业生涯教育课程开发策略,希望为小学教育带来帮助。

一、小学职业生涯教育课程开发的必要性

(一)有助于改变教师和家长教育观

国外对于职业生涯教育的研究和应用较早,美国在 20 世纪 70 年代就系统地开发了 1~12 年级的职业生涯教育课程,提出了三项基本方针:一是职业教育课程要面向全体学生,二是职业教育应该是一种持续性的教育,三是凡是中学毕业或辍学的学生要掌握谋生的各种技能。在课程实施方面致力于提高学生对职业的整体认知,会通过让低年级学生阅读画报、角色扮演和组织参观等方式形成对职业的基本认识。除了美国之外,日本等发达国家开设职业生涯教育课程也较早,小学生的职业观很强。我国的教师和家长普遍认为小学生年龄小,开设职业生涯教育课太早,将主要精力用在了文化课教育中,导致学生对自我、社会的认识不足,动手能力较弱。因此,在小学阶段开发职业生涯教育课程,有助于改变教师和家长的育儿观,帮助孩子从小全面发展,不断挖掘自身潜能。

(二)有助于小学生明确未来发展方向

随着社会的不断发展,行业分工越来越专业、越来越细。在这种背景之下,人才的培养质量和精细度格外重要,所学技能与社会高度匹配,适应社会的发展。同时,最新的《家庭教育促进法》也对家庭教育提出了要求:"一方面要引导孩子树立正确的学习理念,提升学习能力;另一方面要

为孩子指明未来发展方向，适应社会变化带来的产业结构调整。"个体的每一步发展都会对未来的学习成长和就业产生深远的影响，人生是不可逆的，帮助孩子从小制定生涯规划，在每个重要节点上引导他们正确地学习和实践，找好定位，将有助于学生个性化发展，在某个方面做出成绩。因此，小学职业生涯教育课程的开发意义十足，社会、学校和家庭要形成教育合力，根据小学生身心特点开发合适的职业生涯教育课程，让学生在生活和学习中经历思考、探索、创新等环节，从小具备优良的职业品性，满足社会多元化发展的需求。

二、开展小学生职业生涯规划教育的策略

（一）创设浓厚的职业生涯教育环境

小学生年龄小，爱玩、爱动是他们身上的特点，他们不拘泥于传统环境，喜欢接受有挑战性的事物，基于小学生的这种特点，在职业生涯教育课程开发中，教师要创设浓厚的职业生涯教育环境，不束缚孩子天性，让他们在玩中做、做中玩，全身心地投入到职业活动中。为了实现这个目标，在课程开发上，教师可不拘泥于课程的形式，可通过挖掘文化课中隐藏的职业教育要素来进行渗透。比如在语文课程教学中，教师可通过介绍一个伟人的一生经历来告诉学生成功的一生需要提前做好规划并朝向自己制定的目标不断奋斗；在数学课教学中，教师同样可以通过讲解数学史、数学案例等来提高学生对职业的认识。在职业生涯教育课程实施的时候，教师要多观察学生的一举一动，在教育方法上由原来的说教式教育向赏识性教育过渡，不束缚学生的想法，增强师生、生生互动，最终营造良好的职业教育育人环境。

（二）设置职业启蒙教育课程

教育部发布的《教育部 2022 年工作要点》中明确提到："开展中小学生职业启蒙教育，培养德智体美劳全面发展的社会主义建设者和接班人。"因

此，小学设置职业启蒙教育课程，不仅顺应了国家政策的要求，也有助于学校创新育人方法，提高学校教育质量。在启蒙课程开发中，教师要全面分析每一位学生的情况，发现他们的职业性向和职业潜能，引导他们在从事职业活动的过程中形成职业规划的意识和能力，为职业生涯发展做好储备。比如根据小学生兴趣特点，可以设计"煅铜技艺体验"课程，带领小学生感受煅铜工艺的制作过程，既传播了铜文化，也在孩子们心中种下一颗大国工匠的种子；还可以模拟各种职业场景，比如"医生看病""导游解说"等，通过角色扮演的方式让孩子们感受每种职业的特点，有机会体验职业启蒙课程，激发对劳动的热爱，对职业技能的热情。当孩子们有丰富的职业体验之后，在谈到未来发展方向时，他们不再局限于医生、老师、科学家等对职业的传统认知上，而是结合自己的兴趣爱好说出自己向往的职业，这样教师在之后的育人过程中就能做到因材施教，教育的针对性也会更强，对于培养全面发展的小学生意义重大。

（三）构建职业了解为主的职业生涯教育课程

小学阶段的职业生涯教育课程在开发的时候应结合学生特点，重在打造基础性、认知性课程，从小学生的生活经验和体验出发，构建情境性、小组性职业教育课堂，增加师生活动，提高孩子们对职业的综合认知能力。结合上述要求，职业生涯教育内容可包括认识自己和认识职业两个部分，两部分内容相互渗透和融合。认识自我部分。教师和家长可引导孩子从自我、同伴、教师、家庭等方面来了解自己的爱好、能力和优缺点，学会欣赏和认可自己，增强学习和生活的信心。教师可设计心理测试问卷，了解学生的职业兴趣和职业意向，根据调查的结果挖掘每个孩子身上的潜能。认识职业部分。教师和家长同样需要结合不同学段学生的特点分层开发职业教育课程，比如1~2年级的学生对事物的开发处在表象阶段，课程应简单地让他们了解职业特征开始，知道职业需要用到的工具、工作场所，了解父母的工作内容并能与同伴开展一些交流。3~6年级的学生对于事物的开发更多元化，课程开发应注重职业体验，可以开发一些情境性的课程，比如"假如你是一名医生"，组织学生开展小组互动，从"医生职业特点""需要具备的救死扶伤技能""与患者的沟通方式"等进行交流，让学生知道每一种职业对应的人群，如何有效的围绕职业开展工作，从小形成良好的职业道德品质和工作态度。在互动的过程中，当学生遇到一些疑惑不解的地方时，教师要鼓励他们相互请教，利用所学知识来解决实际问题，提升职业素养。

（四）构建基于社会实践的职业生涯教育课程

职业教育的素材来源于实践，最终也要服务于实践中，提高小学生的职业动手能力应该成为职业生涯教育课程开发的一个重要目标。小学生通过社会实践的形式，可以客观地了解各种职业的工作流程、内容，以及对工作人员的要求，从而获得最真实的体验和情感。具体的社会实践可以分为以下三种：参观工作场所、实地调查、参加工作实践。参观工作场所属于"观"的过程。教师可组织学生走出校门，深入生产车间、医院、消防局、广播电视等单位，了解各种职业的要求和责任，进行更直观的感受，做好职业规划。实地调查访谈属于"听"的过程。教师在组织学生进入职业场所参观的时候，让每位学生提前制定自己想要"问"的问题，比如调查企业的产品类型、管理方法、人员构成等，这样可以提高学生的职业想象能力，能与各个场所的人员开展深入交流，提高职业交流能力。参加社会工作实践属于"做"的过程。包括一些公益性活动，比如当一名指挥交通的"小辅警"，当一名敬老院的"勤杂工"，在做的过程中学生能感受各种职业的社会价值，进而形成较强的职业道德，成为一名全面发展的小学生。结合社会实践职业生涯教育课程的要求，学校可结合自身情况，也可以开展小小演讲家、小小主持人比赛、小小解说员比赛、"小法官，大天地"模拟法庭、走进袁隆平爷爷水稻培植基地社会综合实践活动、我的小小发明等不同类型的教育实践活动，让学生在活动的过程中多想和实践，形成一名经验丰富的职业小能手。

（五）构建基于主题活动的职业生涯教育课程

百年大计，教育为本。立德树人，以人为本。小学生天真活泼，童真未泯。开展喜闻乐见，寓教于乐的特色主题职业活动对于开阔学生视野，丰富学生阅历，陶冶学生情操，充分了解社会是十分必要的。为此，教师可结合各阶段的教育内容，依照学生自我认知、职业体验、职业实践和职业生涯规划情况，引导学生组织基于职业生涯教育的主题活动，让学生在丰富多彩的活动中提高自己对职业的充分认识，从小树立职业观。比如每月或每周可组织一次主题活动，像"父母职业分享""我心中的大国工匠""我的职业经历和体验"等，学生们通过相互分享，能感受别人对于职业的认识，做到取长补短，不断提升自己的职业素养。需要注意的是，基于主题活动的职业生涯教育课程应该做到系统、全面，不能居于一种形式，要鼓励学生参与到主题活动的设计和组织中，教师要记录学生每一次主题活动中对职业的感受，形成职业教育课程档案，这样才能客观地评价学生的职业情况，为之后开展更全面的职业生涯教育课程打好基础。同时职业生涯教育能不能坚持长久并落地有声，实施课程评价是最关键的一个环节。教师开展的课程评价要以"发展性与过程性、多层性与多元性、科学性与激励性"为原则，开发智慧教育下的综合课程评价体系，通过有效的评价挖掘学生是否具备较强的职业素养，能否在某一项职业上走得更深远，从而为学校职业生涯教育综合课程的构建做好体系建设。

综上所述，在普通小学开发职业生涯教育课程，对于培养学生对职业技能的兴趣爱好和职业生涯规划能力至关重要，符合国家的人才政策。传统的小学职业生涯教育方式较为单一，开设的课程很难将学生的职业潜能挖掘出来，同时缺少情境性和实践性的课程内容导致学生接受度也不高，实际效果并不强。在开发小学职业生涯教育课程的过程中，学校要结合国家相应政策文件，立足学校和学生实际情况，课程尽量树立学生主体地位，通过构建集情境性、合作性和实践性于一体的课程体系，助力职业生涯教育课程升高一个层级，实现全面育人的教育目标。

第五章
中学生职业生涯教育

第一节　中学生职业生涯教育的难题与出路

联合国教科文组织 2015 年发布了题为《反思教育：向"全球共同利益"的理念转变？》的报告，该报告提出如下问题："如何加强教育与就业之间的纽带？在当前背景下如何提高教育与培训的经济与社会价值？如何增强教育，特别是中等教育的针对性，让教育更契合青年学子的生活及他们的就业前景？"这些问题是在新时代背景下对"教育与就业"问题的进一步追问，该报告特别提到中等教育对青少年在未来成功就业的重要作用。职业生涯教育，特别是中学阶段的职业生涯教育是对该报告之追问的准确解答。然而，针对中学生的职业生涯教育明显不足，还面临诸多问题，需要引起更多关注和探索。有鉴于此，就中学生职业生涯教育的意义、难题与出路做梳理与探讨，以期解决问题。

一、中学生职业生涯教育的意义

职业生涯教育指的是在从幼儿到成人的整个教育历程中，为促进人的全面发展、实现人生价值开展的一系列旨在培养学生职业意识、职业观念及基本职业技能的活动。中学阶段是个体身心发展的重要阶段，对中学生进行职业生涯教育具有重要的意义。

（一）促进中学生职业意识和职业观念的形成

职业意识是指对职业形成理性的认知，包括职业分类、职业环境、职业前景、职业技能等方面的认识。当今世界，行业更迭迅速，职业门类层出不穷。普通中学学生所学主要是基础性知识，一些中学生对职业的认识较狭隘，不了解社会上都有哪些职业门类，不了解哪些是"朝阳产业""夕阳产业"。中学生职业生涯教育可以通过提供职业信息和职业体验机会，帮助学生了解职业类型、职业要求，培养职业意识。

职业观念是指对职业的主观看法，在很大程度上影响着个体将来的职业选择和职业行为。目前，青年群体中出现了部分"啃老族"，毕业之后以各种形式拒绝就业，不愿意进入社会，不愿意接受磨炼。部分学生缺乏清晰的自我认识，择业时眼高手低，好高骛远，不愿意到艰苦的地方去，不愿意从事"不体面"的工作等。中学阶段是学生思想和观念形成的重要时期，这一阶段的职业生涯教育让学生意识到职业对实现人生价值的意义。职业作为一种社会分工，没有高低贵贱之分，中学职业生涯教育可以帮助学生树立良好的职业观念。

（二）有利于中学生理性选择专业

初中毕业生面临着读普通高中还是读中等职业学校的选择问题，高中毕业生面临着高考专业志愿的选择困境。在这种情况下，一些学校仅仅在毕业时临时进行一些指导，无疑是一种"头痛医头，脚痛医脚"的做法，不能从根本上解决问题，学生面临选择时仍然无所适从。由于缺乏系统的职业生涯教育，高中生填报志愿时并非从自身兴趣出发，存在从众心理，只盯着热门专业，再加上对高校专业缺乏了解，就会盲目填报。等进入大学后，才发现对所学专业不感兴趣，影响自身发展。中学开展职业生涯教育有利于学生理性选择专业，促进人才合理分流，缓解教育和就业压力，促进社会合理分工。

（三）有利于中学生社会化和个性化发展

促进个体的社会化是教育的重要功能。处于青春期的中学生存在自我同一性和角色混乱的冲突，生理、心理和社会性发展方面都出现显著变化。职业生涯教育通过岗位体验和志愿者活动等形式为学生提供走出校园和接触社会的机会，在工作中建立起与他人的合作关系，感受到自身的价值和工作的意义，培养社会性。

每个儿童都有独特的特性、兴趣、能力和学习需要，教育制度的设计和教育计划的实施应该考虑到这些特性和需要的广泛差异。职业生涯教育主张对每个学生进行生涯规划和指导，真正体现了因材施教的内涵，它通过让学生回答"我是谁"的问题促进学生的个性化发展。比如，职业生涯教育中会用到许多为学生个性化发展提供科学依据的测量量表，这些心理测评工具能帮助中学生更好地认识自己的兴趣、性格、能力、价值观与职业之间的关系，缓和个性发展的冲突，培养未来规划能力，减少选择困惑和迷茫。

二、中学生职业生涯教育的难题

中学生职业生涯教育在国外发展较早，且已经形成了比较成熟的体系，我国中学生职业生涯教育的开展仍面临着一些难题，主要体现在职业生涯教育政策、意识及师资等方面。

（一）职业生涯教育政策在执行上的缺失

近年来，许多省市出台了一系列推进中学职业生涯教育工作开展的文件，如 2012 年 12 月上海颁布《上海市学生职业（生涯）发展教育行动计划》，2015 年 3 月重庆市出台《中小学生生涯发展指导纲要》，2015 年 7 月河南省颁布《河南省普通高中生涯教育课程指导纲要（试行）》，2015 年 5 月浙江省教育厅下发《关于加强普通高中学生生涯规划教育的指导意见》。从上述文件看，上级部门对中学生职业生涯教育已经引起相当的关注，但从实践结果看，中学生职业生涯教育的探索还相当不够。原因主要有二：一是相关政策大多注重宏观引导，操作性不足；二是学校缺乏开展职业生涯教育的实践经验，观望等待较为普遍。教育政策实施是将教育政策规定的目标和内容具体化的过程，政策若是没有得到落实，无异于一纸空文。只有把政策文件转化成现实的教育实践，才能充分发挥价值。

（二）职业生涯教育意识淡薄

学校职业生涯教育意识淡薄。由于受传统教育思想的影响，部分中学仍将升学作为教育的终极目标，忽视对学生个性和兴趣的培养，缺乏对学生生涯规划的指导。在新高考方案即将在全国推行的背景下，学生的职业意识和职业选择能力更加重要，更需要职业生涯教育帮助学生进行发展规划，对每个学生进行个性化指导。

家庭职业生涯教育意识淡薄。父母在子女的职业发展过程中处于核心地位。然而部分家长把教育重心放在孩子的学业成绩上，一心只想让孩子读"985""211"高校，成就目标过于狭隘，忽视对孩子终身发展的规划。再加上部分家长工作繁忙等原因，与孩子的沟通交流较少，基本不了解孩子的职业兴趣所在。部分家长把自己的意愿强加给孩子，按照自己安排的道路确定孩子的未来职业方向，缺乏对孩子职业发展的科学引导和探索。

（三）师资队伍专业化程度较低

成功的职业生涯教育离不开专业化的师资。从教师准入体系方面看，长期以来，我国教师资格证笔试内容中，涉及初级中学和高级中学的学科均不包含职业生涯教育。自 2017 年下半年开始，中小学教师资格考试初中、高中、中职文化课类分别增设"心理健康教育""日语""俄语"学科，而职业生涯教育在这次改革中仍没有被提上日程。从职后培训来看，教育部等相关政府部门最近发布的关于"国培计划"文件中同样没有"职业生涯教育"方面的明确规定，培训工作中有关职业生涯教育的课程几乎没有。职业生涯教育是一项具有明显科学性和专业性的工作，要求教师系统掌握"生涯规划""心理测评""就业指导"等方面知识，缺乏专业化的师资队伍制约中学生职业生涯教育的普及与质量。

三、解决中学生职业生涯教育难题的出路

开展中学生职业生涯教育是大势所趋，鉴于中学生职业生涯教育存在的困难，必须探索加强中学生职业生涯教育的出路。

（一）政府加强对中学生职业生涯教育的监督和支持

政府作为政策制定者，应首先承担起监督和评估的责任。政府对中学职业生涯教育的开展情况进行指导并及时纠偏，有利于推动其有序开展并总结经验教训。我国中学生职业生涯教育的经验还相当不足，需要广泛尝试和探索，这就需要政府配备必要的人力、物力和财力资源为其提供支持。例如，在硬件设施方面，学校要配备职业体验室，购买各行业的服装和工具模型，方便学生进行情景模拟和角色扮演。还要创新职业生涯教育模式，如开展职业生涯规划比赛、邀请成功人士举办讲座、开展志愿者服务等。因此，政府应加大支持力度，为中学生职业生涯教育的发展保驾护航。

（二）编制中学生职业生涯教育教材

职业生涯教育的开展必定有相应的教材支撑，目前我国中学生职业生涯教育的教材还处于相对空白的状态。由于职业生涯教育在大多数地区还没有被正式列入中学课程体系，因此中学阶段缺乏对教材的刚性需求，但中学生对职业生涯知识的需求却是刚性的。在这样的大环境下，职业生涯教育教材可以以课外读物的形式出现。一方面不会给学生带来额外的学习负担，另一方面是对职业生涯教育的缓慢推进。教材主要包括自我认知、职业认知、创业素养、心理健康和生涯规划能力等方面内容，帮助学生树立正确的劳动观、

就业观、人生观，树立爱岗敬业、诚实守信的品质，了解社会进步带来的产业和职业的变迁，掌握有关职业的理论和实践知识等。

（三）加强中学生职业生涯教育的师资力量建设

在职业生涯教师培养方面，可以从职前教育、准入体系和职后培训三方面着手。在职前教育中要注意对教师职业生涯意识的培养，让每个教师充分了解中学生发展的阶段性特征，注意对每个学生进行个性培养，对他们将来的人生规划进行引导。在准入体系方面要制定教师的任职标准和要求。由于目前我国还没有关于职业生涯教育方面的资格认定，因此可以从专业背景和一些相关的资格能力上进行要求，如中学生职业生涯教师需具备"心理咨询师""职业规划师""人力资源师"等证书。对教师进行职后培训，增强培训实效。一方面，加强校本培训，重点对班主任进行培训指导。另一方面，在"国培计划"培训方案和课程体系中增设"职业生涯教育"的内容，利用"国培计划"对教师进行按需培训和专项特训。

（四）中学要与企业、家庭建立合作网络

注重与当地企业合作。学校通过与企业建立合作网络，为学生提供参观学习和岗位体验的机会。这一方面为学生职业意识的培养提供了渠道，另一方面是发挥企业社会效益，提升自身形象、宣扬企业文化甚至是吸引人才的重要举措。寻求家长的合作支持。家长的职业类型和职业态度对孩子起着潜移默化的影响，这就需要建立起家校合作网络，具体步骤如下：学校对学生进行大规模调查，了解家庭成员的职业构成，了解家长参与学校活动的意愿程度，并要求他们选出自己最想了解的几个职业。在对大量信息归纳整理后，可以通过主题班会或校级讲座的形式，邀请部分学生家长到学校做报告，与学生交流职业体会，并为学生们答疑解惑，帮助学生明确生涯规划。

第二节　基于潜能培养的中学生
职业生涯教育策略研究

中学生正处在思考与探索人生并初步做出判断的阶段，也是接受人生观、价值观教育的黄金时期。当今社会经济迅猛发展，万物互联的程度呈指数增长，随着中西文化交流的日益频繁，西方的一些个人至上、崇尚利益的观念与我国当前的社会主义文化价值观共同存在。在这种背景下，中学生的日常生活会呈现出许多矛盾的心态，主要表现在：他们既关心社会动向，又缺少社会经验；既勇于接受各种新事物，又缺少辩证分析的能力，于是出现了很多年轻人盲目追星、追金的现象。本节对基于学生潜能发展的职业生涯教育策略进行了有益的探索，希望通过该课题的研究，帮助年轻人拥有正确的价值观、人生观和职业观，下面对主要研究结果予以阐述。

一、基于潜能培养的中学生职业生涯教育的内涵

中学生职业生涯教育是指让学生从中学阶段开始，尽早地了解自己的兴趣、爱好和特长，尽可能地将自己的职业选择锁定在能够发挥自己优势的方向，从而确定自己的职业目标，通过学识、能力和素养的提升，提高其将来的社会竞争能力。

潜能开发教育是一种人本主义教育思想，潜能开发教育理念提出：每个儿童先天都具有无限的潜能，这些潜能在其成长过程中受到各种阻碍并加以屏蔽，因而，人们展现出的能力会千差万别。在生涯规划教育的过程中引入潜能开发思想，就是希望在培养学生职业目标和职业能力的过程中，以学生为主体，增强其职业信心，使其树立起社会责任感。

二、基于潜能培养的中学生职业生涯教育的内容

1. 挖掘自身潜能

学生要学会了解自我，学会开发这些潜能，重点关注对自我的认知。需要提升的积极心理因素有：自我概念、自尊心、自信心、幸福感、效能感等；需要消除的负面心理因素有：挫折感、焦虑心理、孤独感、自我防御机制等；进一步加深了解的心理因素有：兴趣、爱好、特长、个性、智力因素、非智力因素等。

2. 探究职业生涯

学生通过学习，探究自我的职业方向和生涯机会，特别需要了解自身的学习状况和未来的职业发展状况。为此，需要发展一些自身的心理因素，如认知水平、认知方法、人生观、价值观等。

3. 学习生涯规划

学生要学习、实践，以及调整自身的职业生涯计划，重点是将职业生涯规划和需要提升的职业工作能力结合在一起。这部分学生需要培养以下心理因素：判断力、决断力与自我支持力、人际关系与人际交往能力等。

由于职业生涯规划教育的目标因学生的年龄而有所不同，根据新课程关于中学生生涯教育的有关规定，张家口宣化区第二实验中学将该校的职业生涯规划教育分为两部分：一是初中年级学生的学习目标为探索和步入职业生涯。学生在初中的学习过程中，可以通过实习、参观、访问等多种方式具体探索各种职业的奥秘，在这一过程中，感受职业、获得体验、学习规划。该校初中阶段的安排是初一、初二年级以职业体验为主，初三年级开始学习如何进行生涯规划。二是高中年级学生的学习目标是对职业生涯进行准备。在这个阶段中，学生需要具备相关知识，并在该专业获得一定的技能，从而为顺利地进入职业生涯奠定基础。该校高中阶段的安排是高一主要学习职业生涯规划的有关理论知识和进行相关的调查，高二年级通过各种活动进行职业基础技能的培养，高三年级以学生为主，并结合教师和家长的建议，开始设

计自己的职业规划。

三、基于潜能培养的中学生职业生涯教育的目标

通过调查和研究，确立职业生涯教育的基本目标，即让学生形成基于自我的职业观、开发学生的无限潜能，以及树立可持续发展的理念。

1. 形成基于自我的职业观

学生职业观的形成，由三部分因素决定：第一、树立科学的职业理念，建立适当的职业观是每个学生职业规划的前提；第二，在生涯教育的过程中培养学生的职业意识和基本职业能力，对学生职业观能否形成起着主要作用；第三，影响学生职业观形成的关键因素还是让学生科学、合理地认识自我。生涯教育的目标是：让学生在认识自我、接受自我的基础上，使其更加了解自身的性格、爱好、梦想和能力，通过积极的潜能发展，形成合理的职业观。在此基础上，通过生涯教育活动，让学生提高兴趣、端正态度、提高能力，在实践中体会成功的乐趣，从而构建科学、合理的职业价值观。

2. 开发学生的无限潜能

以潜能开发与培养提升学生的实践能力，是促进学生形成良好职业素质一项重要举措。为了把学生培养成适应未来生活的优秀人才，把潜能培养作为生涯规划课程的重点内容，通过对课程内容的设计培养学生的潜能，通过实践课的感知和体验培养学生多方面的实践能力，使学生进一步明确自己的职业方向和职业目标，不断提升自己的道德素质、文化水平，以及职业能力。

3. 树立可持续发展的理念

依据教育部对生涯教育的要求，在学生职业素质培养的过程中，不仅要培养学生职业能力，更要让学生树立起终身学习的理念，让学生在今后的人生中能够持续发展。学生的学习成长不再是外界的要求，而是职业生涯发展的目标要求，是实现人生价值的要求。通过终身学习理念的培养，

激发学生的自主学习意识，养成积极探索、不断学习的良好习惯，助力未来的人生。

四、基于潜能培养的中学生职业生涯教育的途径

通过几年的探索，该校总结了以下生涯教育的有效途径，起到了比较好的实践效果。

（一）以学校为主体的职业生涯教育活动

1. 以良好的氛围引领学生

学校构建了良好的职业生涯教育的文化环境，使学生时刻浸润在浓浓的氛围之中，起到了积极的感染作用，也引导了学生的职业方向。学校的校园文化资源的主要阵地包括图书馆、LED 大屏、宣传栏、文化墙、校园标语等。主要内容有：各行业各领域的杰出科学家、诺贝尔获奖人员的照片及名人名言、图书馆里的名人传记图书、本地劳动模范的光荣事迹等，以及教学楼走廊中有世界顶尖大学的照片和介绍。这些职业文化氛围的形成，在潜移默化之间引导了学生对人生的思索，以哪位名人为楷模、形成怎样的职业目标、成就怎样的人生、设计怎样的职业规划无形之中慢慢形成。

2. 以专门的课程培育学生

职业生涯教育课程是学校开展生涯教育的主要形式，在专门的课程教育中学生有计划地学习规划自己的职业生涯。为此，学校从初一到高三年级每月开设 1～2 节专门的职业生涯教育课程，授课时间主要是利用班会活动，由心理教师和班主任作为任课教师组织学生开展专门的活动，还编制了专门的校本教材《我的生涯规划》。学生们在课堂上学习生涯教育的基本理论、学习心理学相关知识、开展有关测评和调查，同时进行一些可行的、校内外的职业体验，通过职业生涯课程让学生们对职业规划有所准备，逐步学会规划自己的职业生涯。

3. 以学科渗透来规划未来

在重视专门的生涯教育课程的同时，也注重了学科生涯教育的渗透。所谓学科教学渗透生涯教育是指各学科教师在教学中，要善于挖掘教材中生涯教育的资源，通过精心设计，把这些资源巧妙地融入教学内容之中，在课上通过创设相关的教育情境，进行学科教学的有机渗透，化生涯教育于无形。学科渗透生涯教育主要采取三种方式：一是激发学生的对学科知识的兴趣，让学生在热爱学习的基础上，变学习兴趣为职业兴趣；二是在学科教学中渗透职业意识，让学生感受到职业岗位离自己并不遥远，中考、高考可能使就业方向确定下来。在此基础上，教师通过将学科内容与有关职业相结合，增强学生对相关行业的了解；三是实施学科综合实践活动，让学生参与学科实践活动深刻地感受相关的工作情景和工作过程，加深学生对职业的了解，使学生获取真实的职业感受，让学生懂得真实的职业状态是什么，从而帮助学生合理地设计自己的职业生涯。

（二）以学生为主体的职业生涯教育活动

1. 职业规划从自我做起

在实施职业生涯教育的过程中，最需要关注的对象是学生主体，因而，学生的自我教育成为生涯教育的重要组成部分。通过教师的职业生涯教育与指导，学生开始有意识地思考自己的未来人生，教师要适时地教育学生。职业规划需要考虑因素有很多，不仅包含了自己的意愿、兴趣和爱好，还应包括家长的想法，社会的需求，以及对自我的优势和不足的认识等，在对自我进行综合判断后，才能规划自己的职业目标方向。只有这样，学生才能在将来的择业中，更好地落实自己的规划目标。

2. 职业规划需要同伴互助

学友之间的相互影响对支持学生职业生涯规划也起着不容小视的作用。中学生正处于青春期，独立意识增强，有许多的想法不愿意向成人亮明，这时，他们多愿意把自己心扉向同伴打开，分享自己的故事。如果学友之间能够进行合理的影响，无私地评价对方的优缺点，并适时地提出合理化建议，更容易让同伴接受，使学生的自我认知能力在同学间的互助中得以提高。不仅如此，同学间的相互影响力能有意识地让学生思索自己的职业生涯发展规划性，提升职业规划的效果。

（三）家长和学校的生涯教育配合活动

家长和学校之间密切沟通，对形成职业生涯教育的合力、提升学生生涯教育的有效性起着很重要的作用。在学生未来职业生涯发展的过程中，家长不是旁观者，是直接的参与者，是引导者。学校只有和家长相互配合、共同商讨，并结合学生的主体意愿，才能制定出学生生涯规划的方案，让学生在日常学习生活中依据方案，开发和锻炼自己的能力，发展自己的所长。在其间，家长和老师要不断观察，及时发现学生在成长中遇到的问题，不断修正方案，从而保证学生的身心健康。

总之，生涯规划教育是学生成长过程中不可缺少的一课，关系到学生今后的成长和发展。生涯教育刚刚起步，还有很多未知的领域需要去探索，今后的道路会更长。

第三节　新高考背景下中学生
职业生涯规划教育的策略

传统的高考模式将焦点放在学生的考试分数上，导致学生的综合素质难以提升。应试教育的弊端显著，严重阻碍了学生的全面发展。为了解决这一问题，真正落实素质教育，我国提出了新高考理念。新高考十分关注学生的自由发展和综合素养的提升。在此背景下，学生的职业生涯规划教育被提上日程。新高考模式的落实，使许多学生产生了形式多样的职业生涯规划教育需求，要求教师结合时代发展趋势，积极创新职业生涯规划教育的策略及手段。

一、新高考背景下中学生职业生涯规划教育的必要性

应试教育背景下的高考模式过于关注学生的学习成绩，出现了"分数至上"和"一考定终身"的问题。一些学生错误地将获得高分作为学习目标，教师也未能及时了解学生的发展需求。新高考则要求教师培养学生的核心素养，明确创造性教育理念的践行要求。其中，分类考试、多元录取是新高考的重点及核心，高考制度发生了翻天覆地的变化，同时，中学生职业生涯规划教育的需求也越来越明显。

对新高考背景下学生学习状况进行分析可以发现，学生的自主选择权更大，拥有了更广阔的发展空间。为了增强学生自主学习的针对性，促进学生的成长及发展，学校开始积极开设职业生涯规划教育课程。职业生涯规划教育能够帮助学生明确人生理想，使其在兴趣爱好的指导下，为人生理想努力学习。因此，学者提出，职业生涯规划教育是新高考的重要产物，符合培养学生综合素质的要求，对促进学生的社会发展有显著作用。

二、中学生职业生涯规划教育中存在的问题

（一）课程体系不完善

新高考背景下的职业生涯规划教育在内容和形式上的变化非常明显。对教育板块的培养要求进行分析可知，在构建课程体系时，教师需要突破传统的教育理念。教师只有关注高考志愿模拟课、励志课、职业探索课和破冰课的教学改革及创新，确保该课程涵盖理论教学和实践教学两大板块，才能够彰显该课程的教学价值。以往的高中教学涉及职业生涯规划教育内容较少，没有建立完善的课程体系，仍然处于前期的探索和起步阶段。这也从侧面反映出学校的课程设置不够合理，教学模式呆板单一，理论基础课程占据绝对比重，实践课程的开设频次较低。大部分学校采取班会和讲座的形式落实该

课程教学任务，存在明显的碎片化特征。这无法激发学生的课程学习兴趣，严重制约了职业生涯规划教育作用的发挥。

（二）课程内容不全面

课程内容不全面与课程体系不完善存在明显的联系。一些学校直接按照高校职业生涯规划教材，设计中学职业生涯规划课程教学任务。实际上，中学生职业生涯规划教育与大学生职业生涯规划教育存在明显的区别，前者更丰富和基础。大学生的职业生涯规划教育以帮助学生实现顺利就业为目的；中学生职业生涯规划教育则更关注学生的兴趣激发和目标设置，培养学生正确的择业观、就业观和发展观，进而提升学生的综合素质。如果只关注大学生职业生涯规划内容，教师教学将难以体现中学生职业生涯规划教育课程的全面性和针对性，不利于培养学生的综合实践动手能力，导致课程内容与学生的生活实际相脱离，整体教学进度停滞不前。

（三）师资力量匮乏

在开发及改革课程的过程中，师资力量最为关键。目前，高中职业生涯规划教育处于初步探索阶段，有的学校未能根据教育要求，积极组建优秀的教师队伍；有的学校的职业生涯规划课程较多，但直接由心理教师负责。而有些教师个人能力比较有限；有些教师需要完成文化课程内容，个人精力不足，难以深入理解职业生涯规划课程。因此，课程教学质量和水平无法得到保障，严重影响了职业生涯规划教育在中学教育阶段的普及。

三、新高考背景下中学生职业生涯规划教育的策略

（一）构建完善的课程体系

在对新高考改革进行分析时不难发现，在这一大环境下，中学生职业生涯规划教育的难度明显提升。教师一方面需要深化学生对该课程的理解及认

知，另一方面需要坚持实事求是，根据学生的实际情况合理规划学生的职业生涯，培养学生良好的职业生涯规划意识和动手能力。

教师可以将体验课、实践课、活动课融为一体，构建"三位一体"的课程框架和体系，促进实践活动和教学活动的进一步创新，为学生提供更多学习体验的机会，使学生在自主参与的过程中意识到职业生涯规划的重要性。

在构建职业生涯规划课程体系时，教师要以层次性为原则，明确各年级的课程配置要求，逐步发展学生的职业生涯规划素养。高一、高二年级以职业生涯规划理论知识的学习为重点，教师可以积极引入不同的成功案例，加深学生对职业生涯规划的理解。多元体验活动的开展成效显著，学生能够在参与体验时深度理解自己，了解自己的兴趣爱好，明确自己的优缺点，进而为职业生涯规划提供更多依据。高三年级学生面临升学的压力，教师可以在学生完成理论学习任务的前提下，突出职业生涯教育的重点，注重升学指导，帮助学生正确认识自我，进而选择适合自己的专业和院校，实现自身的全面发展及成长。

比如，在开展高中三年级学生职业生涯规划教育时，学校可以邀请家长参与学校组织的升学指导交流会，让学生及家长都能够明确填报志愿的要点，进而选择适合学生的院校和专业。其中，匹配原则最为关键，这需要着眼于专业与优势能力匹配、专业与兴趣匹配、高考分数匹配的相关要求，让学生和家长都能了解高考分数与填报志愿之间的相关性，进而选择适合学生的最佳专业和学校，实现个人的人生理想。

（二）丰富课程教学内容

在构建完善的课程体系后，学校需要结合职业生涯规划课程的教学重难点，通过对学生学习压力和认知规律的分析及研究来合理安排课时，积极优化课程内容。其中，专题课程教学效果比较明显。教师可以结合高一到高三年级学生的学习成绩，关注学生的学业压力和未来发展规律。针对高一年级和高二年级学生的学习压力,教师可以设置 30 个课时的职业生涯规划;高三年级学生面临高考,教师可以适当缩减课时,以 15 个课时为标准。

此外,学校还需要结合新高考改革的核心要求,积极实现新高考与职业生涯规划教育的统一和同步。在设置高一年级学生的职业生涯规划工作时,教师可以职业生涯认知和规划为专题,明确规划基础和认知两个重要板块。认知板块包括认知自我、认知专业。在自主实践的过程中,学生个人的主观能动性较强,教师可以结合不同的教学板块要求,给予学生学习和职业发展上的指导及指明规划方向,提升学生的规划能力及学习管理水平。

(三)加强专业教师培养

教师是职业生涯规划教育的组织者。教师的教学能力直接影响着教学水平,以及职业生涯规划教育的效果。目前,中学生职业生涯规划教育不容乐观,师资力量匮乏,学校需要针对这一现实问题加强对专业教师的培养,关注教师的岗位培训和职业发展,提升教师的教学能力。学校可以结合心理教育教研组工作的实质要求,设置职业规划教师岗位,聘请专业教师,完成职业生涯规划教育工作。另外,学校可以帮助心理教师顺利完成个人的职业转化。当前,心理教师专业培养工作备受关注,能够实现师资的优化配置及利用。学校可以积极邀请中学生职业生涯规划专家,让专家担任培训师,为心理教师提供教学指导及培训。

新高考背景下,中学生职业生涯规划教育目标的分析是第一步,学校需要结合这一目标制订考核标准,通过对心理教师教学能力的分析及研究对其进行简单考核,帮助心理教师顺利转变为职业生涯规划教师,高效完成职业生涯规划教育工作。另外,学校还需要促进校内培训活动的顺利开展,提升教师的专业素养,为职业生涯规划教育工作的开展奠定坚实的基础。

目前,许多学校开始积极聘请优秀的职业生涯规划导师,让其担任学校的培训教师,为心理教师提供更多的教育培训和指导。具体的培训内容可以按照学校目前的教育现状来确定,其中课程设计、课堂实施最为关键。学校需要积极加深教师对职业生涯规划教育的认知及理解，保证教师能够主动整合新高考与职业生涯规划教育资源，高效完成新高考选课与志愿填报指导工作，加强对学生的方向指引，让学生能够形成正确的学业规划意识和职业规划意识，不断提升个人的综合素质及能力。

综上所述，中学生职业生涯规划教育工作的系统性比较强。学校需要构建完善的课程体系，丰富课程内容，促进专业教师的发展及培养，以更好地发挥职业生涯规划教育的有效性和作用，促进学生的全面成长，确保素质教育的顺利落实。

第六章
大学生职业生涯教育

第一节 大学生职业生涯教育的问题及原因

改革开放后，伴随着市场经济的发展，国内各高校开始普遍重视大学生的职业生涯教育。但是，从总体上来说，我国高校职业生涯教育工作有些方面不仅不能满足学校和社会发展的需要，而且还落后于就业形势的发展。这在很大程度上影响了学生的全面发展。因此，对大学生职业生涯教育存在的问题进行深入的分析，就显得尤为迫切和重要。

一、大学生职业生涯教育存在的问题

（一）职业生涯教育理念的局限性

对职业生涯教育的重要性认识不足。很多高校在对学生的教育管理中，忽视职业生涯教育理论的学习与渗透，很少能以职业生涯教育的理念引导和帮助学生，不能着眼于学生的终身发展、全面发展、充分发展、和谐发展，以及学生潜能的挖掘。

当前的职业生涯教育存在一个很大的缺失，就是重结果轻过程，只重视

毕业前夕的职业指导，而忽视作为过程的指导。对于大学生职业生涯教育来说，重视职业指导的过程性十分重要。个人的职业意向在生活中是一个长期的发展过程，大学时代是一个人职业理想开始定型的时期，所以，应当从入校起就开展职业生涯教育，帮助他们了解社会形势、职业动态，了解自己的能力和需求，发现自己的职业兴趣，培养自己的职业意识，形成良好的职业观念等，帮助他们为职业生涯打下坚实的基础，以利于更好地进行职业选择。

职业生涯教育仅局限为就业指导。大学生职业生涯教育，应当贯穿于学校教育的整个过程，然而，我国目前的大学生职业生涯教育却仅仅局限为就业指导。主要面向大学毕业生进行突击式教育。比如，了解相关的就业政策及法规、准备就业材料、提高就业技巧等，仅仅停留在顺利就业的战术层面上，根本谈不上对毕业生进行生涯规划与辅导的战略层面上。目前，在高校，为大学生提供职业生涯教育的机构基本上是就业指导中心、就业服务中心或招生就业处等，它们的重心就是为学生的就业服务，它主要负责收集发布职业信息，组织招聘会，协办人才交流会，以及毕业生的分配派遣、办理相关手续等。职业指导部门更多的是发挥了它的行政功能，而缺乏专业化的教育机构和人员。由此，在对大学生实施职业生涯教育中，没有充分体现人的自由全面发展的理念，过于注重就业时所碰到的具体问题，忽略了对学生一生职业生涯活动的指导和教育。

（二）职业生涯教育体系缺乏系统性、连续性

职业生涯教育是一个系统的工程，它应当贯穿于一个人的一生。国外的职业生涯教育从小学时期就已经开始，比如，给孩子做性格测试，看他将来适合做什么职业。大学时期，则是更加系统地分阶段地接受职业生涯教育，它贯穿于整个大学生活。这样，他们就可以根据自己的兴趣爱好、个人素质能力，以及社会需求，来正确地进行职业选择。而在我国，大部分的高校仅仅在学生快要毕业时，才对大四的学生开设职业指导课，并且都是进行一些就业政策、求职技巧等方面的指导，没有真正地对职业生涯规划做出指导。

这种季节快餐、短期促销的教育方式，同学生的职业生涯预备期和发展期相分离。

由于缺乏长期有序的职业生涯规划，到学生毕业的时候，社会所提供的就业机会已经十分明确，然而，学生已没有在很大范围内发展的余地，只能根据现有的条件，在有限的几种职业中，做出选择。学生在这种情况下，只能埋怨自己在过去的大学生涯中没有树立明确的职业理想和奋斗目标，并为之而努力。许多毕业生都会发出这样的感慨："如果让我再重新回到大学生活，我会从入学时就对自己的职业生涯做一个系统的规划，明确自己将来想做什么，适合做什么，并且围绕着自己的职业理想和目标而不断的努力，积极地做好自身知识的储备，不断发掘自己的潜能，不会像现在这样，把大一就应该明白的道理推迟到大四。"

职业生涯教育和其他教育活动一样，也需要一个长期的过程。如果教育活动只是针对大学毕业阶段的学生，缺乏全程指导，就会使许多学生难以对自己的职业生涯进行及早规划，难以为将来的就业工作做好相关的知识、技能，以及心理上的准备。这样，他们在毕业求职时会感到茫然无措，处于被动的地位。联合国教科文组织第十八届大会通过的《关于职业技术教育的建议》中指出，应当把学习和职业的方向指导看成是一个连续过程和教育的重要组成部分，其目的是帮助个人在教育上和职业上做出正确的选择。由此，对大学生进行系统而连续的职业生涯教育的重要性，它不但有利于大学生自由而全面地发展，而且有利于大学生做出正确的职业选择。

（三）职业生涯教育内容与形式单一

长期以来，对毕业生的职业生涯教育内容，大都停留在理想教育，对就业形势的分析，以及就业政策与制度的解析，但是对学生的职业观和择业观的引导、心理调适的培养、职业道德教育和创业教育等方面进行的辅导还不够，难以适应大学生自我实现的需求，也难以适应社会的要求。而且，一些高校往往用统一的内容对学生进行教育，忽视了学生的个体差异，缺乏针对性。在课程设置方面也比较随意，表现为课程目标模糊，缺乏指导性，没有针对明确目标的科学的教学方案，导致职业生涯教育工作的盲目性和随意性。课程内容杂乱，缺乏实质性的内容，缺乏特色性。教学形式单一，主要是理论知识的灌输，课堂教学和讲座相结合。但是，在实践上的指导很少。这种缺少实践性的教学，对解决实际问题的作用不大，学生在面临实际问题的时候往往会措手不及，不利于大学生自身的发展和事业上的成功。理论知识固然很重要，但是要与实践相结合。这样，大学生的职业生涯教育才能收到良好的效果，培养出适合社会发展要求的新型人才。国外高校职业生涯教育的成功经验告诉我们，真正意义上的大学生就业指导，是以职业生涯指导为基础的、全方位的指导，所以大学生职业生涯教育应当帮助学生发现、培养自我的潜能与创造力、独立生存能力，以及创业精神等，以其为核心目标和根本任务，并且让学生在实践中加以不断的磨炼，而现实中仅仅依靠单纯的千篇一律、缺乏特色的理论灌输，是无法达到职业生涯教育的真正目的的。

（四）职业生涯教育专门机构设置不健全

大学生职业生涯教育专门机构，是实施大学生职业生涯教育的主要载体，健全、高效、完备的辅导机构是有效开展工作的重要保障，对于大学生的就业起到了主渠道的作用。但是，从我国的情况来看，由于我国的职业生涯教育体系还尚未完全形成，教育投入还明显不够，所以，我国的职业生涯教育机构的力量还比较薄弱。机构规模比较小。我国绝大多数高校并没有成立专门的职业生涯教育机构，只是成立了就业指导机构，隶属于学生工作处。他们工作的主要重心就是为毕业生的就业服务，其职责更多的是收集、提供、发布职业信息，组织招聘活动，协办人才交流会，负责毕业生的分配派遣相关事宜，以及办理相关手续等，更多的是行使其行政职权，而缺乏专业人员对大学生实施全面而系统的职业生涯教育。这与国外发达国家的大规模、专业性、分工明确的职业生涯规划指导机构相比，我国要逊色很多。机构设施不完备。我国高校的职业生涯教育机构缺少来自国家和社会企业的经费投入，严重的资金不足，不利于我国开展职业生涯教育。

（五）师资匮乏且专业化程度较低

目前我国高校职业生涯教育缺乏专业的师资队伍。根据国际职业生涯规划指导专家提供的标准，一个专业的职业生涯规划指导人员需具备以下几方面的专业知识：人的成长和发展、社会和文化基础、咨询指导过程的帮助关系、群体工作、职业和生活风格发展、评估评价的方法、研究和项目评估、专业定位。此外，还需要具备三个具体的职业指导的知识基础，即职业指导基础、职业指导的背景、进行职业指导的知识和技能。目前，我国还没有开设职业指导专业，国内从事大学生职业生涯教育的教师大部分是非专业的兼职人员，一般是由做学生工作的教师或者思想政治辅导员来指导。职业生涯教育师资的专业化程度较低，缺少系统而专业的培训、相关的理论知识和技能，以及实际的指导经验，难以满足职业生涯教育的需要。

二、对大学生职业生涯教育问题的原因分析

（一）传统体制束缚

我国早期的职业生涯教育可以追溯到 20 世纪 20 年代初期的职业指导。新中国成立以来，我国长期受计划经济体制的影响，大学生就业实行的是"统包统分"的就业制度，毕业生由国家包分配，而不用大学生自己操心。他们没有就业自主权，只能听从国家安排，从学校、家庭到社会，对大学生的职业生涯问题很少关心，没有能系统地指导他们该如何选择适合自己的职业，以及未来的职业发展问题。改革开放以后，我国实行了社会主义市场经济体制改革，但是，传统的计划经济体制束缚还比较明显。到 20 世纪 90 年代初，随着市场经济体制改革的不断深入，社会劳动用工制度发生了转变，我国开始实行国家促进就业、市场调节就业、劳动者自主择业的新机制，大学生毕

业包分配的就业制度才逐步被打破。也是在这一时期，我国现代意义上的大学生就业指导才真正地兴起。国家教委颁发了《普通高等学校毕业生就业工作暂行规定》，对我国高校就业指导做出了明确的规定，各高校纷纷建立了相应的机构。国内各高校普遍将就业指导课设为必修课，就业指导教育进入了一个崭新的阶段，但是，大学生在就业时仍然会受到传统思想教育模式的影响，高校的职业价值观教育，也过多地强调国家和社会的利益，而忽视个体的差异，以及发展，导致大学生职业生涯教育效果欠佳。

（二）高校重视不够

长期以来，我国高校只关注教学和科研，没有把职业生涯教育放在一个重要位置，也没有意识到职业生涯教育是一个专业性要求较高的职业领域。这样，就导致高校在政策、资金、人员上投入较少。在出现了大学生就业难，教育行政部门提出招生人数同就业率挂钩，就业率低的专业将被限制或停止招生时，这才引起了各高校的关注，但是，高校关注的只是就业率，没有从根本上意识到要关心大学生的职业发展问题，结果导致高校就业指导人员在数量和素质上远远不能满足职业生涯教育的需要。另外，高校就业指导服务机构职能转变不够彻底，只重视就业率，而职业生涯教育对于大学生的价值，对于学校长远发展的价值，却缺乏充分的认识。这主要表现在高校就业指导部门政策性职能大于服务性职能。比如，学校都很重视对毕业生签约派遣、违约问题的政策性指导，但对为学生提供职业生涯规划指导的服务性工作，还不够重视。高校就业指导部门从结构到功能仍旧停留在计划经济体制下统包统分的就业机制要求的阶段，未能跟上就业机制转变的步伐。高校就业指导部门从人员构成到结构功能设置，未能适应社会主义市场经济的要求，不能很好地对学生进行职业指导，导致大学生不能顺利就业。从某种意义上来讲，高校就业指导部门只是一个执行国家和学校就业政策的行政性事务部门，未能向专业化、职能型部门转变。

（三）理论研究匮乏

职业生涯教育的发展，依赖于教育理论的发展和完善。西方发达国家的职业生涯教育之所以能够迅速而有效地展开，与一百多年来总结得出的职业生涯教育理论有着必然的联系。

帕森斯的特质因素理论提出了个人与工作相匹配的原则。舒伯的职业发展理论告诉我们，职业生涯规划辅导工作不是阶段性任务，而是一个长期的发展性的过程。科恩在萨帕的基础上提出了内职业和外职业的概念，并且提倡职业生涯规划辅导，既要满足内职业的要求，同时，也要满足外职业的要求。霍兰德的职业类型理论将更多的人格心理学的知识引入到了职业生涯规划辅导。罗伊的职业需要理论告诉我们，开展职业生涯规划辅导，应当首先帮助学生识别自己的内在心理动力，然后在此基础上再发展并满足需要的技能，消除与动力相异的阻力，促进学生进行职业选择。这些与职业生涯教育相关联的理论研究，使得西方的职业生涯教育工作能够很好地开展，它们起到了十分重要的指导作用。

而对于我国来说，关于大学生职业生涯教育的理论研究，基本上是从近几年大学毕业生就业困难的状况下才开始的。从整体水平上来看，我国关于职业生涯教育的理论研究还并不完善。

（四）学生素质欠佳

学生的心理素质不够过硬。许多学生在职业选择时急于求成，容易急躁，希望马上成功，很多学生羡慕年轻有为的成功人士，希望自己也能够很快地成为他们那样的人。然而，他们只看到这些人的光鲜的一面，没看到成功的背后所付出的艰辛和努力。这些急功近利的思想都不利于大学生的成长和发展。在进行职业生涯规划时，过于自卑或自负，没有进行正确而客观的自我认知和评价，包括自身的学识、能力，以及品德等方面，没有一个综合性的客观的评价，从而无法确定合理的期望值，导致自己的职业理想与自身实际情况相脱节。在实施职业生涯规划的过程中，抗挫折能力较差，缺乏竞争意识、遇到困难容易退缩、意志消沉，产生畏难情绪。这样不利于自身的全面发展。

个人能力的欠缺。能力是大学生的综合素质在处理问题上的一种表现。它包括专业知识能力和实践能力。每个学生对专业知识的积累，以及参加实践的情况不同，因而每个学生的知识结构和实践操作能力也有所差异。一些学生不注重专业知识的学习，导致理论功底不扎实。缺少社会实践，导致动手能力较差。在职业生涯规划中，面对着就业的竞争和压力，具备不同能力的大学生的表现也不同。能力强的学生在职业选择的过程中，能够保持着积极自信、勇于接受挑战的状态，化压力为动力，合理地规划自己的职业生涯，做出最佳的职业选择。而能力弱的学生则表现得比较消极、退缩，不能合理地规划自己的职业生涯。

第二节　大学生职业生涯教育的思路

随着我国高等教育的快速发展，越来越多的人有机会接受高等教育，但是，这也为日后的就业增加了竞争的对手。逐年递增的毕业生人数使得我国的就业趋势日益严峻。面对就业压力，大学生们对职业生涯教育的需求愈发迫切。同时，随着我国市场经济的不断深入和发展，社会对人才的知识结构和综合素质也提出了更高的要求，高校对职业生涯教育的不足也有了比较清晰的认识，相关的教育部门也在积极努力地对此进行改革，目的是为大学生提供更加科学而系统的职业生涯教育体系。

一、大学生职业生涯教育的目标和原则

（一）大学生职业生涯教育的目标

对于正处在职业生涯探索阶段的大学生，高校应当以学生本位观、教育

全程观、终身发展观为指导，进行职业生涯教育，帮助大学生了解自我、了解社会、了解职业、了解专业，引导学生确立自己的职业生涯发展目标，在大学阶段充分挖掘自己的潜能，积累专业知识，培养综合素质，提高他们的职业生涯规划能力。大学生职业生涯教育的核心是，以学生的终身发展为着眼点，以帮助和引导学生获得自由而全面发展、取得职业生涯，以及人生的成功为目标的科学而系统的教育活动，注重对大学生职业观和价值观的教育，是对学生整个人生的职业指导。大学生职业生涯教育是一个系统化、科学化、个性化、长期化的过程，它应当贯穿于大学生活的全过程，并以学校、家庭、社会的力量为保障。这样，有利于大学生自由而全面地发展，最终实现自己的人生价值和职业理想。

大学生职业生涯教育的目标主要有如下几个方面：激发大学生职业生涯规划意识，培养他们的职业意识、规划意识，以及创业意识。辅导职业生涯规划活动，包括自我认知、环境分析、确定职业目标、制定职业生涯路线、反馈评估。加强职业素质培养，包括构建合理的知识结构，培养职场的实践能力，培养良好的职业道德，为未来的就业打下坚实的基础。制定个人近期和远期的目标，将个人的职业理想具体化，并具有可操作性，把大学期间的总体性目标和阶段性目标、长期目标和短期目标相结合，增强学习的积极性和自觉性。做好大学生的就业指导工作，培养正确的就业观念，教授必要的求职技巧。提供全面的就业服务，组织实习和招聘活动，及时而全面地提供就业信息。归纳起来，职业生涯教育的终极目标是实现人职和谐，实现人才充分而全面的发展，引导职业生涯走向成功。它的直接目的在于充分挖掘学生的职业发展潜能，充分调动并发挥学生自身的有利因素，实现个人最大化、全面的发展。

（二）大学生职业生涯教育的主要原则

1. 坚持以人为本的教育原则

大学生职业生涯教育要致力于人的全面发展，尊重学生的个性发展，满足潜能开发的需要，提升大学生对时代和社会的适应能力，这样做，有利于其个性的成长，有助于大学生职业生涯的发展。高校在实施生涯教育时，要以促进学生全面发展和整体素质的提高为目的。它既是大学生思想教育的重要内容，又是对学生进行素质教育的一个重要组成部分。职业生涯教育可以帮助大学生培养健康良好的心理素质，树立正确的职业生涯观，培养终身发展所需要的高素质。帮助学生客观地分析自身的条件和所处的环境，在此基础上明确自身的兴趣、优势和潜能。帮助学生确立切实可行的职业生涯发展目标，制订适合自己的职业生涯发展方案，使学生拥有一个完善的知识体系结构和较高的文化素养，不断明确自己的职业发展目标。帮助学生在职业规划和发展中端正态度，纠正错误，从而使学生少走弯路。通过一系列持续的引导和激励，促进学生形成正确的职业价值观，以及优秀的心理素质。学生是职业生涯教育的主体，在教学中要始终贯彻以人为本的理念，一切围绕学生，要充分考虑学生的身心发展水平，注重学生综合素质的提高。

2. 坚持系统化和专业化原则

职业生涯教育是一个系统性、连续性、长期性的发展过程。它应当贯穿于大学生活的全过程，分阶段、有步骤地进行，而不是到快毕业时才有的临时性工作。这样做，有利于大学生合理地规划自己的职业生涯，提早做好职业准备。职业生涯教育的系统性，是指课程体系完整、有序地贯穿于整个大学学习过程中，它不仅要求每个阶段的教育内容具有科学性和独特性，而且要求各阶段的教育内容要相互衔接，相互促进。这样，既能起到提纲挈领的作用，又能使内容充实。进行系统化的全程的职业生涯教育，必须充分调动院、系两级就业部门和全校每位教师、管理人员的力量，与日常的教学，以及管理工作相结合，形成齐抓共管的良好局面。

职业生涯教育的专业化，包括师资队伍的专业化、教育机构的专门化、使用教材的专业化等。

师资队伍的专业化指的是从事职业生涯教育的人员应当有一定的专业背景，经过系统而专业的培训，掌握相关的知识和技能。教育机构的专门化指的是需要有职业生涯教育的专门机构，不能与就业指导部门相混淆。使用教材的专业化指的是针对职业生涯教育编写的教材，内容具有科学性和规范性，对大学生的职业生涯规划具有重要的指导价值。

3. 坚持理论教学与实践指导相结合的原则

大学生职业生涯教育最根本的特点是针对性和实践性。它以激励、引导、测验和训练为手段，以提高大学生的综合素质、核心竞争力、职业发展能力为最终目标，在社会实践中不断地检验和锻炼自己，并自觉调整自己的行为，以适应不断变化的社会形势。职业生涯教育要能解决大学生就业中的实际问题，给大学生求职择业以有效的指导，就必须坚持理论教育与实践指导相结合的原则。理论部分应采取课堂教学的办法，同时，在教学过程中，要避免抽象而空洞地说教，要在职业指导课程设置中安排学生参与实践训练。通过开展相关的训练活动，如模拟择业过程、典型案例的分析、专题研讨、情境演练，模拟就业市场等，帮助学生认清就业形势、熟悉就业程序、了解就业政策，锻炼就业技能，让学生在实践中真正提高就业的综合素质。

4. 坚持课堂教学与个性辅导相结合的原则

大学生职业生涯教育课程的课堂教学目的，是要培养学生的职业生涯规划意识，了解职业生涯规划的知识和方法，掌握就业的规律、特点和内容，帮助学生分析就业形势、了解就业政策，找准择业期望值。此外，还要针对学生个体性的具体问题，进行个别就业辅导与咨询。因为理论只能面对共性问题，而大学生个体之间是有差异性的，比如，兴趣爱好、态度需要、素质能力、气质性格、特长等个性特征，以及大学生在择业、就业过程中遇到的许多问题，都是因人而异的，并不能靠课堂教学全部解决，许多问题需要在课外进行有针对性的个别咨询和辅导，通过这种方式，可以更深入地了解学生的实际问题与困惑，帮助学生客观地认清自己，从自身的实际情况出发，合理地规划自己的职业生涯，从而为职业生涯获得成功奠定基础。

5. 坚持总体目标与阶段目标相结合的原则

总体目标是，在职业生涯教育中，从宏观上对阶段目标的规划和设计，是对大方向的一个把握，而阶段目标则是根据学生所在年级特点，以及不同阶段可能出现的具体问题，制定出针对各年级的具体的教育目标。从某种程度上来看，阶段目标是总体目标的分解和展开，它为总体目标服务，并以实现总体目标为目的。职业生涯教育的总体目标，以及具体的阶段性目标，共同构成了该门课程的目标体系。"在职业生涯教育课程体系中，总体目标和阶段目标是相互依存的。脱离了总体目标，阶段目标的实现就会出现零散、不系统的状况，会失去方向和统一的基本要求，同样，脱离了阶段目标，总体目标也就难以真正落到实处"。将职业生涯教育课程由原来仅在大四开展改为"全程化"进行，就是将职业生涯教育贯穿于大学四年的学习生活中。每个年级的教学内容都有差别，具有相对的独立性，同时，每个年级的课程内容又相互关联，使其组合起来是一个整体。

二、大学生职业生涯教育的途径

（一）更新职业生涯教育理念

第一，树立正确的职业生涯教育理念，重视大学生职业生涯教育。我国的职业生涯教育虽然已经开展多年，但是，由于受到各种因素的影响，使得这项工作一直没有得到社会、高校，以及学生个人充分的重视。从社会和高校角度上来讲，国外的职业生涯教育之所以能够顺利有效地开展，很大程度上取决于其强有力的制度保障，而我国在这方面的力度还不够，这样就导致职业生涯教育工作受到比较大的阻力，辅导人员的工作热情不高，在传统的高校"大锅饭"思想的影响下，只是机械地完成一些事务性的工作，工作效率不高。所以国家应该为职业生涯教育工作提供一个有力的制度保障，将其法制化，并把它作为一门必修课程纳入到高等教育的课程体系中，成立专门的评估小组，对教育工作进行考核。

高校也要充分地认识到职业生涯教育对大学生的作用和意义，它在这项工作中肩负着重大的责任，应当在思想上高度重视，通过各种渠道，大力宣传职业生涯教育的重要性，鼓励大学生进行职业生涯规划设计，并积极为他们提供指导，同时，高校本身也应当出台相关政策，提高辅导人员工作的积极性和主动性。从大学生个人角度上来讲，有相当一部分学生缺乏职业生涯规划意识，职业理念不够成熟，职业目标模糊，要通过职业生涯教育，帮助大学生树立正确的职业发展观，真正认识到，职业生涯教育有助于自身定位，以及个人潜能的发挥，提高自身的就业竞争力，以及职业选择的成功率和满意度。

第二，实现从"就业指导"到"生涯教育"观念的转变。大学生职业生涯教育与就业指导最根本的区别在于，前者是以促进学生个人发展为着眼点，让学生通过自我认知、自我评价、自我规划的教育，学会适应社会的快速变迁，合理地对自己的职业生涯做出规划。后者仅限于学生在求职时进行的就业信息服务、政策解读、组织招聘活动、求职面试技巧的指导，以及学生当前的就业安置，只满足于帮助学生找到一份工作，而忽视了学生职业生涯的持续发展，没能帮助学生发现他们自己的职业兴趣，导致他们缺乏明确的职业发展目标，出现急功近利的现象，也致使毕业生在工作中难以体会到真正的乐趣，工作积极性不高，很难在其日后的职业发展中有所建树。

大学时代是大学生进入职业领域前系统的准备阶段，大学生职业生涯教育要帮助大学生充分认识自身条件，包括自己的兴趣特长、性格爱好、学识技能、智商情商、思维方式等，要审视自己、做好自我评价，确立目标，合理规划自己的职业生涯，以便为今后的就业做好准备。所以说，作为大学生职业生涯教育的主要承担者，高校开展职业生涯教育的目的，不应该仅仅只是帮助学生找到工作，职业生涯教育工作，也不应该只是毕业前的一项工作，而应该是一个长期而系统的准备过程。

（二）借鉴国外的经验和模式

在许多发达国家，大学生的职业生涯教育起步比较早，至今已有近百年的历史。他们在不断的教育实践中积累了宝贵的经验，要结合本国的实际，科学地、有针对性地吸收和借鉴国外高校职业生涯教育的经验和模式，以便丰富我国的理论内涵和实践模式，积极推动我国的职业生涯教育改革。

1. 借鉴国外"全程化"的职业生涯教育模式

以美国为例，其职业生涯教育工作目标明确、重点突出，已经形成了一套独立完整的教育体系，它不是仅针对毕业生，而是面向全体学生，也不是仅仅只在毕业前夕进行，而是贯穿整个大学的始终，形成了全程化的大学生职业生涯教育模式，很多高校都规定，学生一定要修读贯穿大学四年学习过程的职业生涯规划课程。美国的职业生涯教育，从职业价值观教育入手，要帮助大学生树立正确的职业价值观，认为它是一个人对待职业最基本的态度，是个人衡量各种职业优势、意义、重要性的直接的内心尺度，它的正确与否，会对大学生整个四年的心理健康和学习态度产生重大而深远的影响。此外，在大一时，还要指导和帮助学生正确地进行自我评价，以及开展职业规划，培养学生的职业意识和学习动力，指导学生规划四年的大学生活，确立职业理想和目标。对大二、大三的学生，侧重于帮助学生进行职业开发和职业调查活动，了解各专业的市场需求状况，组织学生参加各类社会实践，搜集职业信息，指导学生写求职信、制作简历、参加求职面试，总结职业经历，进行职业分析，并且有计划地学习相关的职业技能，了解职场需求，培养学生的创新精神，养成独立思考和学习的能力，进一步完善自己的知识结构，全面提高自身的综合素质。同时，利用专业的测评工具，帮助学生针对自己的性格爱好、兴趣特长，进行一个更为科学、客观的自我评估，以便学生更好地确立自己的职业生涯目标，找准职业定位；对于大四的学生侧重于职前的技能培训，引导学生适应社会，广泛搜集就业资料和信息，积极寻求可能的机会，参加面试。同时，对毕业生进行职业道德教育，培养他们虚心学习、敬业奉献的精神，以适应职场变化的需要。

2. 借鉴国外"市场化"的大学生职业生涯教育模式

国外高校的职业生涯教育，不仅仅满足于学校的教育机构所给予的指导，还十分注重与社会、企业的合作，通过把大学生"送出去"、把专家"请进来"的模式，来为大学生提供宝贵的职业生涯规划经验。

一方面，倡导实践性的大学生职业生涯教育，注重同社会和企业之间的合作，共同建立大学生就业实践基地，将大学生"送出去"。在美国，很多知名高校都有一批长期保持合作的企业和机构，经常性地组织学生到那里实习和锻炼，使学生的实践能力、社会适应能力大大提高。

在英国，高校充分利用志愿者行动为大学生提供工作经验，英国高等教育创新基金还出资用于高等教育与企业之间的交流和开发，包括建立高等教育机构与企业合作的知识技能交流中心，创建与实际工作紧密结合的基础学位教育。

这种高校与企业、社会共同建立大学生就业实践基地的形式，不但能够使大学生在实践中积累丰富的工作经验，而且可以使他们及时地认识到自己所学的专业与社会需求的差距，从而更清晰地认识自己和社会，更合理地规划自己的职业生涯。

另一方面，国外高校意识到，大学生在选择职业时存在很强的盲目性和随机性，虽然很多学生拥有不少资质证书，但是，却得不到用人单位的青睐。深究其原因，并不在于学生的学历条件差或知识结构不合理，而是用人单位认为，大学生缺乏解决实际问题的能力，缺乏团队协作精神，以及沟通协调能力，而且对自己未来的发展比较迷茫，缺乏一个切实可行的职业生涯规划。针对此，学校会聘请知名企业的专家开设讲座，还聘请很多跨国集团的执行总裁或高级人事经理担任高校大学生职业生涯规划辅导的名誉教授和顾问，专门为大学生开设如何应对职场需求，以及企业职业人需求的课程，组织大学生和企业的联谊活动，让大学生在学习书本知识的同时，也能近距离地感受到用人单位对大学生其他素质的要求。

3. 借鉴国外充分利用现代信息技术的模式

国外现代化的通信工具十分先进，他们利用现代信息技术这一优势，创办各类校园职业生涯教育网站，为学生提供方便快捷有针对性的职业咨询与辅导。在这类网站中，开辟了各种关于职业生涯教育的服务板块。比如，相关的理论介绍、就业信息、职业导航、心理测试、职业咨询、BBS 等，使大学生的职业生涯教育能够紧跟时代的步伐，服务内容也更加具体，服务方式也更为人性化和现代化。

第三节　基于生涯适应力的大学生职业生涯教育课程体系建构研究

就业是最大的民生，大学生就业关乎我国科技强国建设，高校有责任为大学生的职业发展提供指导服务。大学生职业发展在国家政策层面得到重视。近年来，大学生职业生涯教育课程理论研究与实践日渐丰富，对大学生职业生涯发展起到了促进作用，但是随着社会的快速发展，不确定性因素频频出现，许多学生由于缺乏应对能力，不能及时进行职业生涯规划调整，导致再次陷入迷茫。不确定的现实处境迫使高校积极做出应对。课程是教育的重要载体，所以进行职业生涯教育课程相关研究是重要突破口。生涯适应力理论的核心理念正是着重于个体面对不确定性生涯的适应能力，对于当下大学生职业生涯教育课程建构具有指导意义，所以基于生涯适应力进行大学生职业生涯教育课程建构具有必要性与科学性。

一、大学生职业生涯教育课程存在的问题

基于以往研究文献的整理与归纳，结合当前大学生的现实需求，发现大学生职业生涯教育课程存在以下问题需要解决。

（一）课程目标定位偏颇

教育的本质是培养人，职业生涯教育是教育的下位概念，同样具备教育的一般属性，即在培养人的基础上，对个体职业发展的意识、行为等进行指

导。从理论上来讲，广义的生涯教育涵盖所有的教育活动；狭义的生涯教育是引导受教育者认识自我，认识人生发展的所处阶段和环境要素、创新应变和自我经营规划的发展性教育活动。基于此，大学生职业生涯教育课程目标应该是以促进学生终身发展为核心，提升学生自我认知、培养自我规划、创新发展等多种素养。然而当前高校在职业生涯教育课程建设上，将就业指导与服务放在首要位置，以大学生就业水平为导向，而弱化了促进学生终身发展的重要要求，混淆了职业生涯教育与就业教育，更缺少世界观、人生观、就业观的教育与培养，严重背离了大学生职业生涯教育课程的目标定位。在社会高速发展的背景之下，职业更迭速度加快，以满足大学生就业需求为目标的职业生涯教育课程无法指导大学生在变化的就业环境下的迫切需求。

（二）课程内容缺乏系统性

由于课程目标偏颇，导致目前一些大学生职业生涯教育课程内容缺乏系统性。现有课程的内容体系包括职业生涯教育基本理论、认识自我、了解环境、进行生涯决策与生涯管理，求职信息搜集与简历制作等。然而课程内容体系中基本理论知识的比重要高于实践性内容，大部分职业生涯教育的理论实用性欠缺，观点较为陈旧，与大学生的实际发展相脱离，无法基于理论来指导实践。从课程受众群体上来看，课程内容针对性不足，大多是面向全体大学生而言的，而大学生专业纷繁复杂，基于不同专业特征的内容较少，大学生很难通过这门课程对当下就业现状进行把控。同时，还有研究表明，大学生在个体职业观、成才观、价值观、就业心理、职业规划等关系大学生职业生涯发展的这些更为重要的内容上的把握情况还较差。课程内容没有基于一种科学的理论框架进行安排，造成课程内容缺乏系统性。

（三）教学方法缺乏实践性

大学生职业生涯教育课程不局限于生涯知识的传播，更重要的是帮助学生准确分析内外部环境，通过在与环境进行交互适应的过程中逐渐找寻自己的人生方向。然而，大多数学校采取讲授法进行理论知识的传授，学习是一个输入＋输出的过程，实践教学比重较小，缺少知识输出的过程造成大学生对于职业理解不深，讲授式教学方法缺乏实践性，容易造成大学生生涯方向不清的情况。此外，在师资的结构上出现失调的情况比比皆是，职业生涯教育专业教师的比例要远远低于非专业教师的比例。辅导员、大学生就业指导中心的老师所占比重较大，这也是造成课程实践性不足的重要因素之一。他们的本职工作并不是进行职业生涯教育授课和专门研究，且没有接受专业的职业生涯指导培训，对职业生涯教育的认知存在不深刻、不系统等问题都导致教学理论与实际相脱离的状态。

（四）课程评价形式单一

目前，大学生职业生涯教育课程采取终结性评价方式的高校占据较高的比例。大多数高校的职业生涯教育课程评价在课程结束之后通过纸笔测验或者撰写论文的形式进行，这种形式可以高效地了解到学生对某些知识的掌握程度，但是不利于教师了解到学生是否真的获得了自我认知、职业规划、生涯适应等相关能力。且由于在课程讲授之中没有对学生进行课程评价，教师无法了解学生真实的学习情况，不能及时进行教学策略调整，不能保持整体发展水平与个体发展水平的平衡，造成课堂与学生实际相分离，课堂效率大大降低。

二、生涯适应力理论下的大学生职业生涯教育课程体系的理论框架

生涯适应力理论是生涯教育领域的著名学者舒伯在生涯成熟度理论的基础上提出的，是生涯成熟度理论的完善与发展。生涯成熟度理论规定了不同阶段个体所应该达成的生涯目标，试图使个体提早进行生涯确定，考虑到环境的不确定性对个体生涯目标制定和实施所带来的影响。1997 年 Savickas 提出生涯适应力的四个维度分别是：生涯关注、生涯控制、生涯好奇和生涯

自信。生涯关注指的是个体在进行生涯规划之前应该结合社会发展，关注与预测未来生涯中可能遇见的不确定性发展任务并保持积极的心理状态；生涯控制意指个体为满足未来生涯目标做出的一系列决策和准备，缺乏生涯控制的个体表现为在职业选择上犹豫不决，在生涯行动上停滞不前；生涯好奇是指个体愿意对自身内外部环境进行广泛探索以找寻最适合自己的真实职业生涯发展场域，而避免陷入生涯迷茫；生涯自信是指个体具有高度自我效能感，对于进行职业生涯设计并且解决职业生涯中的问题是充满自信的。

在信息化时代背景之下，技术的不断升级必然导致生产方式、工作模式、就业环境等发生一系列的变化，面对这种变化，大学生需要不断进行职业生涯规划调整。而以往建构课程体系的理论固守于人—职匹配的静态思维，没有将环境的不确定性予以考虑，没有将培养学生在不确定性环境下的适应能力作为课程目标，不适用于当下社会发展。生涯适应力理论的核心理论主张即在不确定性环境中，个体职业规划也随之进行调整。该理论符合当下社会背景下大学生职业生涯课程体系建构的必然要求。以生涯适应力理论为基础，结合大学生职业生涯教育课程的发展现状，构建大学生职业生涯教育课程建设理论框架。这一理论框架包含课程微观层面的要素——课程目标、课程内容、课程教学方法、课程评价。生涯适应力的科学内涵在各个要素上均有体现，为大学生职业生涯教育课程体系建构提供思路。

三、大学生职业教育课程的改革措施

在分析了当前大学生职业生涯教育课程存在的问题之后，在课程目标、课程内容、课程教学方法与课程评价方式等方面进行优化与创新，构建基于生涯适应力理论的大学生职业生涯课程体系。

（一）以培养大学生生涯适应力为大学生职业生涯教育课程目标

职业具有时代性，不同时代的职业需要个体具备的素养也各不相同，所

以大学生职业生涯教育课程目标应该随时代而发生变化。数字化时代的到来导致大批新兴职业悄然兴起，一些传统职业被智能化技术所取代，就业市场产生巨变。在这种情况下，高校有义务培养大学生面对不确定性变化的生涯适应能力，转变人—职匹配的固定性思维，将培养大学生动态的职业适应力作为课程目标，帮助学生在认知、态度、行为上保持开放、积极的状态。在认知上，认识到职业要求的多变性，将社会变化看作一种发展机遇，并且充分认识到自身有迎接不确定性就业环境挑战的能力。在态度上，以一种积极的心态去迎接不确定性职业生涯环境所带来的挑战。在行为上，掌握在职业变化过程中高效收集有用信息的技巧，能够依据形势及时调整学习策略与发展重心。

（二）以生涯适应力的四个维度构建大学生职业生涯教育课程内容模块

基于生涯适应力理论将大学生职业生涯教育课程内容划分为唤起生涯关注、促进生涯控制、激发生涯好奇、提升生涯自信四个模块。将最新社会形势相关资讯设定为大学生职业生涯教育课程的第一模块，唤醒大学生的生涯关注，使大学生初步了解社会发展形势。在大学生对最新形势变化产生初步认识之后，需要掌握职业决策的基本技能，所以将职业决策与生涯管理等相关内容设置为课程的第二模块，培养大学生生涯控制。大学生需要根据自身实际情况，进行职业决策，在做完职业决策之后，及时进行生涯管理，通过行动使之越来越接近职业目标，同时也要关注社会或者自身需求的变化，若出现变化能够及时调整自己的发展策略。大学生在基本完成职业决策与管理之后，在第四模块的设定上，将未来可能出现的职业生涯问题及其解决对策予以呈现，使大学生相信在接受大学生职业生涯教育课程之后，具备处理职业生涯突发状况的能力，在未来应对职业发展变化中也能做到科学高效地进行自我生涯决策与管理。这对促进大学生生涯自信与生涯效能感的提升大有裨益。

（三）以体验式教学方法促进大学生职业生涯教育教学效果的提升

生涯适应力需要在实践中通过反复内化得以提升，传统的讲授式教学方法仅向学生讲授生涯教育基本理论知识，弱化了学生的体验感，学生无法清晰地认识自我、不能准确地对外界环境进行判断，没有机会进行自我职业的选择与分析。教师所传授的相关职业选择、自我认知等相关技能不能予以实践，造成教学效果打折，所以在教学方式的选择上，应选择能提高大学生实践性的课程教学方式，体验式教学方法更加注重学生的主观体验性，以学生的主观需求与实际需要为基础，通过创设情境丰富大学生的职业体验感，给予大学生足够的实践的机会。生涯适应力需要在一定的职业情境中得到发展，所以要想促使大学生生涯适应力的提升，高校应试图创设最接近职业场景的课堂情境，注重课堂的真实性、互动性与实践性，帮助大学生获得最接近真实情境的职业体验，使大学生在实践中掌握自我认知的方法、学会职业决策工具的使用、提升职业生涯行动力等。

（四）以多元评价方式对课程实际进行实时监控

大学生职业生涯发展水平各不相同，教师应该意识到学生发展存在差距，在课程实施的不同阶段对学生进行职业性格测评、价值观测评、职业生涯行动力测评等水平测试，阶段性地进行课程评价有助于获悉学生阶段性学习成果，通过过程性评价可以实时对课程的实施情况进行监控，有利于保持整体发展水平与个体发展水平的平衡。在课程结束之后通过终结性评价对学生学习成果进行评估，在这一过程中，可以对大学生职业生涯教育课程的总体效果进行把控，以便进一步进行课程优化。在评价标准的设定上，不以做对多少题目为考核标准，而要以学生是否加深了对自己的了解，是否更加了解职业环境，生涯适应能力是否增强，职业效能感是否增强为考核的标准，形成立体化的课程评价体系，从而在真正意义上提升大学生的生涯适应力，促进大学生的全面发展与终身发展。

（五）以专业化师资队伍作为课程的重要保障

教师是课堂效果发挥的重要力量，职业生涯教育课程与其他学科的差异之处在于其更加注重实践性与应用性，为保证课程的有效发挥，需要建立一支理论教师＋实践教师的复合型师资队伍。理论教师可以聘请校内职业生涯方向的研究人员为学生进行生涯适应力理论的相关讲解，同时需要深入了解学生的生涯适应力的实际发展水平，及时针对学生的实际情况进行个性化的生涯辅导。实践教师可以聘请高校知名校友、企业培训师等，为大学生分享最前沿的就业形势，以及最真实的职业场景，提前向学生说明未来在职场中可能遇到的问题，提供解决方案，以促进学生生涯适应力的提高。此外，高校应积极组织职业生涯教育教师参与生涯教育师资培训活动，研讨前沿就业形势，提升情境创设能力，促进专业教师职业素养的提升。

第七章
职业生涯发展目标与措施

第一节 确定发展目标

一、职业生涯发展目标的流程

（一）什么是职业生涯发展目标

这是指期望在职业发展道路上达到一个什么样的位置，简单地说就是做到什么职位。说到职业发展目标，有人可能会说"我的目标是事业有成"，这不是目标，仅是美好愿望而已；有人可能会说"我的目标是成为优秀的人力资源工作者"，这也不是目标，仅是职业发展方向而已；还有的人可能会说"我的目标是成为机械工程师"，这就是看得见、摸得着的职业发展目标了。

（二）目标的重要性

职业发展目标的设定，是职业生涯规划的核心。一个人事业的成败，很大程度上取决于有无正确适当的目标。没有目标如同驶入大海的孤舟，四野茫茫，没有方向，不知道自己走向何方。在职业生涯规划初期，只有制定了明确的目标以后，才能沿着已经设定的目标不断前进。

（三）职业目标的选择流程

依据对职业目标性质理解和对影响职业选择依据的分析，就可以进入到职业目标的选择过程了。

职业目标的选择流程通常表现为：自我认知；职业认知；职业目标确立。自我认知和职业认知在此不再赘述，在这里重点剖析一下职业目标确立的流程。

职业目标的确立是建立在自我认知和职业认知基础之上的。

自我认知的结论作为职业目标的确立流程的起始因素，影响着个人对职业目标的判断，进而结合职业认知的观念使得对职业产生了不同的划分，即适合的职业、喜欢的职业、能干的职业和可干的职业，通常把这叫作职业定向。到这里，基本上对职业有了一个相对个性化的判断，也有了一个职业目标选择的大致方向，称之为职业目标选择的第一阶段，即个体认知阶段。接着，进入这个流程的第二阶段，即分析评估阶段，这个阶段包括个体职业选择策略的明确和优势整合两个步骤。职业选择策略指的是在面对众多的职业选择对象时个体所采取的选择方针和选择方法。从利益最大化原则来看，每个人在选择职业的时候一般总希望选择那些适合自身特点而有发展前途的职业作为目标。也就是说，该职业应该既是适合自己的，又是自己喜欢的，自己能干的和可干的。与优势整合环节相结合，这样的职业目标可能对于某些选择者来讲不止一个，那么他就必须从多个目标中做出取舍；而对另一些人来讲，也许这样理想的目标一个也没有，因此就必须退而求其次，比如选择适合自己、能干、可干但不一定喜欢干的职业作为目标了。最终，选择者会进入最后一个阶段，即目标确立阶段。在此阶段，选择者必须既考虑到个人实现目标的资源和精力，又要考虑到其中可能会面临的风险，因而目标保留的最终数量一般不应该超过三个（多则精力达不到），但至少应该有一个。

保留多个目标的人，还应考虑协调几个目标之间的关系，争取使它们之间具备互补支撑和相互替代的关系；目标有缺陷的选择者，从确立该目标之日起，就应该着手创造条件，弥补缺憾，力争在条件改善、资源改造、个体能力增强的同时使目标得以实现。

实际操作中，这样的选择过程对于一个人的职业发展来讲，往往仅做一次是远远不够的，在面临学业方向改变、就业前景考察、职位升迁等状况的时候，便需要在反复审视和循环发展中多次运用。所以，熟悉这一流程，对个人职业目标的确立乃至实现就显得尤为重要。

二、确定职业生涯目标的意义

每个人都是自己人生事业的规划者、设计师，一个人的职业生涯是生命、生活的重要组成部分，选择了一份职业，就是选择了一种社会角色，进而选择了一种生活方式。职业为个人带来了权利和义务，确立了一个人在社会上的功能、作用与定位，影响着个人生活的方方面面。

（一）职业生涯目标的方向作用

职业目标代表着个人职业发展的最高成就，它建立在充分认识自己、了解职业的基础之上，是个人成熟、理性、坚毅、责任、强烈进取意识的集中反映。没有目标的人如同大海中的孤舟，没有方向，不知所终。人生没有目标，一生将碌碌无为，事业无成。明确而适合的目标，是漫漫职业生涯途中的灯塔，可以指引人们趋向成功。

（二）职业生涯目标的激励作用

职业生涯目标对人有巨大的推动、激励作用，为实现这个目标，每个人都需要自觉地进行有关个人知识、技术与能力等方面的人力资本投资活动。它不仅促进个人达到和实现目标，还帮助个人真正了解自己，并且进一步评估内外环境的优劣、限制，规划出各自合理可行的职业生涯发展方向。

清晰而长远的职业生涯目标是个人职业发展的不竭动力和指路航标，它激励着人们克服困难，排除干扰与诱惑，向着明确的方向不懈地前进，直到实现目标。

（三）职业生涯目标的约束作用

人生的目标，不仅是理想，同时也是约束。有约束，才有超越，才有发展，才有"自由"。外面的世界很精彩，太多的诱惑，会让人迷失方向，会削弱人的意志。有所得，必然有所失，懂得取舍，终成大业。

职业生涯目标的设定是职业生涯规划的核心。一个人事业的成败，很大程度上取决于有无正确、适当的职业生涯目标。只有树立了职业生涯目标，才能明确奋斗方向，犹如海洋中的灯塔，引导你避开险滩暗礁，走向成功。

在新时代的变革中，每个人都应及早做好职业生涯规划，树立明确的目标，认清自己，在自己的内在潜能上不断探索、觉察和发展，并有意识地努力创造有利条件，才能正确掌握人生方向，创造属于自己的成功人生。

三、职业生涯发展目标必须符合发展条件

在确定职业生涯发展具体目标之前，需要先选择职业生涯发展方向。即通过发展条件分析，考虑以下三个问题，并据此做出职业生涯发展大方向的抉择：一是我想往哪一路线发展？二是我能往哪一路线发展？三是我在哪一路线发展的机会比较多？第一个问题实际是个人就业价值取向分析，实质上是回答"想成为怎样一个人"一类的问题，即想要的发展方向是否符合自己的需要；第二个问题实际是个性特点、本人生理和家庭条件及其变化趋势分析，即本人条件是否适合往这个方向发展；第三个问题实际是行业和就业环境分析，即个人发展方向是否符合经济社会发展需要，周边环境为自己职业生涯发展提供了什么机遇。

一般来讲，中职学生在发展方向上有四类选择：一是毕业后，先升学，

还是先就业；二是毕业后立即创业，还是先就业、后创业，或者只就业，不创业；三是在企业里，向管理路线发展，还是向技术路线发展，或者先走技术路线，再转向管理路线；四是向技术工人、专业技术人员方向发展，还是向公务员方向发展。职业生涯发展方向不是一成不变的，例如，许多管理人员原本就是技术工人、专业技术人员，而公务员也面向社会招考。

哪种发展方向好？是年轻人经常向职场设计咨询师提出的问题。答案只有一个：适合自己的方向是最好的方向。

不同的发展方向，对从业者智能、个性等方面的要求不同，与个人所处的环境关系密切。职业生涯设计不是对个人职业前途不切实际的空想、幻想，而是根据经济社会实际和发展需要、本人实际和发展需要，制定未来职业生涯发展规划，即对个人职业前途的展望，是追求最佳职业生涯和人生发展的规划，是落实职业理想的规划。而发展方向是职业生涯设计的总思路，是对个人职业前途展望的总思路，必须做到"两个符合"，即符合本人实际和发展需要，符合经济社会实际和发展需要，也就是符合个人，以及个人所处环境的实际。

为了确定发展方向，必须在认真分析自身发展条件的基础上，即认真分析个性特点及其变化趋势、本人生理和家庭条件及其变化趋势、个人就业价值取向、行业和职业及其变化趋势、就业环境及其变化趋势的基础上，对自己有一个立足于现实、着眼于发展的自我认识，对自己有一个比较准确的综合判断。

立足于现实，指自我认识是实事求是、剖析自我的认识。能实现的职业理想，才不是空想、幻想。眼高手低是许多青年人走向社会时易犯的毛病。因此，在设计职业生涯时，必须在实事求是地分析发展条件的基础上，做出"两个符合"的发展方向抉择，才能使自己的学习、工作，以及各种行动措施沿着职业生涯规划预定的路线前进。

着眼于发展，指自我认识是对经过努力可能达到的水平的认识。自我剖析，既要立足现实，看清"现在的我"，更要着眼发展，看到"将来的我"。

职业生涯设计的灵魂，在于立足现实、展望未来、目标明确、措施到位地不断提升自身素质，并在提升自己的同时，使自己的职业生涯朝着预定方向发展，使自己有一个成功的职业生涯。

确定适合自己的发展方向，才能制订出能落实的职业生涯规划。适合自己，不但包括适合"现在的我"，更包括适合"将来的我"。个体是不同的、有差异的，要找出自己与众不同的长处并发扬光大。不立足于现实的职业生涯规划，是可笑的；不着眼于发展的职业生涯规划，是可悲的。

第二节　构建发展台阶

一、阶段目标的特点和设计思路

（一）阶段目标的特点和设计要领

在职业生涯设计过程中，各个阶段目标之间的关系应该是阶梯形的。也就是说，前一个目标是后一个目标的基础，同时，后一个目标是前一个目标的方向。长远目标是所有阶段目标的最终指向。

阶段目标有三个特点：必须为自己设定的目标付出努力，必须为之拼搏；通过努力可以达到，可望又可即，不脱离社会现实，不脱离自身条件；详细具体，能让自己确认这个目标到底需要从业者具有什么素质，到底需要采取什么具体措施才能弥补自身条件与职业素质的差距，到底需要做出哪些具体努力。总而言之，在前一个阶段目标基础上"跳一跳，够得着"的具体目标才是真正有意义的每一个阶段的目标。

在现实生活中，即使是阶段目标也不可能一步到位。制定职业生涯每个阶段目标，就应该设定"合格""理想"等标准，即自我满意度稍有不同的标准。灵活选择与发展目标相一致的不同标准，在实施过程中根据当时的环

147

境和机会，人们就会有更多的机会品尝成功者的心理体验。

在设定阶段目标的过程中，要注意以下要领。

（1）职业生涯发展在分段数量上，因人而异地分为几个阶段，阶段目标既可分为近期目标与中期目标两大段，也可以分为3～5个阶段，甚至更多、更细。

（2）在表现形式上，有人用文字叙述，有人用简图，有人用表格，有人兼而有之。关键在于能把阶段目标简明扼要地说清楚，形式毕竟是为内容服务的。能让自己一目了然、印象深刻，能发挥自我激励和自我监督作用的规划形式，才是好的规划。

（3）在分段方法上，既可以按职业任职标准的提升安排阶段目标，也可以按照职务晋升阶梯设计自己的阶段目标，还可以按照自己的年龄段期望达到的标准设计自己的阶段目标。

职业生涯规划无论怎样分段，其阶段目标都必须是可以测量的、具体的、渴望的、挑战的，同时也是动态的和可行的。在进行目标阐述时，应该具体注意以下要素。

（1）什么，也就是具体的职业等级、职位等。

（2）何时，也就是什么时间达到。

（3）内涵，也就是该职业对从业者素质的具体要求，以及该职位对从业者可能有的物质、精神方面的其他期望或回报。

（4）环境，也就是达到此目标应该有的外部环境，以及环境变化后的调节手段或备选方案。

对阶段目标的阐述，在以目标四要素为基准的前提条件下，越详尽、具体，其激励作用就越明显。与职位相对应的，有责任、绩效和挑战，所以阶段目标不应该仅仅是职位的定位，而要胜任这一职位，并将此职位作为自己发展的阶段目标，就必须全方位地了解这一职位对从业者的要求。

以什么为依据分段、分几段，即阶段目标怎样分段，也是职业生涯规划的脉络，是职业生涯规划优劣的重要标志。评价发展目标合理性的主要标准是：脉络清晰，分段有据，阶梯合理，内涵明确，表述准确，衔接紧凑，直指发展目标。

（二）实施阶段目标"倒计时"思路

阶段目标的设计思路因人而异，现在要向大家介绍的是常用的"倒计时"方式，也就是常说的逆向思维——根据达到长远目标所需要的台阶和所需要的时间，往回一步一步倒着设计、规划。

逆向思维的设计思路，既可以按照"何时"，也就是以年龄段或时间段作为搭建台阶的主线，再确定每个台阶应该晋升的职位或其他内容；也可以按照"什么"，也就是以晋升阶梯或任职资格标准作为搭建台阶的主线，再确定到每个台阶的时间。不管是以"何时"还是以"什么"作为搭建台阶的主线，"倒计时"式的设计思路都应该有以下几个步骤。

第一步，粗线条地分析长远目标对从业者素质的要求，比如长远目标设定的职位职业资格、学历、专项知识和技能、工作经验、阅历、人际关系、资金，以及岗位职业道德等方面的要求。认清自己达到这一长远目标所具有的优势和存在的差距。理清优势，以肯定自己对目标的追求；直面差距，以明确自己"补短"的内容。

第二步，汇总分类自己与长远目标存在的差距，并按照与达到长远目标的关联程度排序。

第三步，以差距为依据，以分阶段弥补差距为台阶，选择搭建阶段目标的主线，也就是以"什么"还是以"何时"确定分段的依据和阶段目标的表述形式。

第四步，为各阶段起一个简洁、明确、醒目、层次分明的标题（名称）。

第五步，从发展目标向近期目标由后往前推，"倒计时"地在各阶段的目标标题下，以达到发展目标也就是长期目标对从业要求为目的，写清各阶段目标的内涵，以及其他相关内容。

第六步，对前后衔接的两个阶段目标要求进行比较，理顺"什么"与"何时"的关系，并且对必要的说明加以修改。

构建阶段目标的方法很多，但不论什么方法，都必须在认真分析发展条件的基础上，根据已确定的发展目标即长远目标的要求，对自己与发展目标的差距进行分析，然后分步推进。构建不断提升的各阶段目标，其目的在于分步缩小"现实的我"与"未来的我"之间的差距，针对发展目标的要求，分段提升自身素质，不断向发展目标攀登。实现各阶段目标的过程，实质上是分步缩小自己与发展目标差距的过程。

二、近期目标的重要性和制定要领

无论怎样划分阶段目标，其中第一阶段目标即近期目标是最重要的阶段目标。职业院校学生应该十分重视第一阶段目标的设定。

（一）重视职业发展的关键时期

要想有一个成功的职业生涯，就必须重视职业发展的两个关键时期：一是职业生涯开始前即进入职场前的准备时期，二是职业生涯开始初期即进入职场后的前两年。这两个时期之所以是职业生涯发展的关键时期，其原因在于它们是职业生涯的起始点。起始点既是夯实职业生涯发展基础，为职业生涯冲刺作准备的起跑点，也是确认、调整发展方向的最佳时期。

进入职场前，要十分珍惜自己有限的学校生活。职业教育是以就业为导向的教育，是为职业生涯奠定基础的定向教育。在此时期，一方面要努力学习有关知识和技能，为进入所学专业对应职业群做好准备；另一方面要努力了解社会、了解职业、了解自己，做好职业生涯规划，针对性更强地提升自身素质，主动适应职业需要，为职业生涯发展奠定坚实的基础。

进入职场后，要特别重视职业生涯开始后的前两年。尽早完成"学校人"到"职业人"的转换，在职业生涯实践中检验、矫正自己对社会、对职业、对自己的了解，在实践中验证自己的职业发展目标，确认、完善或调整发展目标和整个职业生涯规划，让自己少走弯路，不走错路，迈好职业生涯第一步。

（二）近期目标的作用和制定要领

第一阶段目标即近期目标，要更具体，更明确，而且是"稍加努力，就能达到"的目标，是自己在今后不断攀登一个个台阶的起始阶段，是品尝取胜的乐趣，获得"成功者"的心理体验，树立起"成功者"的信念的基础。

职业院校学生虽然年轻，但由于在中考或高考中没能或无法展示自己的优势，在鄙薄职业教育的大环境中尝到了"失败"的滋味，有不少人因此而丧失了自信，被强烈的自卑感缠绕着。职业院校学生应该通过职业生涯设计，一方面，展望自己的未来，以"三百六十行，行行出状元"的理念树立正确的职业理想，明确职业生涯的发展目标，看到自己职业生涯光明的未来，自信、自强地为职业生涯的成功付出努力；另一方面，精心确立职业生涯的近期目标，为自己品尝成功的喜悦、亲口尝一尝胜利的滋味创造条件，使自己在迈开职业生涯的第一步时，增强向长远目标奋斗的信心。

在规划自己的职业生涯时，有些人只看到职业生涯最后到位时的职业形象，忽视要达到这一职业目标要从初级岗位干起的现实。忽略起始点的职业生涯规划，必定是失败的设计。对于职业院校学生而言，好高骛远的近期目标，不仅会导致整个职业生涯规划建立在空中楼阁之上，而且会让自己在迈开职业生涯的第一步时，就饮下了失败的苦酒。

近期目标是职业生涯发展中第一个指向明确并以此调整自我个性、提升自我素质的目标。对于职业院校的在校生来说，近期目标的作用更有其特殊意义。

不同年级的职业院校学生，对于近期目标的选择应有区别。低年级学生既可以把毕业时应达到的标准作为第一阶段目标，也可以把毕业时首次择业的岗位作为第一阶段目标，还可以把升学的具体愿望作为第一阶段目标。当然，这些标准不是学校规定标准的简单重复，必须是个性化、与自己长远目标一致的标准。高年级学生已临近毕业，一般应明确地把自己毕业后的第一步即升学还是就业，作为第一阶段目标。

职业院校毕业生无论毕业后立即就业，还是升学，都是人生质变的关键时期，也是对职业生涯发展方向再一次进行抉择的最佳时机。

对于毕业后准备升学的职业院校学生，选择专业是改变自己就业方向、提升就业起点的重要途径。如果在进入中职、高职时，对自己的未来没有足够的理性的认识，是糊里糊涂、无可奈何的选择，那么，在掌握了职业生涯设计的方法以后，就能够理性地对待未来。应该按照职业生涯设计的思路，在分析发展条件的基础上确定发展目标，选择适合自己深造的专业，并把升学方式和深造方向作为近期目标或确定近期目标的主要依据。

如果把升学作为近期目标，则要在目标阐述中对"环境"加以说明，即此目标如果没能实现的备案。例如，改变升学方式，调整深造方向；再拼搏一年，明年再考；就业后边工作，边复习……

对于毕业后准备立即就业的职业院校学生，不论长远目标是什么，不论今后是否再提高学历或以什么方式继续提高自己，都处于就业前夕，即紧锣密鼓地为就业做准备的阶段，是即将告别校园生活，踏入社会，为成功的职业生涯奠定基础的阶段，是为迈好职业生涯第一步做出最后努力，准备拼搏、冲刺的阶段。选择适合自己的就业岗位，应该成为自己近期目标或确定近期目标的主要依据。

如果把就业作为近期目标，也要在目标阐述中说明"环境"，要有应对变化的备案。即择业目标如果没能如愿，自己应该采取的应对措施。例如，调整择业目标，力争毕业后立即就业，在就业岗位上了解新岗位，然后调整发展方向；有岗位就上，采取"骑驴找马"的策略，通过今后转岗来实现预期目标；缓冲一下，先打散工或在家待业，寻求就业新机会……

根据自己的择业取向，按照即将从事的职业对从业者素质要求，努力提升自身素质，主动适应职业要求，成为合格乃至优秀的毕业生，必须成为职业生涯规划的主要内容。很多人往往认为选择最热门的职业就意味着最有前途，其实，选择职业时，最重要的是能正确地分析自己，找到自己最适合的职业，然后通过职业生涯设计规划自己的未来，并不断激励自己，努力成为这一行的佼佼者。

近期目标即第一阶段目标，是阶段目标中最重要的目标，必须充分利用发展条件分析，根据发展目标的需要，按目标四要素做出尽可能详尽的表述，才能起到目标应有的作用。

三、围绕近期目标补充发展条件

缺乏实践经验的在校学生，不同于已参加工作多年的从业者。职业院校学生在进行职业生涯设计时，强调"先分析发展条件，后确立发展目标"，是为了避免缺乏社会经验的在校生定出一个脱离现实的发展目标，导致整个规划成为毫无意义的幻想。

此外，"先分析发展条件，后确立发展目标"，还能拓宽设计者的视野，更好地发现自我，更深地了解社会，更多地接触实际，更及时地把握机会。因为先定目标，往往会让设计者只围绕预定目标分析自己、分析外部环境，对自己、对社会的了解面过窄。对个人自身和外部环境了解过窄，既不利于挖掘潜能、发现自己的长处，更不利于在了解社会的过程中捕捉自我发展的灵感。

然而，"先分析发展条件，后确立发展目标"，也有针对性不强的缺点，即不能针对目标对从业者的具体要求对自身条件和外部环境进行细致分析，对自己达到目标的优势和差距难以深入剖析。例如，在没有确定发展目标以前，很难了解自身兴趣、性格、能力等个性特点与即将从事的职业对从业者个性要求一致的地方，更难把握其间的差距。而找到一致之处，才能增强必胜的信心，理清差距，才能找到努力改进的具体方向。

阶段目标中的近期目标，是职业生涯设计过程中最重要、最关键的目标，必须根据近期目标对从业者的具体要求，深入细致地了解自己，才能进一步强化追求目标实现的信心，才能为职业生涯设计的下一步即加强发展措施的针对性奠定基础。为此，职业院校学生在构建发展台阶之后，必须围绕近期目标，做好发展条件补充分析。

在以近期目标的职业岗位对从业者个性、道德水准和日常行为习惯、职业能力等方面的具体要求，分析个性与职业的匹配程度，分析本人道德水准、行为习惯、职业能力与职业要求的相符、相差之处以后，再依次以中期目标、长远目标对从业者的要求为依据，进行补充分析。自身发展条件针对性分析的作用，是为制定扬长补短的发展措施打基础，使设计能明确自己符合职业要求的长处，让长处得到更好的发挥，并按职业生涯发展目标的要求，有意识、有目的地弥补自己的短处，以通过提升自身素质来确保发展目标的实现。

也就是说，对于职业院校学生而言，分析发展条件应分两次操作：第一次在确立发展目标以前进行，应全面展开，即一般性分析，目的在于全面了解自己，了解职业，了解社会，拓展视野，捕捉灵感，为实事求是地确定发展目标、构建阶段目标作准备；第二次在搭建发展台阶后进行，侧重于自身条件再分析，辅之外部环境分析，即针对性分析，目的在于为发展措施的设计做好铺垫，检验发展目标特别是近期目标的可行性，提高发展措施的针对性。要说明的是，分析发展条件分两次操作是指设计过程，在职业生涯规划成文时，既可以分两部分表述，也可以合而为一。

在进行发展条件补充分析时，强调既要理清现状，更要看到可以改变的将来，即对现在的我和明天的我的认识。这种"知己"的分析，立足现实，着重变化。人的细胞每时每刻都在变化，每天都会有新的细胞长出来，每天都有老的细胞消失。因此，每天的你，都是一个新的你。你对未来的思考决定了你到底会成为一个怎样的人。每个人都在变化，也有权力改变自己，每个人都是改变自己的主人。

第一，要了解"现在的我"。了解自己的专业特长、兴趣爱好、性格特征、能力潜质，可以用笔记下学习工作简历、爱好、特长，近年职业兴趣的变化及原因，成功和失败的经历。然后根据记录的情况给自己一个书面评价。

第二，要预测"明天的我"。这种预测，不是胡思乱想，而是在现有的基础上，对自己通过努力而产生变化趋势的分析。预计可能发生什么变化，以及变化可能达到的程度。这既是确定职业生涯目标的重要依据，也是制定实现目标的具体措施和安排的基础。要相信自己，知识不够，可以通过勤奋学习来补充；技能较差，可以通过刻苦训练来提高；个性有弱点，可以通过努力来塑造。

通过了解"现在的我"，预测"明天的我"，细致、深刻、全面地了解自己，是提高职业生涯设计质量的基础。知己的核心是要找准优势，找出差距。找准优势，才能有信心，才能在今后的职业生涯中更好地"扬长"；找出差距，才能根据职业发展目标的要求提升自己，才能及时"补短"。

有一只想吃葡萄的狐狸，由于葡萄架实在太高了，它连跳了几次都没有咬到。于是狐狸苦练跳高技术，终于有一天，它通过一个漂亮的撑竿跳越过了高高的葡萄架，它跳得也实在高了点。

这时，乌鸦向它表示祝贺，说它创造了狐狸家族的跳高历史记录。但狐狸却很快冷静了下来，葡萄在哪里呢？这不是白跳了吗？于是它不理睬乌鸦，又跑去跳高了，这次它仔细考虑了跳多高才可以吃到葡萄，最后，它终于吃到了葡萄。

虽然故事只是调侃，却让我们有所思索，因为现实生活中，狐狸与葡萄的故事每天都在上演。曾有一个朋友，刚从中专毕业时，计算机专业出身的他酷爱体育，为报社投过几次稿便一心想做一名记者，于是去了一家非主流的报社。虽然不是科班出身，摄影技术也不够好，但他还算不错的文笔很是受到主编老师的称赞。

他很得意，以为这样就离做一个优秀记者的目标不远了，原本绷紧的心情也渐渐放松下来，于是就通过朋友找了一份兼职的短信编辑工作，继而又开始写小说，想让自己的作文水平更高些，却把老师告诫的要注意拍摄技巧的事情忘得一干二净。

转眼一年过去了，报社由于栏目变动，开始"精英组合"，要淘汰一批人，他满以为凭他出色的文笔，应该可以留下，事实是他出局了。而这时又传来消息，他编辑的短信很出色，很受欢迎。可他知道，这不是自己最想要的，他失败了。

他离开报社时，一位很欣赏他的老师给他讲了这个狐狸与葡萄的故事。老师告诉他：对狐狸来说，跳高只是一种手段，葡萄才是最需要的，吃不到葡萄，跳得再高也没有用。对你而言，做一名出色的记者才是最重要的，文笔好不过是条件之一。你的文笔好就像跳高，想当优秀记者的梦想就是你的葡萄，结果本末倒置，你得到了跳高的奖励，却没有品尝到葡萄的味道。一番话，让他如梦方醒。

人的一生总是会有很多梦想，可最想要的不过是其中之一。也许在追逐梦想的时候，你可能有其他意想不到的收获，而这些意外之喜却不一定是你最梦寐以求的。现在，连故事里的狐狸都知道跳高只为吃到葡萄了，那么我们是不是都应该好好琢磨琢磨生活中的葡萄的味道呢？

第三节　制定发展措施

成功学中有一句很重要的话叫"心动不如行动"。无论职业目标的远景多么诱人，如果没有具体的发展措施，那么职业目标永远都是镜中月、水中花。

一、措施制定三要素（任务、标准、时间）

把握明天，掌握现在，是制订职业生涯规划的目的。实现职业生涯规划的三部曲是：渴望、信心、行动。如果你非常渴望有一个成功的职业生涯，如果你有信心拥有一个成功的职业生涯，那么你就必须拿出针对性强的措施，并以实际行动落实它们。

实现目标的措施有三个要素，即标准、办法和时间。根据"现在的我"与"明天的我"之间的差距制定的措施实际上就是具体措施。除了标准以外，还要有具体的办法。而第三个要素——时间，它的安排包括两个方面：一是目标实现的期限，也就是什么时候达到这个目标；二是任务完成的时间落实，也就是什么时间落实达到目标所采取的各项措施。

职业生涯发展的措施必须是具体的、可行的、针对性强的，这也是制定职业生涯发展措施的要领。"具体"强调的是可操作性；"可行"强调的是符合自身条件和外部环境；"针对性强"强调的是措施不但要直接指向目标，还要指向本人与目标的差距。要体现实现目标的效益和效率，就必须制定具体、可行、针对性强的措施。

除此以外，发展措施是指实现每个阶段目标分别采取的措施。因为每个阶段目标对职业生涯规划的设计者要求不同，而且后一个目标要以前一个目标为基础，同时也是前一个目标的方向，所以在进行职业生涯设计的时候，针对每个阶段目标的措施，既要做到方向一致，又要做到有所区别，体现出实现各阶段目标的措施能呈现必要的阶梯性，同时这些措施又具有特定性。

二、实现近期目标的具体计划

实现近期目标的措施要更为具体，也就是说各阶段可以按"近细远粗"的思路安排。在职业生涯规划过程中，最重要的阶段目标是近期目标，即第一阶段目标，因此，职业生涯发展措施中最重要的措施也就是针对近期目标的措施。而以后几个阶段的措施，可能会因为本人或环境等因素的变化发生改变和调整，其具体可以是描述措施类别、框架式的具体。实现近期目标的措施，则是立刻就要落实、马上执行的措施，其具体必须是易量化、有指标、可操作的具体。

实现近期目标的措施应该既全面又保证重点。虽然说"全面"也有全面提升自身素质的含义，但并不意味着要胡子眉毛一把抓，而是要针对弥补自身条件与目标实现之间差距的全面。而"重点"则强调的是针对弥补自身条件与目标实现之间差距的主要矛盾，措施得当，确保落实，步步为营，并且凭借主要矛盾的解决来带动其他差距的弥补。

职业生涯设计者应该在安排落实近期目标的措施时，再一次利用分析发展的结果，特别是近期目标对从业者的具体要求与自身条件之间的差距，这也应该成为确定应对措施的主要依据。在进行阶段目标设计时，"倒计时"方式不但已经包含了现实基础与长远目标存在的差距分析，还以差距为依据，以分阶段弥补差距为台阶，选择了搭建阶段目标台阶的主线。以上这些设计过程都为本环节的设计奠定了基础。

到了选择实现近期目标阶段，职业生涯设计者就应该根据自身条件与近期目标之间的差距，选择有极强针对性的实施措施。总的来说，差距应该表现为以下几个方面：现有职业能力即专业能力、方法能力、社会能力与职业要求之间的差距，现有知识、能力水准与职业资格标准之间的差距，目前的学业水平、现有学历与岗位要求之间的差距，本人经验、阅历与职业要求之间的差距，个性与职业要求之间的差距，个人品德素养与职业要求之间的差距，身体条件与职业要求之间的差距，为人处世与职业要求之间的差距等。

在安排发展措施时，职业院校学生既要充分发挥自己的长处，以及其他优势的作用，使自己的长处在实现目标的过程中起到"领军作用"，以此激励自己不懈地努力，实现目标。同时，带动弱势发展和短处改进，努力使自己与相应标准的差距得到弥补。

所谓"补短"，就是根据发展目标对从业者的素质要求弥补自身差距。应该注意的是既要全面提升自己，又要分清轻重缓急，注意"补短"的可能性和必要性。可能性是指短项有较大潜力的应该补，如果短项潜力非常有限，就要再次分析这一短项与发展目标的关系。如果关系不大，应该先放一放；如果关系很大，就应该考虑调整发展目标。必要性是指关系自己生存、发展的短项必须补、及时补、重点补、抓紧补，对生存、发展无大碍的短处暂缓补。在"补短"时，职业院校学生要根据发展目标的要求安排措施，讲究效率，讲究效益，讲究实效，讲究实用，处理好一般性和针对性、全面和重点的关系。

在选择成长目标即长远目标的时候，职业院校学生应该扬长避短，坚信

"人人有才，人无全才，扬长避短，个个成才"，树立"天生我材必有用"的信念。而在制定发展措施时，要扬长补短，有针对性地弥补自身与阶段目标的差距。

在职业生涯发展过程中，职业院校的学生要善于根据实现不同阶段目标的需要，有针对性地采取扬长补短或扬长避短的策略，恰当地采取时效性和实用性并重的措施。比如，学生在校期间应该珍惜学校生活，根据近期目标的要求注重扬长补短；而到了择业和就业初期就要注重扬长避短，这样才能在第一步就抓住就业机会，还能发挥第一印象的"首因效应"，这对个人在岗位上站稳脚跟和今后的发展十分有利；在就业阶段，则要根据中期目标的要求，扬长补短，有针对性地采取具体措施。

人与人之间自身条件具有差异性，近期奋斗目标也不尽相同，自身条件与近期目标之间的差距不可能完全一样，为实现近期目标所采取的措施也必然各有特色。其不但在于差距涉及面、差距内容的不同，还表现为每个人需要突破的重点各有差异。千篇一律、千人一面、缺乏个性、空洞教条的措施，必然实效不高，作用不大，不能达到职业生涯规划者想要达到的目的。

三、落实措施要有计划

一些年轻人往往强调自己没时间，其实时间是挤出来的。只要你看准了是对自己很重要的或自己想做的，你一定能找到时间去做。生命的时钟握在自己手中，把握时间就是珍惜生命。人不怕没有时间，就怕没有计划，制订一个落实措施的计划，能帮助自己挤出时间，能防止自己浪费时间。

计划是办事前所拟定的方案，措施再好，不认认真真地去落实，一件一件地去办，目标永远无法实现。要实现职业生涯发展目标，应该学会制订计划，并用计划约束自己的行为。

根据实现近期目标应有的措施，先订一个今年的计划，然后再订一个本月、本周的计划。在此基础上，再订一个明年、下月、下周的计划，并把这两类计划协调一下。年度计划粗一点，月、周计划细一点。年计划应当有实现目标应有的措施及其实现的步骤、方法与时间表，标准、办法、时间务必具体可行。月计划应包括本月计划做的工作、应完成的任务、质和量方面的要求，计划学习的新知识和有关信息，计划结识的新朋友等。周计划应更具体、详细，数字化，可操作性强，而且每周末提前做下周的计划，为下周计划的实施做好准备。接着就要从今天做起，安排最重要的几件事，按轻重缓急排序，避免"捡了芝麻，丢了西瓜"。

通过几次反复，让自己养成订计划并按计划办事的习惯。让计划约束自己，也就是学会管理自己。职业生涯的成功在于管理。管理即负责按事物本身的规律或依据一定的标准对事物进行加工、处置。对成功职业生涯的追求，是人生旅程中的大事，只有自己对自己负责，自己督促自己按规律和既定标准去落实，对未来的追求才可能成功。

成功没有偶然，机遇总是为有准备的人提供的。要想有一个成功的职业生涯，就必须为之打拼，为之奋斗，为之付出。

第八章
职业适应与职业发展

第一节　初入职场的角色转换

一、角色与角色转换

（一）角色内涵

角色是指一个人的社会身份和所处的社会地位，以及遵循对应该身份和地位的行为模式和规范。在社会生活中，每个人都履行着不同的社会义务，遵循着不同的社会规范，从而扮演着不同的社会角色。

对社会角色认识得越清晰、越全面，就越能顺利地实现角色的转换，越符合社会的期望。角色认识过程既是认识自己、认识他人、认识社会的过程，也是通过自己所担任的角色，让他人和社会了解自己的过程。

（二）角色转换

社会学认为，角色转换是人们伴随着身份角色和社会位置的变化而发生的思想观念和行为模式的转换。对大学毕业生来说，角色转换就是从大学生的身份和社会位置转为社会公民（职业者）的身份和社会位置时，所发生的思想观念和行为模式的转换。任何角色的扮演都有一个过程，都要经过角色期待、角色领悟、角色实践三个阶段，而角色转换同样要经过这三个阶段。

角色期待也叫作角色期望，是指社会对某一角色的期望和要求；角色领悟是角色扮演者对其角色规范和角色要求的认识与理解；角色实践也叫作角色行为，是角色扮演者的实际活动和行为，是角色领悟的发展。如果说角色期待是一种社会意识，是一种外在的力量，那么角色领悟则是一种个人意识，是角色的内在力量，而角色实践则是由个人意识转变成个人社会行为的过程。

（三）职场适应

角色转换是一个职场适应的过程。从现实看，人与职业的匹配是相互的。职业的适应性应该从人与职业两个方面看，对于个人而言，它特指人的个性特征对其所从事的职业的适应程度。对于职业活动而言，通常指某一类型的职业活动特点与人的个性特征有机统一的程度。一个人对职业的适应程度如何，主要取决于其自身的基本素质，人在适应职业的过程中，居主导地位并发挥主要作用；而职业对人的要求则是以其不断变化的工种、岗位、技能等为前提，要求人与之相适应。实际上，每个人与所从事的职业之间既有相适应的一面，又有不适应的一面，二者之间的适应是一个渐进的过程，只能在不断磨合的过程中达到和谐与统一。

（四）学生角色与职业角色

1. 学生角色

大学生大多处在 18～22 岁阶段，是人生中增长知识、发展智力、求学成才的关键阶段。大学生的中心任务是努力学习以专业知识为主的多方面知识，培养以专业能力为主的各种能力。因此，这是一个接受教育、储备知识、培养能力的重要阶段。另外，由于大学生以学习为主，经济上主要依靠家庭。

2. 职业角色

职业角色扮演者具有一定社会职位和职权；具有相应的职业规范；具有一定的基础知识和业务能力；履行一定的义务，担当社会责任；经济独立。

3. 学生角色与职业角色的差异

在校读书与进入社会工作，所处的环境、扮演的角色、承担的主要任务有很大的不同，对社会的认识和感受也有较大的差异。充分认识到这些差别，对于尽快实现角色转换有很大的帮助。

学生角色与职业角色的差异主要体现在以下几个方面。

（1）社会责任差异。学生到职业人的角色转换，使其社会责任得到增强，社会评价对其要求也就更加严格。角色的任务由以学习为主转变为以工作为主。

在大学里，学生是"能量输入体"，接受经济供给和资助，在老师的教导下完成学业；在单位里，职员是"能量输出体"，用人单位需要考虑对人才的投入产出，要为职工付出薪资和福利，承担选择员工的"机会成本"和"投资风险"。从学生身份转变为社会就业人员，原有的权利和义务也都随之发生变化。学生角色责任履行得如何，主要关系到本人知识掌握得多少，以及能力培养的程度。而人们在评判职业人角色时总是和工作联系在一起，总是将其看成身负重任的工作人员。职业人作为一个成熟、完备的社会人，其角色要求能够独当一面，并与同事密切合作，充分履行职业责任。

（2）角色规范差异。社会赋予角色的规范，就是社会提供的角色行为模式。学生的规范多是从培养、教育的角度出发，促使其以后能顺利成长为合格人才，社会赋予职业角色的规范则更为严格、具体，违背了就要承担一定的责任。在大学里，学生犯了错误或者出现了失误，如迟到、旷课、重修课程等，大都可以承认错误或者通过自己的努力来补救；而在职场，强调的是对工作结果的负责，一时的疏忽可能会引起不可估量的损失，同样的错误若犯上两次也就很可能失去了大家的信任。竞争激烈的职场里可能不会有太多机会"失误"，一次小的意外都会导致单位向你发出"逐客令"。

（3）评价标准差异。我国大学对人才的评价主要强调综合素质，通行的标准是考察在校表现、学习成绩和社会活动等，但总体上来说，一个学生在这三者中间有一两样突出，其他的表现一般，也可以算是"优秀学生"了；而在职场，一名好员工，不仅要业务素质过硬，工作善于创新，还要有团队意识，善于与周围同事交流、沟通、合作，处理好各种关系，这样才能获得职业的顺利发展。

（4）人际关系差异。在强调团队和协作精神的今天，和谐的人际关系对职业适应举足轻重。有些大学毕业生虽然能力很强，但因为与领导、同事相处不好而陷于困境，成为其职业适应的绊脚石。相对于学校中的师生关系、同学关系，职场中涉及的关系更为复杂，行业之间有竞争，单位里的同事、上下级之间也会有直接、间接的利益冲突，牵扯到业绩好坏、薪水增减、职务升降等具体问题，往往表现得纷繁复杂，此时学会处理各种关系显得尤为重要。

（5）活动方式差异。从学生到职业人的角色转换，产生了活动方式上的变化。学生以学习书本知识、应付各种考试为主要活动内容。长期以来，学生的角色处在一种习惯于接受外界给予的状态，习惯于被输入。而职业人角色则要求运用所学的知识和能力，向外界提供自己的劳动。学生长期养成了一种应付心理，只对考试范围之内的知识采取突击记忆的方式，考试范围之外的则大多不去认真对待。因此，有些学生把这种应付心理习惯性地带入工作，就会一时难以适应。即使是一些在学校里比较出色的同学，也经常在这样的变化中感到手足无措。

另外，从学生到职业人的角色转换，社会对青年的独立要求也相应有了提高。学生角色在经济上主要是依靠家庭的扶持，职业人角色有了劳动报酬，在经济上逐步成为独立者。这种经济上的独立是一个标志，它表明了家庭乃至社会对青年提出了全面独立的要求，一方面，为青年人的自身发展提供了更为广阔的空间；另一方面，也对青年人提出了依靠自身力量、加强自我管理的人生新课题。大学毕业生能较快地适应独立生活，对于自身的发展和取得事业的成功无疑都将具有重要的意义。

二、大学生职业角色转换

大学生从校园走向职场，表面上看已经实现了角色转换，实际上尚未成为一个真正的职业人。只有成为一个真正的职业人，才意味着角色转换和职业适应的成功。大学生人际关系相对简单，相处比较感性，长期的学校生活易具有较强的依赖心理和被动心态。走入职场后，这一切都要面临转换。

大学生要实现从一个"校园人"到"职业人"的角色转变，必须实现五方面转换。

（一）由个人向团队转换

一个没有集体的人是孤独的，而比这更孤独的是生活在集体中却和所在的集体格格不入。所以，作为一个新人，从踏入一个团队的那一天起，就必须明白这样一个道理：一个新人的到来，前提条件就是要做一个适应并增强这个集体战斗力的重要部件，而不是独来独往的孤胆英雄。在校园里，大学生可以根据自己的意愿生活学习，相对比较独立，但成为职业人后，工作单位强调统一的文化、规范、标准、流程等，个人的意愿必须遵从于企业集体的要求和团队的价值取向。企业是由个人组成的，但更强调集体的力量和良好的团队协作精神。因此，大学生从学生角色向职业角色转换须树立集体意识，由个人向团队转换。

（1）大学生走上工作岗位，首先要了解并同化于企业文化中的各种相关制度，如新员工培训制度、新员工职业发展计划，以及试用期考核办法等，以便于尽量用集体文化中的进步精神来同化自己的言行，使自己尽快与环境相适应。

（2）企业制度和文化的构建者一般都是该公司的主要领导，不遵守规章制度，实际就是对领导的不尊重。因此，自觉渗透到企业中，领悟制度的精髓，实际上是对企业领导的个性、管理方式和文化取向的了解。

（3）快乐地与同事相处，当然不是像万金油那样四处拉关系，而是要多听、多看、多学，以谦虚诚恳的态度向团队里经验丰富的同事请教，适时适度地展现自己的知识，并尽可能地做他们的帮手，乐于给他们当助手，以赢得同事的认同。下班后主动与同事接触，积极参加单位组织的业余活动，在交流中让同事了解自己的为人和性格，增进同事的感情，缩短与同事的距离，尽快融入团队。

（二）由感性向理性转换

由感性向理性转换，即在平时工作中要收敛自己的内心情感，约束自己随心所欲的行为，摆正自己的位置，培养良好的工作习惯，树立良好的职业形象。

大学生在校园里可以随心所欲地展示自己的观点，张扬自己的个性。职业人在工作单位不能把自己的情绪、情感过多地带到工作中，必须认清自己在工作环境中所承担的角色，以及这个角色的性质、职责范围，搞清楚工作关系中上级所赋予自己的职权和应承担的义务，认识到职位和社会对自己的期望，学会用职业化的思维和情感来主导自己的工作，形成职业化的意识和习惯。

形成职业化的意识就要摆正自己的位置，切忌我行我素，该请示的不请示而擅作主张，该处理的事情不敢处理推给上司或同事。在工作中要有节制地出力和做人，切忌"越位"。

大学生在学校生活中常存在吹牛、猜疑、冲动、随心所欲、以自我为中心等坏习惯，为成功实现角色转换必须培养良好的职业习惯。

（1）安心工作。安心工作是角色转换的基础。许多大学生在工作几个月后还静不下心来，常沉湎在大学生活中，这对角色的转换非常不利。既来之，则安之，大学毕业生应尽快从校园生活中解脱出来，尽快全身心地投入新的工作。

（2）善于发现。在工作中要独具"慧眼"，善于找出适合自己的工作习惯，这些经验可以是从同事、领导身上借鉴过来的，也可以是从自己的亲身经历中"提炼"出来的。

（3）坚持到底。无论是别人的习惯还是从自己身上"挖掘"出来的习惯，只要确定它对自己今后的发展有益，就应该坚持下去，把习惯牢牢地变成自己工作中不可或缺的一部分，不可三天打鱼两天晒网。

（4）及时更新。工作习惯不是一成不变的，它要求顺应工作环境的变化，以及个人工作经验的变化而变化。当旧的工作习惯不适应新的工作状况，就要及时更新，让良好的工作习惯为自己服务。

（5）学会忍耐。社会要比学校复杂得多，走上工作岗位，可能会遇上固执刻薄的上司，可能碰上不通情理的同事，也可能在生活条件、工作环境上遇到一些不舒心的事情。遇到这种情况，要学会忍耐、冷静处置，切不可暴跳如雷、火冒三丈。

（三）由自由成长向承担责任转换

大学生从学生角色向职业角色转换须加强自己的责任意识，由成长向责任转换。十多年来，大学生最主要的任务是学习知识技能，父母、老师、朋友甚至社会都在为学生的成长成才不断服务。而走向职场则意味着其已经成为一个独立的职业人，无论在走向成熟还是在职业发展过程中，都将承担一名职业人的责任。

大学生对自己的未来都有美好的愿望，跃跃欲试，都想在事业上大干一场并取得成功。工作之初大学生就必须从最简单的基础工作做起，这是人成长过程中必须经历的，就像每个大学生从小学经历初、高中直到大学，是为了就业与职业发展做准备，而初入职场的大学生的基础工作又何尝不是为了明天做准备呢？现实中有许多大学生凭着学识上的优越感认为自己被大材小用了，不愿意干一些基础性的工作，甚至闹情绪，这是缺乏责任意识的表现。干一项工作就要像在校学习一样有足够的热情，更要有丰富的经验和随机应变的能力。这种经验和能力的获得并非一朝一夕，它需要通过平时的工作积累和训练，凭借一时的热情和情绪是对工作的不负责任。因此，不管工作的大小、分工的高低，每个初入职场的大学生都要以满腔的热情、高度的事业心和责任感认真对待并圆满完成。

（四）由注重思想向注重行动转换

学校是一个同质性比较高的小社会、小群体，人员构成相对简单、单纯，在学校里大部分学生都喜欢问为什么，喜欢对一些问题进行争论。但是作为一个职业人，不能只把想法停留在思想和嘴皮子上，还应该用理性的思维、实事求是的态度去思考如何行动，能拿出行之有效的实施方案并不折不扣地去执行。大学生可以用感性的思维、浪漫的方式去轻松地对待自己的生活和学习，而职业人需要用职业的思维、标准、行为去建设性地开展工作。当大学生跨出大学的校门、跨入职业的门槛之际，要顺利实现社会化、职业化转变，就要从现在做起，从生活、工作、职业发展中的一点一滴做起，向行动化转变。

一要正确定位。职场中的大学生已不是"天之骄子"，而是与别人一样的工作者，应该放下架子，切忌高高在上、拈轻怕重、好高骛远，要摆脱"精英心态"，甘做"普通劳动者"，从最基础的工作开始，老老实实做人，踏踏实实做事。

二要热情主动。对刚参加工作的大学生来说，要热情、主动、外向，尽快让上司、同事和周围的人愉快地接受你。如果能使自己激励、感染、影响身边的人，那将会达到超越职业化的境界。

三要不断学习。大学里学的那些知识不是救命稻草，那些理论知识解决不了工作中的所有问题，满足不了个人职业发展的需要。要树立"活到老，学到老"的终身学习理念，要树立向同事、向上司、向朋友、向社会学习的谦虚态度。通过不断的学习，满足个人职业发展不同阶段的需求。

四要付诸行动。要树立除理论学习之外的另一种学习观念：行动化的学习。社会化、职业化的最好方法，就是将社会化、职业化的要求落实到日常生活、工作的言谈举止上，通过改变行动来改变自己，顺利实现角色转变。

五要时刻反省。要有自省、自知、自觉的意识和理念，学会在工作和为人处世中发现自己的不足，使自己今后能有针对性地弥补自身的不足，提高自己的技能，使自己能够更快、更好地融入集体和团队。要永远记住：失败不一定是成功之母，检讨与改进才是成功之母。

（五）由智力评价向品格评价转换

大学期间往往是以成绩的好坏评价一个学生的优劣，而在工作单位里，由于职业文化和非职业文化的不同，单位更希望职业人能够诚实可信、爱岗敬业、富有责任、认真细心地对待每件事情。因此，大学生的职业转换必须实现由智力评价向品格评价的转换。

三、职业角色转换中容易出现的问题

大学阶段是职业角色的准备期，所学专业只对应某一职业群，具体职业岗位还有待选择，因而，大学阶段的职业角色准备往往有一定的模糊性。大学生在走向工作岗位之初对职业角色难免会有些不适应，从近年来社会反馈的信息来看，主要存在以下问题。

（一）大学生自身与社会存在的矛盾

身居高等学府的大学毕业生，习惯了十余年的校园生活，投身社会后，常常会感觉自身与社会之间存在一些矛盾，主要包括以下几个方面。

1. 主观愿望和社会现实的矛盾

大学生毕业之前接受的都是健康、正面的教育，常以理想的思维方式看待社会、规划人生。刚刚毕业的大学生往往踌躇满志、一腔热血，带着个人的"计划""想法"，准备到岗位上大显身手。但一接触到社会的消极面，如复杂的人际关系、落后的管理方式、低下的办事效率等，就会从理想的巅峰一下跌入谷底，难以使自己的思维与社会现实相协调，反映出对社会现实的不适应。

2. 习惯行为与社会角色要求的矛盾

十余年的寒窗苦读使每个学生都形成了一些行为习惯，都有自己特有的学习、生活习惯和思维方式，步入职场后一时还难以适应角色转换的要求，常常在扮演角色时惯性地表现出与职业人角色不相符合的、带有明显学生气的习惯行为。

3. 社会需要与自我完善的矛盾

当今社会是改革的社会、竞争的社会、高速发展的社会。社会不仅需要基础知识扎实、动手能力强、综合素质较高的大学生，更需要具有开拓精神、勇于创造的大学生。大多数学生工作一段时间便会发现，自己或者知识结构不完善，思维死板，信息不灵，或者理论与实际脱节，在某些方面的能力还比较欠缺，适应工作比较困难。

（二）大学生在角色转换中容易出现的心理问题

1. 怀旧性

大学生刚走上工作岗位，在角色转换过程中易出现怀旧心态。多年的学生生活所养成的学习、生活和思维方式一时不容易改变，常常会自觉不自觉地将自己置身于学生角色的位置，表现出对学生角色的依恋，以学生角色来要求自己和对待工作，以学生角色的习惯方式观察事物、分析事物。面对与同事、领导新的复杂的人际关系及职业责任的压力，不禁留恋相对单纯的学生时代。

2. 畏惧性

面对新的环境，有的学生不知工作应如何入手，缺乏自信心，缩手缩脚，担心犯错误和承担责任，工作中放不开手脚。

3. 自傲性

有些毕业生常以文凭、学位或毕业于名牌学校而自居。自我评价过高、不尊重他人、不虚心的情况在毕业生中时有发生。有些大学毕业生自以为接受了正规教育，已经学到了不少知识，已经是人才了。因此，轻视实践，放不下架子，看不起基层工作和基层工作人员，甚至认为一个堂堂的大学毕业生干一些不起眼的事是大材小用，有失身份，实际上则是眼高手低，大事做不了，小事又不做。

4. 浮躁性

一些毕业生在角色转换过程中表现出不踏实、不稳定的特点，对本职工作坚持不下去，缺乏敬业精神，不能深入具体工作中，就职较长时间仍然未能以稳定的心态进入新的角色。

5. 被动性

很多学生在校期间都忙着应付考试、应付作业，形成了草草应付就万事大吉的做事习惯。上班以后也将这种习惯带入工作，只想应付工作，不去主动思考，工作缺乏主动性。

随着时间的推移，毕业生对所处的环境会渐渐适应，工作和心理的节奏会与周围的一切逐步合拍，可以自然地融入职业群体之中，这需要一个过程，称为"职业适应期"。

四、做好从学生向职业人转变的准备

毕业生们经过一番辛苦求职最终得到一份工作后，怀着美好的憧憬，希望把自己多年来学到的本领充分施展出来，却发现自己的理想和现实有着很大的差距，往往会产生一种失落感。如何克服这种心理落差，尽快完成从校园人到社会人的角色转变，适应新的环境并有所作为是这一阶段大学生面对的最重要的问题，同时也意味着学生角色向职业角色转化的真正开始。

（一）认清自己，给自己一个准确客观的定位

认识你自己，是刻在德尔斐的阿波罗神庙上的三句箴言之一，也是其中最有名的一句。认识你自己，就是要认清自己的能力，知道自己适合做什么，

不适合做什么，长处是什么，短处是什么，从而做到自知，在社会中找到自己恰当的位置。

1. 明确目标：我想要什么样的人生

荷马史诗《奥德赛》中有一句至理名言："没有比漫无目的地徘徊更令人无法忍受得了。"每个人，无论出身高贵还是贫贱，无论生活在城市还是乡村，都会有自己的理想。你如果不自甘平庸，不想碌碌无为地过日子，就必须明确：我想要什么样的人生。

或许你会觉得自己刚刚毕业，没钱、没经验、没阅历、没社会关系，哪里会知道未来的人生路如何呢？事实上，没有钱、没有经验、没有阅历、没有社会关系，这些都不可怕。因为这所有的一切都可以通过自己的奋斗、积累而逐步得到。可怕的是没有梦想、没有目标，白白耽误了自己大好的青春年华和聪明才智。

目标会使你胸怀远大的抱负，指引你在成功的路上不断奋勇前进；在你失败时，目标会赋予你再去尝试的勇气；在目标的推动下，会使你避免倒退，向着美好的未来挺进。一个一心向着自己目标前进的人，整个世界都会为他让路。

2. 准确定位：什么样的职业最适合我

美国著名的职业指导专家约翰·霍兰德说："一个人在与其人格类型相一致的环境中工作，容易感受乐趣和内在满足，最可能充分发挥自己的才能。"一个人在选择职位时，真正需要关心的不是这个职位多有价值，可以为自己带来多大的社会财富、名望和地位。而应该问问：自己的职业定位是什么，哪一个职位或行业可以充分发挥自己的才能、最大限度地体现自己的价值。只有这样的位置才能激发你的潜能、促进你的发展。如果不适合自己，即使很有价值的职位，也不是最佳选择。

职业定位是自我定位和社会定位两者的统一。自我定位就是确定：我是谁？我是什么性格类型的人？我天生擅长什么、不擅长什么？社会定位就是我在社会的角色定位。我在社会大分工中应该处于什么位置、扮演什么角色？也就是我应该从事什么职业。

职业定位就是在社会分工的大舞台上确定我能扮演的角色：符合本我，不用经常戴着面具去迎合工作的需要，甚至可以张扬自己的个性，并最多地用到我习惯的思维方式、行为模式。简单地说就是——做本色演员。做本色演员得心应手，容易成功；做非本色演员很辛苦，不容易成功。做本色演员是职业定位的最高原则。

（二）物竞天择，适者生存——提高职场适应力

物竞天择，适者生存，虽只是简单的两句话，却道尽了生物界演化的基本规律，职场亦然。很多人每天都在感慨着世事的不公，然而却并不能够超凡脱俗，因为这就是我们所生存的世界。我们所能做的只是尽可能地让自己融合于职场之中，做一个聪明的"适者"。每个人都希望自己可以成为一个幸福快乐的人，而幸福与快乐的程度本身就在于你对身边事物的认同与适应，如果你能让自己融合于所处的环境中，并与之相适应，那你的幸福与快乐就会变得更多。何为"适者"，就是说当世界是一泓清水时，你别奢望自己可以是一滴清油，但是可以选择做一滴酱油，溶于水，却也有自己的特性。因为融合不是迎合，融合是让自己能适应于每一个环境而不丢失自己，在融合的同时保持自我。

1. 以开放的态度迎接现实

初入社会的职场新人们，并不缺少热情，工作加班加点、不计回报地付出、积极提出改进建议都是他们常做的。正因为自己付出了很多，有些人认为自己对工作很有发言权，从而缺少了开放的心态。

请记住社会与学校有很大区别，尤其是不能不高兴就走人！在学校里，看不顺眼的人可以不理；不喜欢做的事情可以找理由不做；不高兴的时候可以翘课在宿舍休息。然而，在社会里这些事情都因种种原因不能完全做到，不顺眼但有工作关系的人要每天打交道；领导安排的不喜欢做的事情不但要做，还要做好；不高兴的时候也要去上班。也许，可以换份工作，说不定能

躲过这些不开心的事，但这些事情在现实中确实会反复发生，换了工作，同样的情况也会再次发生。

没有开放的心态，就只能每天不开心了。对不开心的事，除了有开放的心态之外，还应该用职业化的态度来对待，不喜欢的同事请保持同事关系，我们永远不是朋友；不喜欢的事情要问一句能不能让自己在工作中有所长进，如果回答是肯定的，那么别犹豫，努力做好；不高兴的时候可以请个短假，去找朋友聊聊天，看看书，调整自己的情绪。

2. 希冀改变不公平的世界，不如先试着改变自己

经常听到刚参加工作的毕业生因为一些小事不能够如愿以偿，或者遭受了一些挫折，就到处吐苦水，抱怨世界的不公平。事实上，这个世界本来就不是公平的，看一看大自然就会明白：老虎吃狼，对狼来说是不公平的；狼吃狐狸，狐狸会认为公平吗？狐狸吃鸡，鸡又到哪里去寻求正义呢？鸡又吃虫子……只能说，追求公平正义，但公平却并非是绝对的。

正视生活中充满着不公平这一事实的益处在于：为了公平而尽己所能。世界本不公平，这些职场中的弄潮儿，岂能因为前面乌云密布、暴风雨即将来临而退缩。"存在即合理"，世界不公平，承认它存在的合理性，但不要向命运低头！

很多事情不可预期地到来，就好像放进蚌壳的沙子，无法逃避，也无从选择，只能接受已经存在的事实并自我调整，就好比蚌无法阻止沙子磨蚀它的身体，但它却可以使之变成浑圆的珍珠，从而避免被折磨的命运。席慕蓉说得好："请让我学着为自己的行为负责，请让我学着不去后悔，当然，也请让我学着不要重复自己的错误。请让我终于明白，每一条走过来的路径都有它不得不这样跋涉的理由，请让我终于相信，每一条要走上去的前途也都有它不得不那样选择的方向。"

3. 脚踏实地、用心做事——行动最具有说服力

职场中二十几岁的年轻人，无一不渴望着成功。然而，年轻人需要脚踏实地地付出、认认真真地做事，才能逐步接近成功。做好本职工作，是职场

新人的头等大事。

刚参加工作的年轻人，先要做好的就是自己的本职工作。在其位，谋其政。如果本职工作都做得不精细，老板又怎么放心把更重要的事情交给你去做。一味地幻想领导的赏识，妄想找到成功的捷径是不切实际的。机会隐藏在每一个微小而具体的事情和切实的行动之中，真正的捷径就是行动起来，踏踏实实做好身边的事，勤于积累。记住：不管理想多么高远，只有行动起来，一切才会成为可能。多积累、多思考、多行动，就能厚积薄发，迎接成功的到来。

4. 别被打上"我很好欺负"的标签

人与人之间是平等的，即使处于竞争中的双方亦是如此。谦逊有礼，并不意味着谦让，更不等于谦卑。职场新人毫无经验，多多少少希望通过自己谦卑的表现得到别人的好感与同情，从而为自己营造一个相对宽松的环境。这显然是行不通的，职场上赢得尊重的方法是，只有把自己看得和别人一样，哪怕在工作上确实不如前辈们，在自尊与自我要求上也要平等。真正的办公室生存法则是勇敢面对，坚持原则，勇敢地面对竞争。

（三）天高任鸟飞——关注长期的职业发展

当人们的行动有明确的目标，并且把自己的行动与目标不断加以比照，清楚地知道自己的行进速度与目标的距离时，行动的动机就会得到维持和加强，人就会自觉克服一切困难，努力达到目标。对于新人来说，要清楚在不同的阶段需要不同的成长方式，所以，一定要规划好自己在什么阶段要什么，给自己列出详细的职业发展规划。

1. 坚持向无字书学习

完成了大学教育，毕业生从某种程度上可以说结束了书本知识的学习，开始向无字书学习。学历只能代表过去，学习的能力才代表将来。在工作之中，无论是本部门内部还是对其他部门，都应该注意向无字书学习。不要看不起比自己学历低的同事，没有高学历甚至没接受过正规教育，但不断努力学习继而水平远超正规院校毕业生的例子比比皆是，请记住受过良好教育和受过高等教育是不一样的；别人身上永远有需要学习的地方，如销售的能说会道、公司前台的和颜悦色里面，都包含着职场生存的智慧，用心体会和学习，为自身所用。只有尊重经验、尊重阅历，才能少走弯路。

2. 勇敢争取更大的空间和更广阔的平台

学校的生活相对闭塞，这样的环境却很容易造就梦想，在校学生往往觉得离开校门就会有广大的天地等着自己去开拓。等到真正踏入社会，发现人生并不像自己想象的那样广阔，顿生失落。实际上，人生就是一个大平台，有人是主角，有人是配角，如果想要跳出种种限制，拥有更广阔的人生，就需要付出更加艰辛的努力，勇敢争取更大的空间和更广阔的平台。

3. 一切都会过去

一位智者在梦里告诉所罗门王一句至理名言，涵盖了人类的所有智慧，能使他在得意的时候不会忘乎所以；在失意的时候能够百折不挠，始终保持兢兢业业的状态。但是，醒来后所罗门王却怎么也想不起来那句至理名言。于是，所罗门王找来了最有智慧的几位老臣，向他们讲了那个梦，要求他们把那句至理名言想出来，并拿出一枚钻戒说："如果想出来那句话，就把它镌刻在戒面上，我要把这枚戒指天天戴在手指上。"一个星期过后，老臣们前来送还钻戒，上面刻上了一句至理名言："一切都会过去！"

一切都会过去。这一句平实普通的话，却涵盖了天下最大、最重要的智慧：无论是痛苦还是快乐、成功与失败，一切都会在时间的洪流中成为过去！不必为一时的不如意而裹足不前，更不必为一时的成功而自命不凡、趾高气扬，因为这都会成为过去。

对于在职场起步期的年轻人，如果想要得到更好、更快、更有益的成长，就必须时刻把这句话记在心里。既不能以大学里的清高来标榜自己，摆高姿态；也不必觉得自己一无所有，妄自菲薄，而是沉淀下来，抱着学习的态度去适应环境、迎接挑战。所以，在职业生涯的初期，一定要沉淀再沉淀、归零再归零，这样的人生才会一路高歌、一路飞扬。

五、如何实现角色转换，适应社会

所谓适应社会，就是使自己与社会融为一体，被社会接纳，成为其中和谐的一员。这样才能心情愉悦，从而为社会做出应有的贡献。而只有对社会做出贡献的人才能被社会认可、被社会肯定，也才能实现个人的理想与目标。学生角色向职业角色的转换，是一个相对漫长的过程，这就是所谓的"冰冻三尺，非一日之寒"。因此，毕业生应有充分的思想准备。在行动中，需要以积极的态度、坚持不懈的努力来实现职业角色。

学生角色向职业角色的转换，是一个相对漫长的过程，毕业生应有充分的思想准备。在行动中，需要以积极的态度、坚持不懈地努力来实现职业角色。

对大学生自身来说，如何完成角色转变呢？

（一）积极主动地适应新环境

大学生毕业后走上新的工作岗位，面临的首要问题是：一个新鲜和陌生的工作环境，一个新的集体和团队，陌生的面孔环绕着你，你要和许多从未打过交道的同事相处共事，不知道所遇到的上司属于哪一类型，不知道同事是否欢迎自己，因不知道对新工作是否有能力做好而感到不安，不熟悉公司规章制度等。这些问题导致毕业生对工作、生活、环境的不适应。面对这些问题，积极的态度应是主动适应。

（二）培养独立意识

毕业生刚刚离开学校、离开老师、离开同学，在心理上往往会产生一些不安情绪。因此，对毕业生来说，培养独立意识很重要。只有具有独立、主动的意识，才能独当一面，发挥自己的聪明才智，创造出最好的业绩，为今后的事业打下坚实的基础。学生角色向职业角色转换的实现虽然表面上只是名词的不同，近在咫尺，但实际上却是一个艰苦的过程，需要坚持不懈地努力。大学毕业生只有在新的环境中不断完善自己，用实际行动去努力承担并胜任这个职业角色，才能顺利度过适应期，完成角色转换，实现自己的人生理想。

（三）第一件事要做好

第一件事是完善职业人格、实现事业成功的基础。要想以积极的态度快速地适应工作环境，就必须以积极的态度把交给你的第一件事做好。领导往往会从你所做的第一件事来判断你的各方面能力，包括工作态度与品质，并以此作为今后任用你的依据。第一件事诸如第一次发言、第一次出差、第一次起草工作总结或计划等，都要认真准备，精心完成。再如，领导要求你组织一次会议，从落实会议地点、下发会议通知、准备会议材料，到接待、报到、安排食宿等，每一个环节都要落实到位。其中有些可能不熟悉，那就应该挑最棘手的几个问题进行请教。这既不会被看成是能力差，又可以确保工作不出差错，也显示出对老员工的尊重，更能使领导从中看出你各方面的能力与素质，留下良好的印象。

（四）学会沟通与尊重

在工作中要学会尊重他人，包括一些地位相对较低的人。别忘了见面打个招呼，离开道声"再见"。尤其要尊重你的领导，多请示、多请教，学会沟通与汇报，及时反馈工作的进展情况，充分领会领导意图。在领会领导意图时，要记准、记全领导说的话，领会领导的语言暗示和肢体语言；请示汇报、反映情况时要真实准确、及时适时、简洁高效，注意沟通的方式。

第二节　基本职业素养和职业能力

一、职业素养

各行各业对职业素养都有不同的要求。当公司职员需要职员的职业素养；当新闻记者需要记者的职业素养；当老师需要老师的职业素养；当公务员需要公务员的职业素养；其实不管干哪行，都是如此。一个人要想在社会上生存，就不能不去从事职业活动，也就不能没有相应的职业素养。缺乏职业素养的人，是不可能在职业生涯中有所作为的。

影响和制约职业素养的因素有很多，其中主要的有：受教育程度、实践经验、社会环境、工作经历，以及自身的一些基本情况（如身体状况等）。职业素养是人才选用的第一标准，是职场制胜、事业成功的第一法宝。一般来说，劳动者职业素养越高，获得成功的机会就越多。

（一）职业素养的概念

职业素养，是满足职业生涯需要的一种特定素养，是劳动者对社会职业了解与适应能力的一种综合体现。这种素养是从业者在一定生理和心理条件基础上，通过教育培训、职业实践、自我修炼等途径形成和发展起来的，在职业活动中起决定性作用的、内在的、相对稳定的基本品质。由于职业是实现人的社会意义、人生意义和人生价值的根本所在，职业生涯既是人生历程中的主体部分，又是最具价值的部分，因此，职业素养是素养的主体和核心，它囊括了素养的各个类型。例如，思想政治素养、职业道德素养、业务素养、审美素养、劳技素养、身体素养、心理素养等。

（二）职业素养的基本特征

1. 职业性

职业素养是一个人从事职业活动的基础，并且总是同职业联系在一起。不同的职业对素养的要求是不同的。例如，医疗卫生工作者的职业素养要求与工程技术工作者的职业素养要求就有很大的不同，它不仅表现在专业素养方面的不同，还表现在职业道德素养要求方面的不同。

2. 内在性

一个人在接受教育、培训和实践后，把所获得的知识、技术、技能进行内化、积淀和升华，这种自觉的内化、积淀和升华的心理品质，就是职业素养的内在性。职业素养的内在性存在于主体的一切职业活动中，并在行为中表现出来，决定着主体职业活动和行为的效果。通俗地说，一个人能做什么（掌握的知识、技能）、想做什么（职业定位）和如何做（价值取向、态度、信念）的表现都能反映出他的职业素养的内在性。日常生活中，常有这样的说法"把这件事交给×××做，有把握，可以放心"，之所以可以使人放心，就是因为他有做好这件事情的内在素养。

3. 稳定性

一个人的职业素养是经过较长时间的教育培训，以及长期的从业实践锻炼中逐渐形成和发展的。它一旦形成，便具有相对稳定性，这种稳定性是从业者做好本职工作的基本条件和保证。

4. 整体性

现代社会的职业岗位要求具有复杂性的特点，因此，它对从业者的职业素养要求是多方面的。一个从业人员的职业素养是和他整体素养有关的。评价个体职业素养，不仅包括专业技能素养、科学文化素养的考量，还包括其思想政治素养、职业道德素养，甚至还包括身体、心理素养的考量。一个从业人员，虽然思想道德素养良好，但科学文化素养、专业技能素养差，就不能说这个人整体素养好；反之，一个从业人员科学文化素养、专业技能素养都不错，但思想道德素养比较差，也不能说这个人整体素养好。因此，职业素养一个很重要的特点就是整体性。

5. 发展性

现代社会经济、科学技术的发展，必然带来社会职业和职业岗位的发展变化，这种变化不断地对从业者提出新的职业素养要求，从业者为了更好地适应、满足、促进社会的发展需要，总是不断地提高自己的素养。因此，职业素养具有发展性。

（三）大学毕业生应具备的基本职业素养

1. 思想道德素养

近年来，用人单位对大学生的思想道德素养越来越重视。他们认为思想道德素养高的学生不仅用起来放心，而且有利于本单位文化的发展和进步。思想是行动的先导，而道德是立身之本。很难想象一个思想道德素养差的人能够在工作中赢得别人充分的信任和支持。虽然这种素养很难准确测量，但是一个人的思想道德素养会体现在一言一行中。考查一个人的基本思想道德素养也是面试的主要目的之一。

（1）要有事业心和责任感。事业心是指干一番事业的决心。有事业心的人目光远大、心胸开阔，能通过克服常人难以克服的困难而成为社会上的佼佼者。责任感就是要求把个人利益同国家和社会的发展紧密联系起来，树立强烈的历史使命感和社会责任感。拥有较强的事业心和责任感的大学生能与单位同甘共苦，能将自己的知识和才能充分发挥出来，从而创造出效益。

（2）要有吃苦精神。用人单位普遍认为近年来所招大学生最缺乏的素养是实干精神。现在的大学生最大的弱点是怕吃苦，缺乏实干的奋斗精神。大凡有所成就的人，无一不是通过艰苦创业而成才的。作为当代大学生，应从平时小事做起，努力培养吃苦耐劳的创业精神。

2. 职业道德素养

任何一个具体职业都有本行业的规范，这些规范的形成是人们对职业活动的客观要求。从业者必须对社会承担必要的职责，遵守职业道德，敬业、勤业。具体来说，就是热爱本职工作，恪尽职守，讲究职业信誉，刻苦钻研本职业务，对技术和专业精益求精。在今天，敬业、勤业更具有新的、丰富的内涵和标准。不计较个人得失、全心全意为人民服务、勤奋开拓、求实创新等，都是新时代对大学毕业生职业道德的要求。缺乏职业道德的大学生不可能在工作中尽心尽力，更谈不上有所作为；相反，大学毕业生如果拥有崇高的职业道德，不断努力，那么在任何职业上都会做出贡献，服务社会的同时体现个人价值。

3. 专业技能素养

随着科学技术的迅速发展，社会化大生产不断壮大，现代职业对从业人员专业基础的要求越来越高，专业化的倾向越来越明显。"万金油"式的人才已经不能满足市场的需求，只有拥有"一专多能"才能在求职过程中取胜。大学毕业生应该拥有宽厚扎实的基础知识和广博精深的专业知识。基础知识、基本理论是知识结构的根基。拥有宽厚扎实的基础知识，才能有持续学习和发展的基础和动力。专业知识是知识结构的核心部分，大学生要对自己所从事专业的知识和技术精益求精，对学科的历史、现状和发展趋势有较深的认识和系统的了解，并善于将其所学的专业和其他相关知识领域紧密联系起来。

4. 学习创新素养

现代社会科学技术飞速发展，一日千里。只有基础牢，会学习，不墨守成规，善于汲取新知识、新经验，不断在各方面完善自己，才能跟上时代的步伐。有研究观点认为，一个大学毕业生在学校获得的知识只占一生工作所需知识的 10%，其余需在毕业后的继续学习中不断获取。在市场经济条件下，各企业都要参与激烈的市场竞争。用人单位迫切需要大学生运用创新精神和专业知识来帮助他们改造技术，加强企业管理，使产品不断更新和发展，给企业带来新的活力。人才，尤其是信息时代的人才，更需要创新精神。

5. 团队协作素养

人际交往能力就是与人相处的能力。由于社会分工的日益精细，以及个人能力的限制，单打独斗已经很难完成工作任务，人际的合作与沟通已必不可少。大学毕业生应该积极主动地参与人际交往，做到诚实守信、以诚待人，同时努力培养团队协作精神，这样才能逐步提高自己的人际交往能力。

6. 身心素质

现代社会生活节奏快，工作压力大，没有健康的体魄很难适应。用人单位都希望自己的员工能健康地为单位多做贡献，而不希望看到他们经常请病假。身体有疾病的员工不但会耽误自己的工作，还有可能对单位的其他同事造成影响。用人单位和大学生签订协议书之前，都会要求大学生提交身体检查报告。如果身体不健康，即使其他方面非常优秀，也会被拒之门外。

健康的心理是一个人事业能否取得成功的关键。其是指自我意识的健全，情绪控制得适度，人际关系的和谐和对挫折良好的承受能力。心理素质好的人能以旺盛的精力、积极乐观的心态处理好各种关系，主动适应环境的变化；心理素质差的人则会经常处于忧愁困苦中，不能很好地适应环境，最终影响工作甚至带来身体上的疾病。大学毕业生在走出校园以后，会遇到更加复杂的人际关系，更为沉重的工作压力，这都需要大学毕业生很好地进行自我调适以适应社会。

（四）职业道德素养

1. 职业道德的定义

职业道德是指从事一定职业劳动的人们，在特定的工作和劳动中以其内心信念和特殊社会手段来维系的，以善恶进行评价的心理意识、行为原则和行为规范的总和，它是人们在从事职业的过程中形成的一种内在的、非强制性的约束机制。

职业道德的特征：范围上的有限性、内容上的稳定性和连续性、形式上的多样性。

职业道德建设的核心：为人民服务。

职业道德建设的原则：集体主义。

2. 职业道德的内容

（1）文明礼貌。文明礼貌是人们在职业实践中长期修养的结果，是从业人员的基本素质，是塑造企业形象的需要。

文明礼貌的基本内容和具体要求是仪表端庄、举止得体、语言规范、待人热情。

（2）爱岗敬业。爱岗就是热爱自己的工作岗位，热爱本职工作；敬业就是用一种恭敬严肃的态度对待自己的工作。

具体要求：树立职业理想、强化职业责任、提高职业技能。

（3）诚实守信。诚实守信是为人之本、从业之要。

诚实守信的具体要求：忠诚于所属企业——诚实劳动、关心企业发展、遵守合同和契约。

维护企业信誉——树立产品质量意识、重视服务质量、树立服务意识。保守企业秘密。

（4）办事公道。办事公道是正确处理各种关系的准则，是指在办事情、处理问题时，要站在公正的立场上，对当事双方公平合理、不偏不倚，无论是谁都是按照一个标准办事。

具体要求：坚持真理、公私分明、公平公正、光明磊落。

（5）勤劳节俭。勤劳节俭是中华民族的传统美德，是人生事业成功的催化剂，是企业在市场竞争中常战常胜的秘诀——勤劳促进效率的提高，能够降低生产的成本，是维持社会可持续发展的法宝。一个社会要想做到可持续发展就必须重视生产资料的节约。

（6）遵纪守法。遵纪守法指的是每个从业人员都要遵守纪律和法律，尤其要遵守职业纪律和与职业活动相关的法律法规。其中，职业纪律是在特定的职业活动范围内从事某种职业的人们必须共同遵守的行为准则，包括劳动纪律、组织纪律、财经纪律、群众纪律、保密纪律、宣传纪律、外事纪律等基本纪律要求，以及各行各业的特殊纪律要求。

遵纪守法的具体要求：学法、知法、守法、用法；遵守企业纪律和规范。

（7）团结互助。团结互助指在人与人之间的关系中，为了实现共同的利益和目标，互相帮助、互相支持、团结协作、共同发展。

基本要求：平等尊重、顾全大局、互相学习、加强协作。

（8）开拓创新。"创新是一个民族进步的灵魂，是国家兴旺发达的不竭动力。"

创新是指人们为了发展的需要，运用已知的信息，不断突破常规，发展或产生某种新颖、独特的有社会价值或个人价值的新事物、新思想的活动。创新的本质是突破。创新活动的核心是"新"。开拓创新要有创造意识和科学思维，还要有坚定的信心和意志。

3. 如何培养职业道德修养

（1）职业道德修养的含义。所谓修养，是指人们为了在理论、知识、艺术、思想、道德品质等方面达到一定的水平，所进行的自我教育、自我改善、自我提高的活动过程。

职业道德修养是指从事各种职业活动的人员，按照职业道德基本原则和规范，在职业活动中所进行的自我教育、自我锻炼、自我改造和自我完善，使自己形成良好的职业道德品质，达到一定的职业道德境界。

（2）职业道德修养的途径。

1）　确立正确的人生观是职业道德修养的前提。

2）　职业道德修养要从培养自己良好的行为习惯着手。

3）　学习先进人物的优秀品质，不断激励自己。

4）　不断同旧思想、旧意识以及社会上的不良现象做斗争。

（3）职业道德修养的方法。

1）　学习职业道德规范、掌握职业道德知识。

2）　努力学习现代科学文化知识和专业技能，提高文化素养。

3）　经常进行自我反思，增强自律性。

4）　提高精神境界，努力做到"慎独"。

（五）如何培养职业素养

为了使大学学习与职业发展更好地衔接，大学生在大学学习期间应该以职业发展为目标制订合理的专业学习计划，注重能力的提升和身心素养的自我培养。

1. 制订合理的专业学习计划

通常个人的专业学习计划应当包括以下内容。

（1）明确的专业学习目标。也就是学生通过专业学习所要达到的预期结果，包括在专业基本理论、基本知识和基本技能方面要达到的水平，在专业能力方面和实际应用方面要达到的目标等。

（2）进程表，即学习时间和学习进度安排表。包括三个层次：一是总体学习时间和学习进度安排表，即大学四年对专业学习进程的安排。一般地，大学专业学习进程指导原则是第一年打基础，即学习从事多种职业能力通用的课程和继续学习必需的课程。二是学期进程表。通常把一个学期的全部时间分成学习时间、复习时间、考试时间三个部分，分别在三个时间段内制订不同的学习进程表。三是课程进度表，是学生在每门课程中投入的时间和精力的体现。

2. 完成计划的方法和措施

完成计划的方法和措施主要指学习方式。学习方式的选择需要考虑许多因素：学习基础、学习能力、学习习惯、学科性质、学校能够提供的支持服务、学生能够保证的学习时间等，还要遵循学生心理活动特点和学习规律，以及个人的生理规律等。

3. 科学合理的专业学习安排

科学合理的专业学习安排需要满足以下条件。

（1）全面合理。计划中除有专业学习时间外，还应有学习其他知识的时间和进行社会工作、为集体服务的时间，保证休息、娱乐、睡眠的时间。

（2）长时间短安排。在一个较长的时间内，究竟干些什么，应当有个大致计划，例如，一个学期、一个学年应当有个长计划。

（3）重点突出。学习时间是有限的，而学习的内容是无限的，所以，必须有重点，要保证重点，兼顾一般。

（4）脚踏实地。主要包括四个方面。一是知识能力。哪个阶段，在计划中要接受消化多少知识，要培养哪些能力。二是指常规学习时间与自由学习时间各有多少。三是"债务"。对自己在学习上的"欠债"情况做到心中有数。四是教学进度。掌握教师教学进度，就可以妥善安排时间，不至于使自己的计划受到"冲击"。

（5）适时调整。每一个计划执行结束或执行到一个阶段，就应当检查一下效果如何。如果效果不好，就要找原因，进行必要的调整。检查的内容应包括：计划中规定的任务是否完成，是否按计划去做了，学习效果如何，没有完成计划的原因是什么。检查后，再修订专业学习计划，改变不科学、不合理的地方。

（6）一定的灵活性。计划变成现实，还需要经过一段时间，在这个过程中会遇到许多新问题、新情况，所以，计划不要太满、太死、太紧。要留出机动时间，使计划有一定机动性、灵活性。

4. 能力的自我培养

大学生在大学期间就应当基本具备工作岗位所要求的能力。要具备这些能力就应当注重能力的自我培养。大学生自我培养能力的途径主要有以下几个方面。

（1）积累知识。知识是能力的基础，勤奋是成功的钥匙。离开知识的积累，能力就成了"无源之水"，而知识的积累要靠勤奋的学习来实现。大学生在校期间，既要掌握已学书本上的知识和技能，也要掌握学习的方法，学会学习，养成自学的习惯，树立终身学习的意识。

（2）勤于实践。善于实践是培养能力的基础。实践是培养和提高能力的重要途径，是检验学生是否学到知识的标准。因此，大学生在校期间，既要主动积极参加各种校园文化活动，又要勇于参与一些社会实践活动；既要认真参加社会调查活动，又要热心各种公益活动；既要积极参与校内外相结合的科学研究、科技协作、科技服务活动，参加以校内建设或社会生产建设为主要内容的生产劳动，又要热忱参加教育实习活动，参加学校举办的各种类型的学习班、讲学班，担任家庭教师等。

（3）发展兴趣。兴趣包括直接兴趣和间接兴趣。直接兴趣是事物本身引起的兴趣。间接兴趣是对能给个体带来愉快或益处的活动结果发生的兴趣，人的意志在其中起着积极的促进作用。大学生应该重点培养对学习的间接兴趣，以提高自身能力为目标鼓励自己学习。

（4）超越自我。作为一名大学生，应当注重发展自己的优势能力，并将其不断进行拓展，这是实现自身可持续发展的需要。

5. 身心素质培养

身体素质和心理素质合称为身心素质。身心素质对大学生成才有着重大影响，因此不断提升身心素质是非常重要的。大学生心理素质提升的主要途径如下。

（1）科学用脑，勤于用脑。大脑用得越勤快，脑功能越发达。研究发现，人的最佳用脑时间存在着很大的差异性，就一天而言，有早晨学习效率最高的百灵鸟型，有黑夜学习效率最高的猫头鹰型，也有最佳学习时间不明显的混合型。科学用脑需要做到以下几点。

1）劳逸结合。从事脑力劳动时，大脑皮层兴奋区的代谢过程会逐步加强，血流量和耗氧量也会增加，从而使大脑的工作能力逐步提高。如果长时间用大脑，消耗的过程逐步超过恢复过程，就会产生疲劳。疲劳如果持续下去，不仅会使学习和工作效率降低，还会引起神经衰弱等疾病。

2）多种活动交替进行。人的脑细胞有专门的分工，各司其职。经常轮换脑细胞的兴奋与抑制，可以减轻疲劳，提高效率。

3）培养良好的生活习惯。节奏性是人脑的基本规律之一，大脑皮层的兴奋与抑制有节奏地交替进行，大脑才能发挥较大效能。要使大脑兴奋与抑制有节奏，就要养成良好的生活习惯。

（2）正确认识并评价自己。良好的自我意识要求做到自知、自爱，其具体内涵是自尊、自信、自强、自制。自信、自强的人对自己的动机、目的有明确的了解，对自己的能力能做出比较客观的评价。

（3）自觉控制和调节情绪。疾病都与情绪有关，长期的思虑忧郁，过度的气愤、苦闷，都可能导致疾病的发生。要希望有健康的身心，就必须经常保持乐观的情绪，在学习、生活和工作中有效地驾驭自己的情绪，自觉地控制和调节情绪。

（4）提高克服挫折的能力。要正视挫折、战胜或适应挫折。遇到挫折要冷静地分析原因，找出问题的症结，充分发挥主观能动性，想办法战胜它。如果主客观差距太大，虽然经过努力，但也无法战胜，那就接受它、适应它，或者另辟蹊径，以便再战。

二、职业能力

（一）职业能力的概念

职业能力是指人们从事某种职业活动并影响该职业活动效率的个人心理特征。人的职业能力是由多种能力复合而成的，是人们从事某种职业必须具备的多种能力的总和，它是择业的标准和就业的基本条件，也是胜任职业岗位工作的基本要求。职业能力与人的职业活动联系着，并表现在人的职业活动中。从个体从事的活动中就能看出其是否具有某种能力，以及这种能力达到了何种水平。职业能力由两大部分组成，即专业能力和关键能力。

（1）专业能力是指某一专业所对应的职业岗位（群）必须完成的工作任务和职责，即根据职业（工种）的特性、技术工艺、设备材料，以及生产方式等要求，对劳动者的业务知识和技术操作能力提出的综合性水平规定。专业能力主要表现在专业知识、专业资格、资格证书、专业拓展等方面。

（2）关键能力是指包括学习能力、外语能力、计算机应用能力、信息能力、交际能力、社会能力、团队能力、创新能力等多种能力的综合。关键能力包括：收集、分析、组织信息的能力；交流思想与信息的能力；计划与组织活动的能力；团队合作的能力；运用数学方法与技巧的能力；解决问题的能力；应用科技成果的能力；理解不同文化的能力。

关键能力是一种可迁移的跨岗位、跨职业的能力。由于当今的职业和岗位处于不断变化中，一个人一生将要从事多个职业。如在美国，人一生平均更换四个职业和更多的岗位。专业能力在你寻找第一份工作时起到至关重要的作用，但在人员流动过程中，社会适应能力、交际能力、团队能力等不依专业知识而独立于人的头脑之中,关键能力将会起到比专业能力更为重要的作用。

（二）专业能力的培养

专业能力主要在专业知识、专业资格、资格证书、专业拓展等方面得以体现。其中,专业知识、专业资格、资格证书是求职的必备条件。职业能力是能力的核心,专业能力是大学生的核心竞争力。大学生在校期间一定要重视自己专业能力的培养,包括专业知识和理论、熟练的职业技能,以及专业拓展能力。因此,大学生应努力做好以下几个方面,以提升自身的专业能力。

1. 认真学习专业理论知识

有一种观点认为,高职院校学生的专业理论知识只要"够用"就好,更有的认为高职院校学生是以培养动手能力为主,专业理论知识少一点无所谓。这种观点是极其可怕的。

专业理论知识是专业或行业所对应的岗位及岗位群所需的理论与知识,包括基础性知识、专业及相关专业知识、社会经济法律知识等。它所反映的是知识的基本结构、基本原理,是系统的、通用的知识。这是大学生在校期间主要的学习任务之一,是培养自己掌握熟练的职业技能和专业拓展能力的基础,只有认真学习,牢牢掌握必要的专业理论知识,才能获得较强的专业能力。

21 世纪,是高速发展的信息化时代,知识、技术、信息的更新速度前所未有,职场的竞争也越来越激烈,人力资源部门对个人的职业能力,以及素质的要求也越来越高。一般来说,高职学生的文化基础知识相对比较薄弱,而高职院校所设置的学制又较短(一般为三年)。因此,高职学生在校期间更应珍惜时间,加倍努力学习文化理论知识和专业理论知识,要在掌握专业理论知识的基本原理与基本知识结构上下功夫,要善于对多门相关课程的知识进行综合归纳,融会贯通,将专业理论知识与实践应用结合起来,做到不仅要知其然,更要知其所以然。

2. 努力锤炼专业技能

应用技能是指利用工具按照一定程序和方法进行操作的过程。高职学生的特长，在于既有一定的理论知识，又有一定的动手操作能力，能够快速地适应新的工作岗位。正是这一特点使高职学生比一般就业者更受人力资源部门欢迎。也正是这一特点要求高职学生在校期间必须在努力学习专业理论知识的同时，还要努力掌握熟练的应用技能，提高自己的实践动手能力。

提高实践动手能力，关键是在学校期间要积极参与到专业实践活动中，将理论知识应用于实践，将理论内化成操作能力和技巧，将课堂所学应用于生产实际，勤学苦练，掌握扎实的基本功，练就一身技能。通过专业的实践活动，锻炼灵活运用知识、不生搬硬套的能力，培养自己的职业道德，增强责任心、协作精神、爱岗敬业和严谨求实的作风。高职学生可以通过以下几个方面努力使自己的专业技能得到提高。

（1）技能课，是对课堂中所学的基本原理进行验证，加深对专业基础的理解，多为验证性试验或基本技能操作，如基础物理试验、化学试验、钳工试验、药理、病理试验等。这是专业技能的准备课，也是专业基本功。这部分技能要求熟练掌握。

（2）专业技能课，是与专业密切相关的技能训练课，如数控机床加工，中级、高级电工实训，模拟导游，饭店服务实训，秘书技能实训，临床护理实训等。这是专业技能形成的中心环节。这部分技能要求扎实掌握。

（3）综合实训，如计算机网络专业的学生接受综合布线的实训，数控专业的学生进行产品制作，会计岗位综合实训，国际贸易综合实训等。

（4）现场见习，是学生在学习期间，按学校计划到工厂、公司进行观摩性质的见习，主要是增加对专业的了解，对生产实际有一个直观的认识，知晓生产中所应用的技术。

（5）实习，是学生在毕业前到企业单位进行实习，将所学的知识应用于实际，一方面检验所学的知识与掌握的技能，进一步将其巩固和深化；另一方面在带教师傅的帮助下，也可以学到更实用的技术，对应掌握的知识和技能进行查漏补缺。

3. 积极取得职业资格证书

据高层次人才招聘市场的统计信息显示,那些持有高等学历证书和职业资格证书的"双证书"和"多证书"人才,始终是用人单位争相物色的对象,其求职成功率往往高达 90%以上。"毕业证书＋专业资格证书＋技术等级证书",正成为高职学生就业的必需要件。职业资格证书主要有以下几类。

(1)国家职业资格证书。国家职业资格证书是指按照国家制定的职业技能标准或任职资格条件,通过政府认定的考核鉴定机构,对劳动者的技能水平或职业资格进行客观公正、科学规范的评价和鉴定,对合格者授予相应的职业资格证书。国家职业资格证书是劳动者求职、任职、开业的资格凭证,是用人单位招聘、录用劳动者的主要依据,也是境外就业、对外劳务合作人员办理技能公证的有效证件。

(2)技术等级证书。技术等级证书是指由全国统一的技术等级认证,与特定的职业无关的一种技术水平认证。如计算机应用水平考试证书(分一、二、三级偏软,四级偏硬)和大学英语等级考试(四、六级)等,都是用人单位比较认可的技术等级证书。目前,国内许多高职院校都要求学生获得计算机应用水平 A 级或 B 级证书,通过大学英语三级考试等。

(3)行业资格证书。行业资格证书是指从事某一行业所需要的资格证书,又称执业资格证。行业资格证由行业行政主管部门颁发的,如执业药师、证券从业资格证书、注册建造师、资产评估师等。也有某些特殊行业,如从事 IT 行业,要求求职者持有一些 IT 厂商颁发的认证证书,如微软认证、SUN 认证等。

目前,校园里流行着一句话:"多一个证书,多一种选择,多一个机遇。"一方面反映了当代高职学生面对激烈的就业竞争已趋向成熟;另一方面由于没有把握好尺度,为考证而考证,其结果适得其反。某些学生为使自己求职机会增多,增加简历的分量,积极加入考证大军,报考各种证书,但所考的并非是自己所学的,也有的是跟风,同学去考什么我也考什么。

对于大学生参加各类资格证书的考试应该给予支持，但也应该看到，人的精力是有限的，在校的时间是短暂的，因此，要把完成学历教育放在首位，在这个基础上再挤出时间和精力去完成与本专业相关的职业资格证书考试，否则是不切实际的。所以，大学生在证书考试时，一定要与所学的专业相结合，已学科目与考试内容有所覆盖，这样考试的难度有所降低，所取得的资格证书与所学专业有相关性，在应聘专业对口工作时能起到帮助作用。如电子专业的学生取得高级电工证书；IT 专业的学生取得微软等行业龙头认可的专业证书；文秘专业的学生可以考取秘书职业资格证书。同时，也可以与自己的就业兴趣相结合，为自己将要从事的工作做好准备。

4. 培养专业拓展能力

专业拓展能力要求大学生具有成本意识、质量意识、市场运作意识，理解本专业的最新技术应用情况，并具有解决问题的能力。若要立足职场，仅仅具有专业操作技能是不够的，还需要具备经济头脑。高职学生的定位是在生产一线从事技术或管理工作。因此，专业能力除掌握操作技能外，还要关心企业的生产成本，并能进行市场调查，具备相应的技术改进能力。

（1）成本意识。企业在生产过程中，成本控制是非常主要的环节，成本降低了，企业的效益就会相应提高。大学生在职业生涯中应关注产品在生产过程中的流程是否科学合理，产品设计是否完善，了解节约生产成本的途径，帮助企业节约生产成本。

（2）质量意识。产品或服务质量是企业的生命线，大学生应牢固树立"质量第一"的意识，在以后从事的工作中严把质量关。

（3）市场运作意识。了解产品的市场营销过程，能进行市场调研，根据市场的需要进行生产，为今后从事多个相关的岗位做好准备。

（4）专业发展能力。主要是技术改造能力和理解、运作新技术的能力。具体地说，一方面要求大学生具有自己所学的专业知识和专业技能，对现有的生产流程、生产技术、产品设计进行部分改造的能力；另一方面要求大学生具有紧跟本专业技术、工艺的最新发展，理解并掌握新技术、新工艺，并将其应用于生产的能力。

（三）学习能力的培养

有关研究表明，在人的一生中，大学阶段只能获得须用知识的 10%左右，而其余 90%的知识都要在日后工作中不断学习才能取得。苏联教育家赞可夫曾经说过："无论学校的教学大纲编得多么完善，学生在毕业后必然会遇到他们所不熟悉的新发现和新技术。那时候，他们将不得不独立地、迅速地弄懂这些新东西并掌握它，只有具备一定品质、有较高发展水平的人，才能更好地应对这种情况。"大学生应该从以下几个方面入手，切实提升自身学习能力。

1. 明确学习目标

具有坚定明确的目标是学习能力形成的前提。无论身处何种有利的地位，但倘若没有目标，或者只有很渺小的目标，那你作为人，终究是脆弱的。只有心中有一个坚定的、值得你为之做出最大努力的目标，才有可能期待自己的精神上和道德上也达到一定的高度。学习是一种艰苦的脑力劳动，需要具有锲而不舍的钻研精神和坚韧不拔的坚强意志。只有具有一定理想和奋斗目标的人才能在学习和实践过程中无论遇到什么困难、挫折都不灰心丧气，不轻易改变自己确定的目标而努力不懈地去学习和奋斗，如此才会有所成就而达到自己的目的。

1983 年，美国哈佛大学的霍华德·加德纳提出"多元智能理论"，认为人的智商包括冒险智能、创意智能、身体运动智能、视觉空间智能、音乐旋律智能、自然博物智能、智力智能、情绪智能、语言文字智能、自我内省智能、数学逻辑智能和人际关系智能。在众多智能构成中，人往往会有一种误解，认为只要重视语言智能和逻辑数学智能就行了，从而忽视其他智能的培养。这是一种片面的看法，从人的智能结构上来讲，也是需要各智能部分协调、全面发展。作为个体，在发挥自己特长智能的同时，还必须补足自己不擅长的智能结构，有意识地从整体上提高自己的智能结构水平。

2. 把握高职教育的学习规律

高职院校的学习内容广、课程多、难度大。开设的课程可分为必修课、专业选修课和任意选修课三种类型，又可分为公共课、基础课、专业基础课和专业课四个层次，每一层次或类型的课程均由许多门课程综合而成。课程涉及的内容范围广，深度和难度都比较大，其意在使学生获得"必需、够用"的专业知识和宽广的知识背景，在思考问题时可以更加全面。因此，大学生必须结合专业特点，根据高职学习规律，调整自己的学习方法等。

（1）高职生应更加注重自主性学习。在高职院校里，课堂讲授相对较少，自学时间将大量增加，甚至连学什么样的课都要由学生自己决定。同时，学校为学生学习提供了非常好的环境，如有藏书丰富的图书馆，有设备先进的实验室，还有多样的课外科研、社会实践活动。学校的教学计划还安排了大量的教学试验、实习、社会调查、毕业设计等实践教学环节。这都要求学生能充分利用这些学习条件进行独立学习，大学教师对学生的作用更多的是引学生入门，修行多深主要靠自己。大学阶段考试的分数不像高考入学考试时那么重要，重要的是你感觉到自己的能力提高了多少。

（2）高职生应更加注重发散性学习。学习重在平时，重在过程。死记硬背的知识减少，灵活应用的知识增加。在学习上要更注重能力的培养，尤其是思维能力、思维方式的训练，相当多的学习是在解决问题、进行发明创造的过程中进行的。学习不仅发生在学校，还发生在社会实践和企业顶岗实训的过程中。

（3）高职教育对实际操作能力要求更高。学生要在试验室、实训场进行大量的实践操作，以求得对专业技能的切实掌握。高职教育，不仅要学会理论知识，还要求将理论知识应用于实践，这既是高职教育的重要特征，也是高职学生应该把握的学习规律。

3. 掌握科学有效的学习方法

科学有效的学习方法不仅有助于在学习中少走弯路，还有利于培养和增强各种学习能力，提高学习效率和学习质量。学习方法是一门科学，因人而异，因不同的学习科目而异，因不同的学习环境而异，因不同的学习手段而异。如理工科专业的学生与文科类专业的学生，在学习方法上就会有差异。

现代科学技术的进步，带来学习手段的变化，相应会产生新的学习方法。每个人都会在学习的过程中形成自己独特的学习方法，但在新的环境中，这些学习方法需要重新组合，以适应大学的学习。下面介绍几种学习方法。

（1）整体学习法，即从整体出发，把握知识的全部结构和内在联系，使缺乏联系的全部知识在头脑中形成完整的概念。如专业入门课的学习，通过学习，熟悉本专业的概念，掌控专业知识的构成，了解专业发展的方向。

（2）发现学习法，即经过观察、质疑、联想，运用已有的知识去发现问题、提出问题、解决问题。学会或发现所需要的知识和技能。这种学习方法适用于一些培养创新能力的课程和专业课程的学习，着重于培养创新能力，发现新知识。

（3）问题学习法，即由教师或学生自己提出问题，学生根据问题寻找有关资料，提出假设，进行试验，以求解决问题的方法。此方法有利于启发学生思考，调动学生的学习兴趣和积极性，培养学生的综合能力。

（4）比较学习法，即通过对所学知识之间的比较，进而确定知识之间的关系和联系，以正确掌握知识。如在学习语言时，可以通过两者之间的比较进行学习。

（5）合作学习法，即通过两个或两个以上的个体在一起组成学习或研究小组，从事学习活动，以提高学习效率。协作学习多发生在一些集体项目中，小组成员为了共同的目标而努力，每个人既有自己的专攻，又与别人协作，共同学习。

掌握正确的学习方法，在学习中往往有事半功倍的效果。但"学有其法，学无定法，贵在得法"，在同样的环境下，不同的人会采用不同的学习方法，因此，最好的学习方法是适合自己的方法。

4. 学会自学

达尔文说："我认为，我所学的任何知识都从自学中得到。"美国心理学家布鲁纳认为，人们只有通过联系解决问题和努力发现，方能发现并学会新的探索法。一个人越有这方面的实践经验，就越能把学习所得归纳成一种解决问题和调查研究的方式，而这种方式对他可能遇到的任何工作都有用处。如今，学习能力已受到美国、日本等许多发达国家的重视，在教学中，无论课程结构，还是内容方法，无不体现着对自学能力的培养。这就要求大学生必须转变过去那种依赖教师课堂讲授，靠背一些知识包打天下的学习观念，要注重加强自身的学习能力培养。具体地说，大学生可以从以下几个方面培养自己的学习能力。

（1）学会自我激发学习动机，包括产生强烈的求知欲，自己确立学习目标，制定具体的、能够完成的学习目标，在学习中体验成功。

（2）充分了解自身的条件，如通过学业考试了解自己对知识、技能的掌握情况；通过心理测试了解自己的智力发展水平、学习风格、个性特征、情感特征等。

（3）掌握学习策略，对自身的学习活动进行自我监控。经常对自己的学习进行自我意识、自我规划、自我管理和效益效果等方面的评价。

（4）善于从各种渠道获取信息。如学会利用图书馆、使用工具书、查阅文献资料，并善于做学习笔记、积累和整理资料，对所学知识进行分析、归纳和总结，以及学会运用多媒体和网络的主要软件工具等。

（5）与教师、同学共同探讨学习方法，交换学习材料，交流学习经验和体会，并在必要的情况下接受他人的帮助。

自主学习能力的培养和发展，主要是通过学习者自身来实现。教师在这一过程中起指导、辅导、顾问、合作、帮助的作用。大学生要学会对自己的学习负责，只有对自己学习负责的人才能进行有效的自主学习。

（四）信息能力的培养

迈入信息时代，有人说，工业经济的标志是标准化，知识经济的标志是信息化。在这个资讯的年代，谁拥有了信息，谁就拥有了财富和发展机会，谁就可能是赢家。因此，信息能力成为生存的基本能力之一，也是终身学习最重要的工具。

所谓信息能力，是指能够判断什么时候需要信息，懂得如何去获取信息，懂得如何去评价和有效利用所需信息的能力。高职学生的信息能力包括以下内容。

（1）熟练掌握信息工具的能力，指熟练掌握各种信息工具，特别是网络传播工具应用的能力，和熟练使用英语语言工具的能力。随着全球信息生产垄断性的特征不断显现，英语语言工具在信息时代显得尤为重要。一方面，全球80%的研究和开发成果来自发达国家；另一方面，互联网上的图文资料绝大多数都是英语，英语是当今最通用的商务语言和科技用语，国际电子通信中90%以上都使用英语。

（2）迅速准确获取信息的能力，即根据工作学习目标或者科学研究方向，能够正确地选择信息源，迅速获取所需信息的能力。除传统的对图书、期刊、资料等纸质文献的检索外，还能够利用互联网上的信息检索服务。

（3）科学合理地处理信息的能力，即对收集到的信息，经过集中遴选、分析综合、归纳分类、抽象概括等加工处理的能力。当前，信息的产量剧增而质量下降，只有对其进行"去粗取精，去伪存真"的加工处理，才能生成更为有效的信息。

（4）创造性地利用信息的能力，即在多重收集信息的基础上，通过思考和理解，迸发出创造性思维的火花，升华为知识和智慧，产生出新信息的生长点，进而解决实际问题，发挥信息的最大社会效益和经济效益的能力。信息利用是信息收集的终极目的，是信息的升华与转化过程。

（5）抵御污染信息的免疫能力，即预防、控制和消除那些虚假、失效、冗余、过剩、骚扰，以及有害信息的污染的能力。现代社会是信息全球化社会，信息在给人们带来机遇和财富的同时，也带来负面效应——信息污染。大学生要树立正确的世界观、人生观和价值观，提高甄别、自律和自我调节的能力。

（五）外语与计算机应用能力的培养

联合国教科文组织《学会生存》一书中认为，缺乏外语和计算机能力的人是未来的文盲。外语与计算机应用能力是大学生求职的工具，也是重要的学习工具，更是终身学习的重要组成部分。

随着国际交流的加深，经济全球化带来了就业的全球化，外语作为一门重要的语言工具，其重要性日益突出。在学习、工作和生活中，外语已经不可或缺。有些高职院校的部分教材采用了原版国外教材，也有不少的课程正在试行双语教学，这些都对高职学生的外语水平提出了更高的要求。随着对外交往的日益增加，很多企业迫切需要既懂专业又会外语的人才。因此，大学生只要具备较为出众的外语能力，就能在就业求职时占有一定的优势。

高职外语教学以普通英语三级和英语应用能力 A、B 级考试为中心。学生的日常用语能力尚可，但是具体到工作事务上，专业词汇还是不够。所以，外语考级仅仅是外语学习的一个方面，却不是学习外语的最终目的。学习外语的最终目的是应用，即能用英语和外国合作伙伴进行沟通和信息交流，处理日常英语资料信息。因此，高职学生学习外语关键在应用能力的培养，体现在听、说、读、写四个方面。

会听，外语作为一门重要的交流与沟通工具，最重要的一点是要能听懂。有些学校在推行双语教学，由外教来讲课，也会请一些国外的专家来学校做报告，这对学生的外语听力提出了较高的要求，也是一个很好的学习机会。另外，大学生还可以通过收听外语国家的对外电台节目训练自己的听力。会说，即要求熟练掌握专业外语，能用外语与国外友人进行日常会话。会看，即阅读外语文档技能。越来越多的国外产品和技术人员进入我国，其技术文档多数是用英语、日语等语言编写的，因此，通过看外文资料可以提高专业外语的能力。会写，即用外语记录自己的日常生活、撰写自己的工作报告等。

计算机技术已深入学习、工作的各个环节，成为一项重要的基本技能，高校教师在教学过程中大量采用课件、多媒体等计算机技术进行教学，网络课程在越来越多的学校里得到认可，学生大量课程作业也是通过计算机来完成。对于高职学生来说，计算机应用能力的培养可由以下途径实现。

要善学。计算机在学习、工作和生活中的应用程度日益加深，当每个人的学习内容、工作岗位发生变化时，对计算机应用能力的要求也会相应提高。计算机技术的发展日新月异，新的软件、硬件层出不穷，在工作上的应用更加多样化。因此，当新的技术出来之后，一定要善于学习，掌握最新的技术，满足学习、工作的需要。

要善用。虽然计算机技术发展十分迅速，但在整个社会的生活、生产、工作方面，还没有普遍应用这种新技术，计算机领域取得的最新成果应用于现实工作还有一定差距。作为以动手能力强而立于职场的高职学生，更应关注这种为社会带来变化的新技术，并将之应用于工作之中。在计算机普及的同时，也带来了许多应用中的问题，如病毒、网络攻击、程序不兼容等引起的死机，以及一些应用软件由于设计不完善而引发的各种问题。这些日常碰到的应用问题，需要高职学生自己独立解决。

（六）合作能力的培养

现代企业的生产、管理等运作方式，要求员工具有较强的团队合作能力，在团队中注重合作与协调。这是一个集体英雄主义的时代，谁能将这一理念理解透彻并付诸行动，谁就可能先人一步成为赢家。合作能力在公司用人招聘中也越来越受到重视。

合作能力的培养更多是通过实践活动来进行。高职学生在校读书期间应积极主动参与各项集体活动，加强团队意识，培养自己的合作能力。在团队活动中，学生应处理好以下三个方面的关系。

（1）个体目标与团体目标之间的关系。个体目标是团体目标的一部分，只有每一个个体目标实现了，团体目标才能得以实现，个体要在团体中努力完成分目标。

（2）竞争与合作的关系。团队中也存在合作和竞争，合作是达成最终目标的必要条件，竞争则是团队内部活力的激发点，竞争决不能破坏合作，而是要服从于合作。

（3）有效沟通与坚决执行的关系。团队是一种精神，是一种力量，是大局意识、协作精神和服务精神的集中体现，在现代社会中必不可缺少的。其核心是协同合作。对于团队工作有异议，可以与团队成员进行有效沟通，共同探讨解决问题的办法，但对于已经决定的事情，则要求每个成员不折不扣地去完成。

（七）职业适应能力

职业适应能力，是指大学生有效地应对和顺应职业环境，使个体内部，以及个体与职业环境之间保持平衡与协调的一种状态。职业适应有两种类型：一种是消极适应型，另一种是积极适应型。前者是指个体通过调整自己的态度和改变自己的行为以适应职业环境的要求；后者是指尽最大可能去改变环境使之适合自己的发展需要。作为大学生，走入社会后首先是适应这个职业，然后才能在职业中更好地发展自己。随着国际化、市场化进程的不断深入，国际竞争、企业之间竞争，以及个人之间职业岗位的竞争日趋残酷，职业适应能力的价值日益凸显。职业适应能力主要包括表达能力、人际交往能力、自我展示能力和自立能力，是个体实现社会化的必备能力。

（1）表达能力，是指运用语言阐明自己的观点、意见或思想的能力，包括书面表达和口头表达能力。在职业生活中，个体需要与他人进行有效的沟通，良好的口头表达能力和书面表达能力是最基本的前提。普通话是口头表达的标准语言，每个人都应能流利地、有条理地、准确地将自己的想法表述出来,如面试时自我介绍。书面表达要求能将事实或思想用逻辑性很强的结构表达出来,用词贴切,如自荐信、工作报告等。

（2）人际交往能力,是指妥善处理组织内外关系的能力,包括与周围环境建立广泛联系和对外界信息的吸收、转化能力,以及正确处理上下左右关系的能力。人际交往能力是大学生踏入社会的第一张证书,从找工作面试开始,这一张证书将伴随你的一生,决定着你职业生涯的成败。

（3）自我展示能力,即在求职过程中,展示自我;在工作中,展示自我。通过展示,给自己更多的发展机会。传统总是讲究谦虚,但今天的市场经济社会,过于谦虚不是一种美德,因此,大学生要学会充分表现自我。

（4）自立能力,即在生活上自立,在工作中具有一定的独立性,能独立作决策,独立解决问题。

第三节　职业适应

一、职业适应的阶段

大学尽管从某种意义上讲,已经开始了社会化,但大学校园与社会仍然存在着较大的差异。大学生从校园走向社会,适应新的职业,并非一蹴而就,而是需要一个过渡的过程。这个过程大概可以分为"半职业化"角色适应期和正式角色适应期两个阶段。

（一）"半职业化"角色适应期

"半职业化"角色适应期即毕业实习期。在企业实习期间,高职学生不仅可以进行专业技能的学习锻炼,同时,也可以提前帮助学生培养职业精神,融入职业岗位,适应职业角色。

毕业实习作为高职院校教学实践的重要组成部分,不仅为高职学生提供了提高职业技能、深化专业知识的绝好机会，而且也为学生适应未来职业发展做了提前"热身"。在毕业实习阶段，应注意以下三个方面。

1. 加强与工作岗位有关知识和技能的学习

大学的课程设置总体上偏重于基础知识的学习和基本技能的培养，很少涉及特定岗位所需的专业知识和技能。通过实习阶段的集中学习，可以提升某种特定岗位的职业技能，增强职业认同感和适应性。

2. 进行综合素质能力的训练

与智商相比，情商在一个人的职业发展中发挥着更为重要的作用。在实习阶段，除特定岗位知识与技能的学习外，要加强"观""思""做""交""说""写"能力的锻炼。具体就是要学会如何观察问题、思考问题、解决问题，如何与人交往，如何提升自己的口头表达能力和书面表达能力，这些将是一个职业人走向成功所必备的素质和能力。

3. 进行必要的"受挫"心理准备

过硬的职业技能和良好的综合素质对职业成功固然重要，充分的心理准备更是不可缺少。一般来说，实习阶段大学生会遇到许多困难和挫折，如果心理准备不足，就会产生消极自卑、自暴自弃甚至愤世嫉俗等不良心理。因此，实习阶段经历必要的挫折可以为将来走上职场做充分的"抗挫"准备。

（二）正式角色适应期

正式角色适应期即完成毕业实习，顺利毕业后的岗前培训和试用期。这个阶段一般为3～6个月，相对在校学习阶段和"半职业化"角色适应期，该阶段任务重、压力大，一旦不能尽快适应职业岗位要求，可能面临着自我放弃和被辞退的危险。

一般来说，大学生要在较短的时间内顺利通过试用期的考验，按期成为单位的正式员工，应当从以下三个方面努力。

1. 重视岗前培训

岗前培训是对职场新人进行系统性的岗位职责及岗位知识技能培训，对于职场新人认识、熟悉、适应和驾驭工作相当重要。岗前培训不仅仅是让新员工了解单位的基本情况，熟悉单位规章制度和工作程序，更重要的是通过岗前培训来树立团队观念，培养人际协调能力和爱岗敬业精神。

从某种意义上讲，岗前培训情况可以直接反映出新员工的素质高低，因此，单位都非常重视，并依此择优录用，分配岗位。作为一名职场新人，一定要以认真的态度把握好这样一次充实自己、表现自己和提升自己的良机。事实证明，很多毕业生就是因为在岗前培训期间表现出色而被委以重任。

2. 建立良好的人际关系

在培训试用期间，要尝试建立自己的职业人际圈，本着真诚、热情、谦虚的态度，处理好与上司、同事，以及与业务有关的外部人士的关系，初步建立良好的人际关系。

3. 树立高度的责任心、事业心

态度决定一切，细节决定成败。对于刚刚进入职场的新人，一般都先从最简单的辅助性、基础性工作做起，这也符合人才成长的基本规律。无论工作的大小、职位的高低、工作的轻重，都要以满腔的热情、高度的事业心和责任心踏实认真地对待。唯有做好一件件小事，才可能获得他人的认可。

二、职业适应的原则

1. 爱岗敬业

爱岗敬业是每一个职业人顺利实现职业角色适应，做好本职工作，取得职业成功的基础，也是社会对职业人的基本职业道德要求。唯有在工作中端正态度，甘于吃苦，尽职尽责，踏实肯干，精益求精才能克服工作中的困难，尽快适应工作。

2. 人职匹配

就业前要对自己的性格、特长、爱好、能力，以及专业和需求做全面的认识和评估，对想从事的职业、岗位也要进行深入的了解和评估。只有做到知己知彼，实现个人兴趣、能力与职业要求的匹配，才能充满兴趣和激情地实现职业角色适应，否则将会出现"三天打鱼，两天晒网"的职业倦怠或频繁跳槽现象。

3. 摆正位置

初到职场要对自己的角色合理定位。一方面就业后的角色转换要及时；另一方面就职后根据职业和岗位的要求角色要到位；再者职业角色"不越位"，尽己所能，做好分内工作。

4. 善于学习

一个人在大学期间学习的知识技能毕竟是有限的，面对全新的岗位，还需要从头学起。有经验的上司、同事都是自己学习的榜样和对象，学习他们工作的方式技巧，为人处世的方法，不断提高自己的专业知识、技能，积累工作经验。

三、职业适应的方法

（一）树立良好的第一印象

毕业生新到一个工作单位，往往是同事关注的焦点，因为其他人对新同事缺乏足够的了解，即使是已经接触过的人事部门和个别领导对新人的了解和认识多半也是浅层次的。因此，同事试图通过观察、接触，更多地了解、认识新来者。在大多数情况下，同事不会直截了当地询问打听，一切都有赖于毕业生的自我表现。通常，凭着丰富的社会阅历和敏锐的洞察力，领导和同事通过一定的接触，甚至仅是旁观，就会形成先入为主、拂之不去的"第一印象"。

1. 第一印象的作用

人对他人的认识，是一个以主观为主体的认识过程。某种客观事物最初作用于人的感官，就会刺激人的大脑做出反应，在人的大脑中留下关于这个刺激的痕迹或信息。虽然只是有限、表面的，但人的思维会把这些不完全的信息贯穿起来，从而把对象认识为一个统一的整体，形成一个关于此人的知识水平、文化素养、性格爱好、心理素质等的总体印象，这个印象就是第一印象。心理学研究表明，第一印象在人与人相互认识和交往过程中的作用是十分重要的，主要表现在以下几个方面。

（1）光环作用（也称晕轮效应）。人们在交往过程中，有时只看到一个人某一方面的特点比较突出，从而掩盖了他的其他特点和本质。第一印象容易产生"晕轮效应"，因此要充分重视第一印象，为以后顺利地开展工作创造条件。

（2）定式作用（也称定式效应）。第一印象如何，会对以后的发展形成一个固定的趋势，别人可以据此来决定以后对你的态度。由于第一印象是直接输入、直接处理外界信息的过程，具有很大的感性成分和非理性成分，因此，职场新人需要从步入职场开始就努力树立好第一印象。

2. 如何树立良好的第一印象

刚刚踏上工作岗位的大学毕业生，要想树立良好的第一印象，自身良好的道德品质和文化素养是前提和基础，除此之外，还要注意运用一些实用性技巧，这些技巧有的看似属于细节性问题，但必不可少。

（1）服饰整洁，注重仪表。人们都会比较关注新来的同事，有些人还喜欢评头论足。所以，大学毕业生一定要注意衣着整洁、大方，并与自己的身份相符、与单位的一贯风格相协调。服装不一定要很高档，但一定要保持整洁，而且不能过于怪异。一般来说，着装应考虑工作性质和环境的不同，女性衣着不要过于华丽或浓妆艳抹，以干练、庄重为好；男性应注意定期理发刮须，不宜蓬头垢面，着装一般应以整洁、朴实为好。

（2）举止得体，言谈亲切。初到工作单位，一个人的言谈举止极为重要。对于大学生来说，"骄傲""自卑""拘束""较真"都是刚上班时容易犯的错误，所以一定要注意举止文明、彬彬有礼、落落大方、言谈亲切。到了单位后要礼貌地向大家做简要的自我介绍，然后态度真诚地请教有关工作方面的问题，注意细心观察、区别对待，不要冒失莽撞地大发议论。

（3）虚心好学，不耻下问。新到一个单位，能不能给周围的同事留下良好的第一印象，还得看是否能够虚心好学。虽然是大学毕业生，掌握了不少基础理论和专业知识，比单位里的一些同事学历也要高，但走上工作岗位，必须树立"从零开始"的思想，从一点一滴做起、从小事干起，不能眼高手低、好高骛远。如果在办公室工作，对于接电话、打开水之类的小事也要认真对待；如果在车间工作，也不能轻视擦机器、拖地之类的体力活。要放下架子，不耻下问，不怕吃苦，虚心向老同志和同事学习，向周围有经验的师傅、技术人员和工人学习，因为他们在实践中积累了许多经验，这些都是大学生在课本上学不到的。

（4）遵章守纪，诚实守信。遵守单位的规章制度和纪律、遵守时间、讲求信用，这既是工作中的要求，又是人际交往中的一种美德，同时，也是每个职场人必须具备的基本条件。初到工作单位，要严格遵守单位的规章制度，积极主动地做好自己力所能及的工作，切忌在工作时间懒散、闲谈、长时间电话聊天、上网玩游戏、干私活。在与人交往中，一定要诚实、守信、不失约、不失信。如果没有时间观念、大大咧咧、不遵守纪律，懒散懈怠、消极被动地对待工作，便不可能赢得别人的信赖和尊敬。尽管第一印象具有暂时性、表面性等特征，但是良好的第一印象有助于大学生与单位的同事融为一体，也有助于职业生涯的起步与发展。建立良好的第一印象不是最终目的，这只是第一步，还需要坚持不懈地努力，以良好的品质、正直的为人、出色的工作去建立更深层次的长期印象。

（二）了解新集体

每个人的工作都不一样，有的在国家机关，有的在三资企业，有的到事业单位……但是对每个大学毕业生来说，要更好地融入新的集体，必须首先对新集体有一个全面的了解。这里以公司为例，具体阐明如何了解新集体。

1. 理解公司企业文化

企业文化是一个公司长期以来形成的，具有纲领性和指导作用的一系列精神原则和行为规范的总和。公司的企业文化通常来源于高层领导者的思想和理念，它反映了他们对管理、客户服务、员工的价值和金钱等的观点和想法。也许你在面试时就已经感受到了这些，但真正领会这个公司的理念和做事的原则，还要花上几个月的时间。有时你也会看到，实际的做法并不与公司所倡导的"文化"完全吻合。从长远来看，你的满意度取决于你个人的思想和价值观与对公司的企业文化的认同程度。

2. 学习企业规章制度和"潜规则"

你在员工手册上已经看到了公司成文的规章制度，那么现在，你需要领会的三件事情是：哪些规章制度需要严格遵守？哪些制度没有？公司里不成文的规章制度又是什么？如果你不在意的话，这些"潜规则"会使你在日后的工作中"碰钉子"，并且你永远意识不到你是在犯错误。因此，所有的这些你必须事先弄清楚，而不能靠你的直觉。

3. 掌握初到职场的处事原则

一般来说，刚参加工作，一切都是新环境，为了适应新的环境，应做好以下几个方面的事情。

（1）办公室礼仪很少会写在纸上，尽管这些比实际听起来要重要得多。找出单位里被大家所认可的礼仪和习惯，这对你会很有帮助，否则一旦"出错"，"忽略"不能被视为原谅你的理由。总之，以你希望别人对你的方式来对待别人是不会有错的。

（2）尽快学习业务知识与技能。你必须具备丰富的知识和卓越的能力才能完成工作赋予你的使命。这些更实际的东西与学校所学的大不相同，学校里所学的是书上的理论知识，而工作更多需要的是实践经验。

（3）在预定的时间内完成工作。一项工作从开始到完成，必定有预定的时间，而初入职场的你必须在这个时间内将它完成，绝不可借故拖延，如果你能提前完成，那是再好不过了。

（4）在工作时间内避免"走私"。必须明确不能把丝毫个人的东西带进工作场所，哪怕是拿自家的事情与同事进行闲聊。

4. 执行工作任务要点

（1）上司所指示的事务中，有些事情不需要立刻完成，这时，你就应该从重要的事情着手，但是，要先将应做的事情一一记录下来，以免遗忘。

（2）若无法暂停手头正在进行的工作，在接到上司临时交给的任务时，你要学得灵活一点，应该立即提出，以免误事。

（3）外出收款、取文件或购物时，要问清金额、物品数量和质量等重要细节，然后再去，否则出了差错，后果就担在你的头上了。

（4）在充分了解上司所交代的事情前，一定要问清楚后再进行，决不能自作主张。

（5）离开工作岗位时要收妥资料。有时工作正在进行当中，因为上司召唤、客人来访或其他临时事故要暂时离开座位。碰到这样的情况，即使时间再短促，也必须将桌上的重要文件或资料等收拾妥当。

（三）建立和谐的人际关系

人际关系是人与人之间心理上的距离，是以一定的群体为背景，在互相交往的基础上，经过认识调节、感情体验、行为交往等手段形成的，是人们长期交往的结果。在现代市场经济社会中，衡量一个人素质的标准之一，就是社交能力。如果不擅长交际，不能建立起和谐的人际关系，既有损身心健康，也影响工作的前途。

1. 建立和谐人际关系的意义

在社会生活和工作环境中，和谐的人际关系，使人感到生活在文明、温暖的群体中，可以不断地从中得到锻炼、充实，汲取营养，健康成长。没有良好的人际关系，会使你在社会上"立足不稳"。对于刚刚走上工作岗位的大学生来说，建立和谐的人际关系的意义主要体现在以下几个方面。

（1）消除孤独和陌生感。大学生毕业以后初到新的单位，走进完全陌生的天地，生活和工作环境一下子发生了根本的变化，对身边的同事不了解，对周围的环境不熟悉，一切都感到陌生，因而容易觉得寂寞、孤独。如果大学生一开始就能注意建立和谐的人际关系，尽快与周围的人融为一体，就可以顺利打开局面，融入新的环境。

（2）保持身心健康。有些大学生走上工作岗位后，会出现工作不顺心、心情不愉快、思想包袱沉重的现象，大多是人际关系难以应对造成的。建立和谐的人际关系，可以消除隔阂、增进理解、改变氛围，这有利于促进身心健康，以良好的心境投入工作和生活。

（3）促进工作和生活的顺利进行。和谐的人际关系，可以使人感到工作顺心，生活惬意。当你对工作不熟悉，大家会给你热情指导；工作出现失误，人们会给你理解和安慰；当你在工作中需要同事的配合时，人们也会积极响应；当你生活遇到困难时，人们会给予热心帮助；当你取得成绩时，人们会告诫你戒骄戒躁，继续努力。

2. 建立和谐人际关系的原则和技巧

建立良好的人际关系主要靠什么？具体要注意以下几个方面。

（1）尊重、诚恳与主动。无论是与上级领导相处，还是与同事协调工作，都应该以尊重、诚恳和主动为前提。尊重他人、诚实守信、主动随和、热情助人，会使你受到大家的欢迎和青睐。尤其需要注意的是，每个人难免在工作上出现纰漏，作为下级或同事，关键时刻要帮人一把，要主动地在力所能及的情况下做补救的工作，不可冷眼旁观。

（2）与领导相处，要对他的背景、工作习惯、奋斗目标，以及好恶等都有一定的了解。在与领导交谈时，要用心倾听，真正弄懂领导的意图；在领导做出最后决断之前，应及时提供所有的意见、建议和设想，不能隐瞒情况，以便领导做出正确的决定；一旦领导确定了行动方案，就不应再争论，不要干扰领导的决定；一般情况下，不是大是大非的问题，常常越级报告、当众争辩，都是不成熟的表现。另外，还要注意不要将工作和生活混为一谈。

（3）建立融洽、和谐的同事关系。要以"平等、团结、宽容"为原则。不要卷入是非矛盾之中，不要拉帮结派、搞小团体；与同事工作时，碰到什么困难或疑惑，应主动向同事请教，不必单枪匹马地"创新"；同事之间有了矛盾，最好当面交谈解决、沟通思想、消除误会，避免留下后遗症；另外，过多地亲近一个同事、不合群，以及热衷于探听别人隐私的人在单位里都是不受欢迎的。

在职场里，除业务素质要过硬外，人际关系也是需要悉心经营的。很多年轻人因为不注意细节，导致人际关系方面出现了各种问题，以致影响了职业生涯的发展。与同事可以多谈论一些共同感兴趣的话题，避免无谓的争辩，更不要因出言不逊而伤害彼此的感情，影响和谐相处。这样才能增加交往的广度，建立良好的人际关系。

（四）树立有效的工作态度

任何公司对刚刚参加工作的年轻人都不会在业绩上有过高的要求。但是对于职场新人来说，第一重要的就是要端正自己的工作态度，不管自己对业界了解如何，也无论你的能力是强是弱，态度是第一位的，担任什么职务就得做什么样的事情，要真正把自己看成是职业人而不是学生；你的工作态度要让别人感觉到你是可塑之材，要让别人知道你完全有能力胜任现在的工作，并可以做得更好。那么刚入职场的新人应该树立什么样的工作态度呢？

1. 认真对待老板或上司吩咐的每一份工作

有些人进入职场以后，老想着自己一展宏图大业，对于老板或上司吩咐的工作，如果觉得能够锻炼自己的能力，在自己眼中是大事，就会认认真真地完成；而如果是一些打杂的小事情，就会马马虎虎了事，或者根本就不愿意做。这样的态度对刚进入职场的你是非常有害的。

你觉得用你的能力去干这些工作是大材小用，于是你把这些工作推给别人去做，但是，你就会被认为不服从上司的指挥。也许这些工作确实很琐碎、枯燥，但是也许是上司想让你从头学起、循序渐进，这才是年轻人正确地学习和进步的方法。

同事们会觉得你沾沾自喜、骄傲自大。如果你觉得像收发室的员工、秘书这一类的员工没有任何价值，无关你的前程，那你就大大低估了他们的作用，也许你在不得志的时候，只有他们才是你最可依靠的人。因此，不要小看工作中的小事，尤其对于刚参加工作的你来说，更应该从小事做起，这关系到一个人的工作态度问题。

2. 别让自己的小毛病影响工作

有些刚入职场的年轻人由于在大学期间养成了贪玩的习惯，开始工作后，如果任务没有完成，很有可能还得在晚上或周末加班。加班是非常普通的事情，但有些被"惯坏"了的年轻人，就只想着自己的休息和放松时间，而不管单位的工作进展，这样的态度也是很糟糕的。

很多时候，即使公司的业务没有做完，需要员工加班，老板和上司也不会硬性要求你在晚上或是周末加班的。相反，他们会以温和委婉的方式请求你这样做。千万不要傻乎乎地认为你真有选择的余地。如果你没有什么大的个人问题需要处理，那么最好留下来完成公司的紧急任务。一定要记住，大多数公司都希望你为了工作能牺牲个人时间。

3. 要知难而进不能知难而退

也许会在工作中遇到一些困难而不能按时或按质完成工作任务，面对这样的问题，你是在一开始接受工作的时候就说"这工作我恐怕做不了吧"；还是从一开始就清楚地认识到困难，并虚心向前辈请教，以及把可能遇到的困难想清楚，并向上司说明情况。你既不能因为自己是新手而畏惧困难，也不能不懂装懂不向其他同事请教，也不向上司说明可能遇到的困难，从而使工作不能按时按质完成。

例如，老板或上司没有考虑到你是新手，完成工作的期限可能就定得不合理。这个时候你既要看到按时完成工作的困难，也不能因为有难度而向领导说"恐怕我完成不了"这样的话。你应该明白地向领导讲出自己的困难，要让老板或上司知道你所面临的困难和障碍，无论是需要其他方案的支持、同事之间的合作，还是你缺少处理复杂任务的经验。如果你能及早发出求援信号，老板和同事会关注你的困难，而且他还会给你重新确定期限。如果你面对困难无动于衷，只是一味地等着别人来帮助你，而不积极主动地寻找解决问题的方法，那你很有可能最终不能按时完成任务，而且同时使你陷入麻烦。一定要迎难而上，争取早日赢得老板或上司的信任。在工作中表现一种不求回报、虚心学习、上进心很强的态度。

（五）不断学习，积累经验

每一项工作都有不同的要求。大学生虽然经过专业教育，但学习的知识技能与岗位的要求还有一定的差距，这些都需要在工作中不断学习提升。

1. 勤于学习，认真记录

自己最好准备一个笔记本，对于一些重要的知识，以及重要的计划安排随时记录下来，并对次日的工作安排制订详细的计划。

2. 做一个有心人

对于领导和同事的一些好经验，不妨记录下来并细心研究，工作中做适当取舍并逐步完善，长此以往就成了自己的工作经验。

3. 不断学习新东西

活到老学到老，不断地学习已成为现代人生活和工作不可或缺的一部分。利用网络及时了解社会、行业发展的最新情况，特别是与本专业、本行业有关的新技术，尝试着在工作中进行应用创新，不断积累经验。

（六）生理上适应工作节奏

高职学生步入工作单位，大部分都将在一线工作，甚至进入生产一线，相对大学自由舒适的生活，一些学生难以适应与工人一起工作和生活，三班倒、加班、休息日少是经常的事，甚至认为自己是大学生，却只有农民工的待遇，生理、心理都难以接受。

无论有多少抱怨，现实就是这样。只有真正在生理上适应了工作的要求和节奏，才能真正地适应自己所从事的职业。在适应初始阶段，要尽快调整自己的生活习惯和作息时间，早休息，少熬夜，加强体育锻炼，增强体质，甘于吃苦耐劳，相信别人能做到的事情，自己一定也能习惯并适应。

（七）树立健康工作心态

心态是奠定职业发展的基础，也是职业人适应工作的重要因素。对于刚走出大学校门的大学生，大都有着"海阔凭鱼跃，天高任鸟飞"的远大抱负。但是很多大学生在工作中却表现出对学生角色的依恋、观望等待、消极退缩、苦闷压抑、孤独浮躁等职业适应不良的心理，归根结底还是工作心态的问题。

俗话说解铃还须系铃人，职场新人要想走出职业适应的心理阴霾，主要还是要靠战胜自己，放平心态，树立健康向上的职业心态。

（1）学会自己的事自己做，摆脱依赖心理，做一个坚强独立的自我。部分大学生在学习生活中过分依赖老师、家长甚至同学，一时难以适应全新的工作。要成功适应职业就要不断地给自己打气，即使遇到棘手的事情，也要强迫自己尝试去处理，只有这样才能慢慢摆脱对他人的依赖，逐渐有自己的主见，进而独立自主地开展工作。

（2）适当调节心理预期，做一个平凡而不平庸的人。心理预期过高导致理想与现实之间的巨大差距，这种距离易增加内心的失落感。凡事都要循序渐进，初入职场一定要调整心理预期，自己的职业可以不是很好，但意识到只要把它做好就已经获得了初步成功。工作时学会耐住寂寞，多听、多看、多学、多做，做一个平凡而不平庸的人，相信明天会更好。

（3）虚心学习，做一个内心充实强大的人。对于职场新人来说一定要从基础工作做起，职场的每一种经历都是很好的学习机会，有助于自己的成长。内心越是孤独苦闷、不知所措，就越要放低姿态，向每一位同事虚心学习，努力提升自身的业务技能，只有自己内心得到充实，工作有了出色表现，才能驱除内心的孤独和自卑。

（4）增强自信，转换思路，提升抗挫折的能力。"天生我材必有用，千金散尽还复来。"每个人都有他的价值所在，更何况是一名接受过高等教育的大学生。工作中遇到暂时的困难、挫折都是正常现象，面对挫折要学会找到释放压力的渠道。不妨找个朋友、同事倾诉自己内心的苦闷和困惑，在交流中可以听取别人的意见和建议，寻找解决问题的办法。同时也应看到自己的优势，在肯定自我、总结经验的基础上调整工作方式、方法，尽早走出职场的心理阴霾。

第四节　职业生涯管理

一、职业生涯规划的概念

职业生涯是指一个人终身的职业经历，是以心理开发、生理开发、智力开发、技能开发、伦理开发等人的潜能开发为基础，以工作内容的确定和变化，工作业绩的评价，工资待遇、职称、职务的变动为标志，以满足需求为目标的工作经历和内心体验的经历。

根据职业生涯的性质，美国职业心理学家施恩教授将职业生涯划分为外职业生涯和内职业生涯。他指出外职业生涯指经历一种职业（由教育开始经工作期直到退休）的通路，包括职业的各个阶段：招聘、培训、提拔、解雇、奖罚、退休等。内职业生涯更多地注重于所取得的成功或满足的主观感情，以及工作事务与家庭义务、个人休闲等其他需要的平衡。这种划分对于正确确立职业生涯目标具有重要的意义，特别是对刚刚步入职场或即将步入职场的大学生端正心态、正确定位具有积极的指导价值。

职业生涯规划又称职业生涯设计，是指个人与组织相结合，在对一个人职业生涯的主客观条件进行测定、分析、总结研究的基础上，确定最佳的职业奋斗目标，并为实现这一目标做出行之有效的安排。职业生涯规划首先要对个人特点进行分析，再对所在组织环境和社会环境进行分析，然后根据分析结果制定一个人的事业奋斗目标，选择实现这一事业目标的职业，编制相应的工作、教育和培训的行动计划，并对每一步骤的时间、顺序和方向做出合理的安排。

职业生涯规划包括个人和组织两个方面的职业生涯规划。初次的就业是个人与单位各自按照自己的标准和要求，通过"双向选择"来实现的。这时，个人的职业规划和组织的职业规划是统一的，这是一种理想的结果。如果个人的职业规划和组织的职业规划不协调，就需要一方或双方做出调整。在个人职业规划和组织职业规划中，前者更为重要，因为它是人职业生涯发展的真正动力。

二、职业生涯规划的基本原则

职业生涯规划说到底是一份人生的设计，它的对象是一个大学生自身，其实现的舞台是现实社会。它对于一个人的人生道路来说具有战略性的意义，至关重要。决策正确，则一帆风顺，事业有成；反之，则弯路多多，损失多多，乃至苦恼多多。要制订出科学的职业生涯规划方案，必须在设计时贯彻以下十条原则。

（1）清晰性原则：目标、措施清晰、明确，实现目标的步骤直截了当。

（2）挑战性原则：目标或措施具有挑战性。

（3）变动性原则：目标或措施随着自身和社会实际情况而改变。

（4）一致性原则：主要目标与分目标是否一致；目标与措施是否一致；个人目标与组织发展目标是否一致。

（5）激励性原则：目标是否符合自己的性格、兴趣和特长，是否能对自己产生内在的激励作用。

（6）合作性原则：个人目标与他人目标是否具有合作性与协调性。

（7）全程原则：拟定生涯规划时必须考虑生涯发展的整个历程，做全程的考虑。

（8）具体原则：职业生涯各个阶段的路线划分与安排，必须具体可行。

（9）实际原则：实现生涯目标的途径很多，在做设计时必须考虑到自己的特质、社会环境、组织环境，以及其他相关的因素，选择切实可行的途径。

（10）可评量原则：设计应有明确的时间限制或标准，以便评量、检查，使自己随时掌握执行状况，并为设计的修正提供参考依据。

三、职业生涯规划的步骤

系统的职业生涯规划包括以下五个步骤，即自我探索、环境探索、确立目标、制定与实施行动方案和反馈评估。

（一）自我探索

自我探索即审视自我。审视自我的内容主要是与个人相关的所有因素，包括性格、兴趣、能力及价值观等。自我探索的过程即"知己"的过程。大学生在这个过程中需要弄清楚自己是谁、自己想要做什么、自己能做什么。审视自我是个人职业生涯规划的第一步，它是个人职业生涯规划的基础，也是能否获得可行的规划方案的前提。在以前做过的大学生职业生涯规划调查中发现：缺乏对自我的了解和认知是一个普遍存在的现象。大学生要进行职业生涯规划，必须对自己的各方面情况有一个清晰的了解和准确的定位。

（二）环境探索

环境探索即外部环境分析。外部环境包括社会环境、政治环境、经济环境、组织环境、职业环境及自己与环境的关系等。通过对外部环境的分析，进一步根据外部环境调整自己，以适应环境对个人的要求。外部环境分析即是"知彼"的过程。

（三）确立目标

确立目标是职业生涯规划的核心。因为制订个人职业生涯规划就是为了实现某种职业目标，进而获得自己的理想生活。确立的职业目标，可以是人生规划也可以是长期目标、中期目标或短期目标。通常，大学生在确立自己的发展目标时，一定要避免确立不切实际的目标或者所确定的目标过空、过于容易实现。

（四）制定与实施行动方案

行动方案的制定与实施就是制定职业生涯规划。职业生涯规划是为了实现职业生涯目标而制订的行动计划。方案制定与实施是职业生涯规划的关键。大学生一旦确立了职业生涯目标，就要制定相应的行动方案来予以执行。如果没有切实可行的执行方案，没有严格有效的执行措施，再美好的目标，也将是镜中花、水中月，难以实现。

（五）反馈评估

反馈评估就是根据主客观条件的变化，及时针对规划的目标和行动方案做出调整，从而保证制定的方案不偏离自己确立的目标方向。

一份完整的职业生涯规划一般应包括下面 10 项内容。

（1）题目。题目包括姓名、年限、年龄跨度、起止日期。

（2）职业方向及总体目标。职业方向及总体目标是指从业方向和当前可以预见的最长远目标。

（3）社会环境分析。社会环境分析包括对政治环境、经济环境、法律环境以及职业环境的分析。

（4）企业（组织）分析结果。企业（组织）分析结果包括对行业、企业制度（组织制度）、企业文化（组织文化）、领导人、企业产品和服务、发展领域等的分析。

（5）自身条件及潜力测试评估。自身条件及潜力测试评估包括了解自己的目前状况和发展潜能。

（6）角色及其建议。角色及其建议是指记录对自己职业生涯影响最大的一些人如父母、老师、领导等的建议。

（7）目标分解及组合。分析实现目标的主要影响因素，通过目标分解和目标组合的方法做出果断明确的目标选择。

（8）成功的标准。确定对自己而言什么是成功，自己要实现的目标是什么。

（9）差距。差距即自身的现实情况与实现目标要求之间的差距。

（10）缩小差距的方法及实施方案。

四、职业生涯的六个阶段

人的职业生涯大体可以分为以下六个阶段。

（1）职业准备阶段（从 14～15 岁开始，延续到 18～22 岁，读研究生则延续到 25～28 岁）。这是一个人就业前学习专业、职业知识和技能的时期，也是素质形成的主要时期。但对于这个职业生涯的起点，许多人是盲目的，甚至是由别人（通常是家长或老师）代替决定的。

（2）职业选择阶段（集中在从 17～18 岁到 30 岁以前）。这一阶段的主要特征是从学校走上工作岗位，是人生事业发展的起点。在这一时期，人们要根据社会需要和自己本身的素质及愿望做出职业选择，走上工作岗位。这是职业生涯的关键一步。如果选择失误，将导致职业生涯的不顺利，或是浪费时间后再次选择，还可能是顾此失彼丢掉其他的工作机会。

如何起步直接关系到今后的成败。一个人为了找到最适合自己的职业，可能要经历几次选择和磨合。可以多进行一些职业方面的尝试、探索，熟悉适应组织环境，熟悉工作内容并有初步的开创性成果。发展和展示个人专长，积累知识能力，学会与他人沟通协作，获得认可。所有这些目标都需要通过学习过程来逐步实现。因此，这一阶段的规划策略方案也应当围绕学习这个主题来进行。可具体分解到以何种形式来学习知识，重返校园还是参加培训，学习的内容是什么，达到怎样的标准，以及能力提高的具体途径等。

（3）工作初期——职业适应阶段（在就业后 1～2 年）。这一时期是对走上工作岗位人的素质检验。具备岗位要求素质的人能够顺利适应某一职业；素质较差或不能满足职业要求的人，则需要通过培训教育来达到职业要求；自身的职业能力、人格特点等素质与工作岗位要求差距较大者难以与职业要求相适应，则需要重新选择职业；而个人素质超过岗位要求、个人兴趣与现职业类别很不相符者，也可能重新对职业进行选择。

（4）工作中期——职业稳定阶段（从20～30岁开始，延续到45～50岁）。这一时期是人的职业生涯的主体。一般是在人的成年、壮年时期，而且占人的生命过程的绝大部分时间。这一阶段可能存在诸如发展稳定、遭遇发展"瓶颈"、面临中年危机、取得阶段成功等不同情况。对于大部分人来说，这一阶段应该致力于某一领域的深入发展，求得升迁和专精。它不仅是劳动效果最好的时期，也是人们担负繁重家庭责任的时期。一个人除非有特别的才干和抱负，40岁应该是职业锚扎根的时候，不宜再更换职业。因此，成年人往往倾向于稳定的某种职业甚至特定的岗位。一般这时的个人精力也不允许像大学生那样上学深造，适合的充电方式只有短期培训和实践积累。即使真的处于职业生涯的瓶颈口和转折点，需要重新调整职业和修订自己的目标，也应在45岁以前完成。在职业稳定期，如果从业者的素质能够得到发展和提高，潜力得以体现，就可能抓住机会逐步取得成果，成为某一领域的出色人才，得到晋升并获得职业生涯的成功。因此，处在这一阶段的职业生涯策略应重点围绕扩大工作视野，传、帮、带新人和提升领导（指导）能力来进行。

（5）工作后期——职业衰退阶段（从45～50岁开始，延续到55～60岁）。这一时期，人开始步入老年。由于生理条件的变化，能力缓慢减退，心理需求逐步降低而求稳妥维持现状。一般来说，处在这一阶段上升的空间已经很小，就该规划退休前全身而退的策略以及退休后的目标转移方案。

也有一些老年人，智力并没有减退，而知识、经验还呈现越来越丰富的现象（有学者称之为"晶态智力"），这种晶态智力的发挥，能够使他们的素质进一步提高，出现第二次创造高峰，直至巅峰。这些人往往是所从事职业领域里的专家权威或专业方面的学术带头人。

（6）职业结束阶段，是人们由于年老或其他原因结束职业生活历程的短暂过渡时期。对于个人而言，职业稳定与适合是非常重要的。

在上述六个阶段中，"职业稳定阶段"最长，"选择阶段"最为关键，其间的"准备阶段"在一定程度上决定着选择方向与稳定性。

五、职业生涯设计要注意的问题

（一）根据社会需求进行职业生涯设计

选择职业作为一种社会活动必定受到一定的社会制约，任何人选择职业的自由都是相对的、有条件的。如果择业脱离社会需要，他将很难被社会接纳。高职毕业生求职时要注意个人利益与社会利益要统一，个人愿望与社会需要要有机结合。所以，高职毕业生在职业生涯设计时，应积极把握社会人才需求的动向，将社会需要作为出发点和归宿，以社会对个人的要求为准绳。既要看到眼前的利益，又要考虑长远的发展；既要考虑个人的因素，也要自觉服从社会需要。

（二）根据所学专业进行职业生涯设计

高职学生经过一定的专业训练，具有某一专业的知识和技能，这是其优势所在。高职学生都有自己的专业，每个专业都有一定的培养目标和就业方向，这就是高职学生职业生涯设计的基本依据。用人单位对毕业生的需求，一般先选择的是高职毕业生某专业方面的特长，高职毕业生迈入社会后的贡献，主要靠运用所学的专业知识来实现。如果职业生涯设计离开了所学专业，无形当中增加了许多"补课"负担，个人的价值就难以实现。需要强调的是，高职学生对所学的专业知识要精深、广博，除了要掌握宽厚的基础知识和精深的专业知识外，还要拓宽专业知识面，掌握或了解与本专业相关、相近的若干专业知识和技术。

（三）根据个人兴趣与能力特长进行职业生涯设计

职业生涯设计要与自己的性格、气质、兴趣、能力特长等方面相结合，充分发挥自己的优势，扬长避短，体现人尽其才、才尽其用的要求。高职学生职业生涯设计时应适当考虑自己的兴趣与爱好。如果一个人对某种工作产生兴趣，他在工作中就会具有高度的自觉性和积极性，在工作中做出成就。但兴趣爱好也并不是总起着正向的驱动作用。如有的高职学生对什么都感兴趣，但没有形成自我特色；有的高职学生兴趣面太窄，不能形成优势；有的高职学生兴趣与所学专业不一致等，这就给职业生涯设计的高职学生带来了困惑。这就要求高职学生在职业生涯设计时，对自己的兴趣有一个客观的分析，对自己的兴趣爱好进行重新培养和调整。任何一种职业都需要具备一定的能力，不同的职业有不同的能力要求。能力特长对职业的选择起着筛选作用，是求职择业，以及事业成功的重要保证。

需要提醒的是，知识多、学历高不一定能力强，高职学生切不可把学习成绩作为评价能力高低的唯一尺度。高职学生应对自己的能力特长有一个正确的自我认知和评价，并根据自己的真才实学和能力特长进行职业生涯设计。

六、职业生涯规划的设计目标

（一）确定职业目标

1. 确定职业目标的作用

从生活经验中能感觉到一个人有目标，生活、工作会充实一些，而一个人没有目标，则显得懒散，时间也容易浪费掉，也不容易取得成功。这只是对周围其他人的一个观察，一种直觉。美国哈佛大学在目标对人生影响方面有一个非常著名的调查，它对年轻人进行了 25 年的跟踪调查和研究，调查结果发现，3%的人有清晰的且长期的目标；10%的人有清晰的且短期的目标；60%的人有模糊目标；27%的人没有目标。

25 年来跟踪调查和研究结果发现他们的生涯状况及分布现象十分有意思。那些占 3%的有清晰且长期的目标的人，25 年来几乎不曾改变过自己的人生目标，他们朝着一个方向不懈努力，25 年后，他们几乎都成了社会各界的顶尖成功人士，其中不乏白手创业者、行业领袖、社会精英。

那些占10%的有清晰而短期目标的人，职业生涯大都在社会的中上层，他们的共同特点是那些短期目标不断被达到，生涯状态稳步上升，成为各行各业的不可或缺的专业人士，如医生、律师、工程师、高级主管等。

那些占60%的模糊目标者，几乎都生活在社会的中下层面，他们能安稳地生活、与世隔绝地工作，但没有什么特别的成绩。

剩下的27%，那些25年来没有目标的人群，25年来他们几乎都生活在社会的最底层，他们的生活都过得很不如意，常常失业，靠社会救济生活，常常在抱怨他人、抱怨社会、抱怨世界。

调查者因此得出结论：目标对人生有巨大的导向作用。

哈佛大学的这个跟踪调查印证了这种生活经验，而且更精细、更准确，对我国的大学生有强烈的启示作用。如果大学生对未来的职业发展心中有一个目标，这会促使他在每一天的学习和工作中，都在为这个目标积累资源，创造条件。平常说的学习目的明确其实就是这个意思，怎样才能让大学时光度过得更有意义呢？这个问题也是涉及"目标"，即是说人们认为"有意义"是个什么样子。肯定心中要有目标，才能谈意义，目标是行动的导航灯，指向努力的方向；目标能引导人发挥巨大的潜能。人要发挥潜能，就要全神贯注于自己优势的方向，以获得最快的高回报或高成果。

2. 确定职业目标的原则

前面讲到，确定职业目标很重要，但怎样来确定职业目标是一件颇为困难的事，因此先谈一下确定职业目标应遵循哪些原则。

第一个原则是时间性原则，也就是说我们规划职业生涯要考虑到一定的时间长度，甚至是长时段。较常见的是分为短期目标、中期目标、长期目标。这样分段，有利于实施，也有利于信心的增强。

第二个原则是可行性原则，所设立的职业目标要与本人的情况及当时所处的社会环境接近，通过努力，目标是可以实现的。

第三个原则是适应性原则，职业目标要具有弹性或缓冲地带，能随环境的变化而做调整。

3. 实现目标的途径

确定了职业目标后，接下来需要考虑的便是怎样来实现这个目标，一般来说，大学生职业生涯会跨越人生的几个阶段，如青年阶段、中年阶段甚至老年阶段。在这样一个时间段来实现自己的职业目标，也会是一个阶段、一个阶段地走。因而，谈实现目标的途径一般是将目标分解。例如，可以用图 8-1 来表示每一个阶段，明确职业目标是什么。

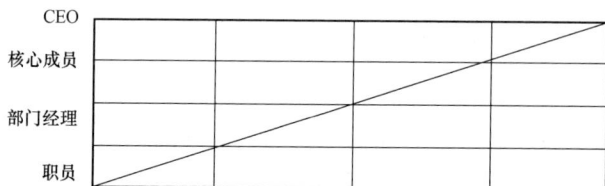

图 8-1　实现目标的途径

目标分解是将目标浅析化、具体化，是将目标量化成可操作的实施方案的有效手段。下面介绍两种常用的职业目标分解的方法。

第一种是按性质分解。如同硬币有两面一样，一个职业也有内职业目标和外职业目标两个方面。内职业目标指的是知识、经验、观念、心理素质、内心感受等。这些因素不是靠别人赐予的，而是通过努力自己获得、自己掌握的，而且一旦获得后别人不能从你的头脑中拿走。因此，内职业生涯目标的各个因素就是自己的无价之宝，或如俗话所说，"是吃饭的本钱"。外职业目标指的是工作地点、工作内容、职务、工作环境、经济收入等。这些因素多数是别人给予的，尤其在职业生涯的初期。第二种是按时间分解。考虑到职业生涯的复杂性，可分解为阶段目标和最终目标。阶段目标又可分解为近期目标、短期目标、中期目标、长期目标等。之所以做这么细致的区分，是因为在职业生涯中，个人能力、水平、价值等是慢慢积累的，经验和能力的获得是不断通过工作获得的，也是不断通过工作来证明的。

（二）制订行动计划

有了目标与方案，接下来就要制订一个详细的周密的行动计划。比尔·盖茨曾说："一个极致的成功计划，一定是像排兵布阵一样，周密而细致，切实而具体，因为它是减少做无用功的第一步。"一般可将行动计划分为近期计划、短期计划、中期计划、长期计划和总体计划。

（1）近期计划主要是指在大学期间从专业学习、社会活动、学生组织活动、专项技能（如外语能力、计算机能力）的提高等方面充分利用大学的良好环境充实自己，为以后的职业生涯打下坚实的基础。

（2）短期计划主要是毕业后五年左右的时间,怎样在自己职业生涯的初期充分学习,尽最大可能积累职业经验,以及怎样在职场环境中处理人际关系,特别是团队精神的培养。计划中要有一些明确的目标,以及怎样实现这些目标的方案。

（3）中期计划主要是指毕业后两年以上的时间,在有一定经验或工作能力后,怎样对待升迁、婚姻、家庭、子女教育。

（4）长期计划主要指二十年以上的时间,这时除对家庭、事业等因素考虑外,还要考虑到事业的繁荣和发展或转型等。

（5）总体计划是指一个人怎样为自己的一生定位。譬如爱好美食,心中想的是做一个大厨师,崇拜的对象也是历史上那些伟大的厨师。又比如有人希望从事科学研究,将毕生献身于科学,心中崇拜像爱因斯坦那样的大科学家,也希望自己能像爱因斯坦一样,在自己的学科里起到很重要的推动作用。

相关案例

东汉末年,群雄逐鹿,人杰辈出!与绝大多数怀才不遇者的思维定式相反:长期隐居南阳草庐的诸葛亮一出山就投靠了当时最为势单力薄的刘备集团并终生为其奔走效力。在为刘备集团做出杰出贡献的基础上，诸葛亮实现了个人事业的成功——这归根结底取决于诸葛亮近乎圆满的职业选择策划。

诸葛亮的个人职业发展定位非常清晰。他自幼胸怀大志，始终以春秋战国时期两位著名的最高参谋管仲、乐毅为个人楷模，立誓要成为他所处时代中杰出的"谋略大师"，为光复汉室贡献力量；同时，诸葛亮也非常清楚：他自己长期积累的才干已具备了实现职业目标的可能。

从应聘对象选择上看，诸葛亮也独具慧眼：曹操已经统一了半个中国，实力雄厚，最有资格挑战全国统治权；孙权只求偏安自保；而势力最为弱小的刘备集团却具备快速成长，与曹操、孙权三足鼎立乃至在此基础上一统天下的可能性。原因在于：第一，刘备始终坚持光复汉室的理想并在全国赢得了相当一批支持者——这与诸葛亮的个人价值观相吻合；第二，刘备品性坚韧顽强，敢于与任何强大的敌人对抗；第三，刘备待人宽厚谦和，团队凝聚力超强；第四，刘备是汉朝皇族后裔，具备名正言顺继承"大统"的资格——以上条件恰恰是刘备增值潜力最大的资源且其他诸侯很难模仿、替代。另外，还有一个非常重要的原因：到赤壁之战前夕，曹操和孙权两大集团都已人才济济、颇具规模，诸葛亮若去投奔，最多也只能成为一名"中层管理人员"；而刘备集团当时主要由一些武将构成，高级参谋人才奇缺，诸葛亮完全有可能被破格提拔进入最高领导层。

在应聘准备和应聘实施方面，诸葛亮更是做得登峰造极！在个人推销方面，诸葛亮通过躬耕陇亩给外界留下踏实肯干的印象；同时，他还自作了一篇《梁父吟》，含蓄地表明心志；此外，诸葛亮在与外人言谈中每每自比管仲、乐毅，一方面宣传了个人的卓越才华；另一方面也表明了他对"和谐双赢"的君臣关系的向往——诸葛亮个人才能和求职意向等重要信息最终通过各种渠道传递到了刘备那里。在应聘临场发挥方面，诸葛亮在完全私密的"隆中对"时，通过逻辑严谨的精彩表述充分展现了个人对国内军事、政治形势以及刘备集团未来发展战略的全面深入思考，令刘备对这个 27 岁的年轻人大为叹服。此后，刘备始终待诸葛亮为上宾，全部重大决策都要与其共同协商探讨，甚至在临终之时还有托孤让位之举。诸葛亮也始终对刘备忠诚一心，鞠躬尽瘁！深厚的君臣情谊是刘备集团后来事业蓬勃发展，最终与曹操、孙权三足鼎立的重要因素，并传为千古佳话。

　　诸葛亮是昔日乱世中的一个孤儿，若非正确的职业选择助力，很可能就淹没在历史的尘埃之中，永不为人所知。但积极进取且颇有心计的诸葛亮通过在职业选择上的完美谋划，彻底改变了自己的命运。

第九章
培养良好的职业道德

职业道德不仅对个人的生存和发展有着重要的作用和价值，而且与企业的兴旺发达甚至生死存亡密切相关。职工若具有良好的职业道德，不仅有利于协调职工之间、职工与领导之间、职工与企业之间的关系，增强企业的凝聚力，而且有利于企业的科技创新，降低产品成本，提高产品和服务质量，从而有利于树立良好的企业形象，提高产品的市场竞争力。

第一节　职业道德概述

职业道德是从业人员在职业活动中应遵守的行为准则，涵盖了从业人员与服务对象、职业与员工、职业与职业之间的关系，是各行各业职业岗位对从业者职业行为的客观要求，是从业者取得事业成功的重要保证。随着人类实践活动的不断开拓和扩展，社会分工越来越细，职业道德也随之被赋予了新的内涵。

一、职业道德的含义

职业道德是指在职业范围内形成的比较稳定的道德观念、行为规范和习俗的总和。它是社会道德在社会职业生活领域中的具体化和特殊化。它包括职业观念、职业情感、职业理想、职业态度、职业技能、职业良心、职业作风等多方面的内容，是调节职业内部人员之间的关系，以及职业与社会各方面关系的行为准则，是评价从业人员的职业行为善恶、荣辱的标准，对该行业的从业人员具有特殊的约束力。职业道德不仅是从业人员在职业活动中的行为标准和要求，也是从业人员对社会应当承担的道德责任和义务。

二、职业道德的特点

职业道德作为一种特殊的社会道德领域和行为调节方式，通过规定各种职业活动应尽的责任和义务，维持着各种职业活动的正常进行，保证了各行各业与整个社会的正常联系。虽然不同职业的职业道德有很大区别，但从总体来看，各行各业的职业道德也存在许多共同的特征。了解这些共同的特征，有利于加深对职业道德领域的认识和理解。

（一）稳定性

职业道德可以超越不同的社会形态长期保留下来，具有世代相传的稳定性特点，即使在不同的社会形态中，同一职业也总有大体一致的特定的利益和义务，有一定的活动内容和经营方式，有自身的服务对象和服务手段。只要这一职业继续存在，这种职业就要求与该职业相适应的职业道德的存在并与之相结合，使长期从事某种职业的人们逐渐形成某种比较稳定的职业心理和职业习惯。

（二）继承性

职业道德的继承性是指人类在不断的职业实践中产生了对职业的道德需求，并在职业活动中逐渐发展完善职业道德，使之适应不同社会生产生活的发展。职业道德的继承性是以稳定性为前提的。它作为一种意识形态，从属于一定的社会道德，具有一般社会道德的特点，靠社会舆论、风俗习惯、内心信念来维持和贯彻。职业道德随着经济关系的变化而变化，是对一定社会经济基础的反映，受该时期占主导地位的社会公德的影响，同时又是对历史上职业道德的继承和发展。

（三）多样性

社会分工的多样性，决定了职业道德的多样性。可以说，有多少种分工就有多少种职业道德。虽然道德的基本精神在最高的理论层次上，是可以相通的，但不同的职业均有不同的职业道德标准。军人的职业道德是无条件服从命令，有勇往直前的杀敌精神，以及宁死于战场也不临阵脱逃或举手投降的英雄气概。医生的道德在于全心全意救死扶伤。一个科学家的职业道德是无论其具有怎样的集体主义和协作精神，也没有必要把服从命令摆在第一位，即所谓"不唯上，不唯书，只唯实"。这就是说，职业道德在不同职业之间既有相通的时代精神，又有互不相关的具体内容和要求。

（四）具体性

职业道德同人们的职业活动相联系，它具有明显、具体的职业特征。随着具体职业活动的复杂化，职业道德的规范和内容也逐渐丰富和发展了起来。它的观念、原则、规范和习俗，是由各种职业的具体利益和要求、具体的业务内容和特点所决定的，并在各种职业生活实践中不断发展。可见，职业道德是为适应各种职业活动的内容与交往形式的要求而形成的，因此，在反映形式和表现方式上往往比较具体。同时各种职业团体对从业人员的道德要求，也总是从本职业的活动、交往的内容和方式出发，适应于本职业活动的客观环境和具体条件，这就决定了职业道德须具有具体性。

（五）实践性

职业道德的实践性，主要表现在它与其所从事的职业本身的内容是密不可分的，离开具体的职业就没有职业道德可言。道德均有实践性特点，但职业道德的实践性特点显得特别鲜明、彻底和典型。其根据是从职业道德接受者的情况看，没有直接参加社会实践的人也可以进行道德教育，如对于儿童的道德教育。当然，这种所谓没有参加社会实践活动也不是绝对的，主要是指尚未在社会生活中取得独立地位。而职业道德对与所从事职业无关的人来说，就毫无价值，而且也根本无法进行宣传和教育，接受者也就很难真正弄清道德的作用和具体含义。从职业道德的应用角度来考虑，如没有置身于职业实践中，无论有多么美好的愿望和多么惊人的接受能力，对于职业道德的规范和内容都将无从做起。

（六）规范性

不论什么道德都是通过道德原则、道德规范这些内容具体地体现出来的。而职业道德既受一般的社会关系的制约，又与具体的职业相联系，所以职业道德的行为规范性还表现在人们对一般道德规范的了解和理解上，同时又有比较大的弹性。例如，对于很多礼节，你可以详尽地了解，但不一定用得上。但凡职业道德的内容都要求从业人员一定要知之甚详，并且照着去做。这些道德内容，一般都是用合同、店规、厂纪或者从业人员守则的方式体现出来的。实际上，这种规范性，一方面表达了道德的意志和要求；另一方面也具有某些法律方面的性质和特点。比如，一个人喝醉了酒，在家里摔盆摔碗，大耍酒疯，不过是酒后无德的表现，最多会受到道德和舆论的谴责，而无须受到法律的制裁；但如果他喝醉了酒，影响和妨碍了自己所从事职业的正常活动，那么他的行为就违背了职业道德，要受到处罚。

三、职业道德的基本范畴

职业道德的基本范畴是由反映和概括职业道德现象的一些基本观念所组成的，即只要是反映和概括职业道德现象的特性、方面和关系的基本概念，都可以视为职业道德规范的范畴。从业人员可以借助各种职业道德范畴，使职业道德原则和规范转化为内在的道德要求，进而形成比较完整的职业道德体系。职业道德范畴对大学生认识职业道德关系、确立职业道德信念、调整职业行为、追求职业理想，有着十分重要的意义。

职业道德的范畴包括很多，如职业义务、职业理想、职业良心、职业态度、职业荣誉、职业纪律、职业公正、职业责任、职业作风和职业尊严等。

（一）职业认知层次中的职业态度和职业纪律

1. 职业态度

职业态度就是一个人对某种特定职业的主观评价和相对比较稳定持久的肯定或否定的心理反应倾向。一般而言，它包括工作取向、职业选择的方法、职业选择过程中的观念及独立决策能力等。职业态度一旦形成就会直接影响人们的职业认识和判断，并最终成为一个人性格的组成部分，从而影响一个人的职业情操，以及职业意识与职业表现。所以，职业道德是建立在职业态度上的。因此，没有良好的职业态度，就不可能对自己的职业表现出高度的责任感。

影响职业态度的因素：个人的兴趣、能力、抱负、价值观、人生观和自我期望等自我因素；职业市场的需求、薪水待遇、工作环境、发展机会等职业因素；家庭背景、父母的社会地位及期望等家庭因素；社会地位、社会期望、同事关系等社会因素。可见，职业态度的形成，不仅是自身经验累积的结果，也是社会要求等一切外在环境相互作用、相互影响的结果。但这种结果的形成并非一蹴而就，而是要经过"认知—同化—内化"这样一个长期的过程，这就需要在实践中高度重视职业态度的培养和塑造。在实践中，职业态度有两种不同的性质，即正向的职业态度和负向的职业态度。积极的强化会形成正向的职业态度，而消极的强化则会形成负向的职业态度。

2. 职业纪律

职业纪律是从业的基本约束，职业纪律作为行为规范，规范人们可以做什么，不可以做什么。不论何种职业，都要求有相应的纪律约束，它是实现职业道德的一种带有强制性的调解机制，也是任何社会共同体内的成员进行合作性工作的最基本的条件。遵守职业纪律是最基本的职业道德规定，纪律的意义在于使目标的实现得到保障。职业纪律的本质特征就在于它具有高度的自觉性和深刻的道德意义。这是因为从业者在履行职业责任的初级阶段是依靠职业纪律来强制执行的，但随着职业纪律的逐渐内化，职业纪律就会由外在的强制力转化为从业者内在的约束力。因此，职业纪律在具有强制性的同时，还具有高度的自觉性和深刻的道德意义。在当前的改革中，职业纪律正以其独特的形式，调整着改革过程中各种复杂关系，它是推动现代化事业前进的主要动力和道德力量。所以，每一位职业劳动者都应成为遵守纪律的模范。

上述的职业态度和职业纪律都属认知自律，它是道德主体的自我监督和自我约束。它能通过自我反省、自我评价、自我检点来净化人格心灵，培养良好的道德品质和理想境界，从而调节和控制自己的职业行为，使之符合社会需要。现代社会中，要规范和约束人们的行为，除他律外，还必须有职业自律，且自律更为重要。一个社会职业自律的意识越强，力度越大，这个社会的秩序就越好，社会经济及社会发展也就会越快。

（二）职业情操层次上的职业良心和职业责任

职业情操不同于一般的职业情感，它是道德感与美感的高度统一，是道德与智慧的高度统一。从心理学角度看，它是人对具有一定文化价值或社会意义的事物所产生的复合情感，是围绕某一事物或某一对象而产生的多种情感的复合体，故又称作高级情感。职业情操一般不表现为一时冲动，也不随短暂的刺激产生或消失，而表现为润物细无声般的理智和持久的情感。在职业情操中，职业良心和职业责任占据着相当重要的位置。

1. 职业良心

职业良心是职业道德原则和规范在个人内心的动机、信念和情感上的集中表现，是职业道德在从业者主观精神中存在的最高形式，是在其遵守职业纪律、职业道德规范、履行职业义务的基础上形成的。职业良心表现为对本职工作的责任感、对职业对象的同情感、对职业行为的是非感、对正确行为的荣誉感及对错误行为的羞愧感。

在人们的道德生活中，职业良心不仅能够使人们表现出强烈的道德责任感，而且能够使人们依据一定的道德原则和规范自觉地选择和决定行为，从而成为人们巨大的精神动力。职业良心贯穿于职业活动的始终。在职业活动前，它是职业行为选择的指导者；在职业活动中，它是职业行为的监督和调节者；在职业活动后，它是对职业行为进行内在审判的"法官"。职业良心左右着人们职业道德的各个方面，贯穿于职业行为过程的各个阶段。职业良心无论是对社会的健康发展还是对个体的道德生活都有着极其重大的意义。职业良心取决于从业者在劳动中培养起来的职业责任感和道德觉悟。因此，增强职业良心，关键在于使每个劳动者都牢固地树立起对所从事职业的高度负责精神。

2. 职业责任

职业责任是指各行业和行业成员为了维护行业和职业的合法权益而对社会、公众、事业负有的一定使命、职责和任务。职业责任已成为一个人乃至一个企业和整个社会应具备的最基本的品质。由于职业活动是人类最基本的实践活动，一个人的人生价值、兴趣取决于他生活目标的确立和生活道路的选择，而且更要在他履行自己的职业责任和义务中得到验证并实现。因此，职业责任已成为人们职业生活的指南，是人生观、价值观的重要组成部分，是道德建设的基石。

职业责任包含两个方面的重要内容。一方面，从业者对自己从事的职业所肩负的职责和应尽的义务。个人的责任是由自己而不是别人强迫而产生的责任意识，它要求自己要对自己负责。对集体的责任是从业者对自己供职的单位所承担的职责和义务，它包含了职业场所和职业行为本身的客观规定，也凝结了劳动者对供职单位的关注。此外，任何一种职业都是社会的组成部分，而每一种职业的具体工作都要由从业者来操作完成，社会正是这样通过分工把各种职业的社会责任和义务赋予每个职业劳动者的。因而，每个从业者必须明白自己所从事的职业与社会之间的关系，从而认清自身所肩负的社会责任。另一方面，从业者对自己从事的职业所应该承担的后果和责任。每一种职业都有相关的法律规范和职业道德规范来规定从业者的职业行为，以及应承担的责任。职业责任的承担形式主要有道德责任、纪律责任、行政责任、民事责任和刑事责任 5 种。

（三）职业使命层次上的职业理想和职业荣誉

1. 职业理想

职业理想是个体的理想总结构中的一部分，是沟通社会政治理想、道德理想和个人生活理想的基础。由于思想决定了行动，因此，职业理想对一个人一生价值实现的大小起着决定作用。职业理想不仅决定了人的发展方向，而且会使人在明确了奋斗目标后，给人动力、鼓舞和支持。职业理想是引领人们奋然前行的旗帜和号角，有了崇高的职业理想，可以使人勇往直前、百折不挠、无怨无悔、矢志不渝，并进而做出卓越成就。

职业理想的形成有一个过程，且受内外、主客观环境的影响：在形成自己的职业理想时，一般应考虑下述条件：一是正确地评价自己的职业理想，客观地看待社会发展条件是否允许个人实现职业理想；二是热爱自己的祖国，热爱自己的家乡。当你从心底里建立起这两个热爱时，你就会把个人的理想与平凡的职业联系在一起，有了这样的职业理想才会脚踏实地。还要把生活看作是一个劳动的过程。当确立依靠自己的劳动创造自己的未来时，就会使自己的职业理想建立在一个客观的现实基础上努力创造条件，不断追求，使职业理想不断升华，人生才会更光彩。在现在的社会转型期出现了道德理想目标丧失和道德失范，道德情感的麻木、困惑、缺失，道德生活动力的欠缺或扭曲，道德人格分裂等现象。

2. 职业荣誉

职业荣誉是指对职业行为的社会价值所作出的客观评价和正确的主观认识。它包括两方面内容：一是社会用以评价劳动者行为的社会价值的尺度；

二是劳动者对自己的职业活动所具有的社会价值的自我意识。职业荣誉包含的两个方面，是相互联系、相互影响的。从主观方面看，职业荣誉能使一个人自觉地按照客观要求的尺度去履行义务。从客观方面来看，职业荣誉是对一个人履行义务的德行和贡献的评价，是职业行为的价值体现和价值尺度，职业荣誉是职业道德的基本范畴之一。它的本质是以所处的一定社会历史条件和社会职业道德关系为基础，是一定社会现存的职业道德关系的概括和反映。职业荣誉是人们的主观意识，所以它不是抽象、永恒的，而是具体、历史的。它不仅受特定的社会价值尺度和职业生活的影响，而且受人们的世界观和人生观的制约，并通过个人的职业行为在其职业活动中表现出来。

第二节　职业道德基本规范

职业道德基本规范是介于职业道德的核心规范与具体行业道德规范之间的职业行为准则。它是对各行各业职业道德共同本质的概括和反映，是调整各行各业之间、从业人员之间、各行各业与从业人员之间相互关系所必须遵循的共同的基本要求，是各行各业从业人员在职业活动中都应该遵循的普遍准绳。职业道德的基本规范包括爱岗敬业、诚实守信、办事公道、服务群众、奉献社会 5 个方面。

一、爱岗敬业

爱岗敬业是全社会大力提倡的职业道德行为准则，是国家对人们职业的共同要求，是每个从业者都应该遵守的职业道德。爱岗敬业作为一种职业精神，是职业活动的灵魂，是从业人员安身立命之本。

（一）爱岗敬业的含义

爱岗敬业是对各行各业工作人员最普遍、最基本的要求，是做好本职工作的重要前提和可靠保障。中共中央在 2001 年颁布的《公民道德建设实施纲要》提出："要大力倡导以爱岗敬业、诚实守信、办事公道、服务群众、奉献社会为主要内容的职业道德，鼓励人们在工作中做一个好建设者。"因此，爱岗敬业是社会主义职业道德的一个基本规范和基本要求。

爱岗敬业是为人民服务和集体主义精神的具体体现，是职业道德一切基本规范的基础。爱岗就是热爱自己的岗位，热爱自己的本职工作，能够尽心尽力做好本职工作。敬业就是以极端负责的态度对待自己的工作，表现为对本职工作专心、认真、负责。整体来看，爱岗敬业是指从业人员在特定的社会形态中尽职尽责、一丝不苟地履行自己所从事的社会事务行为，以及在职业生活中表现出来的兢兢业业、埋头苦干、任劳任怨的强烈事业心和忘我精神。通俗地说，就是热爱本职工作，在岗位上认真做事、满腔热忱、精益求精，有崇高的工作使命感、职业责任感和强烈的事业心，能做到乐业、勤业、精业、实业。热爱本职、忠于职守是爱岗敬业的核心。爱岗与敬业是紧密联系在一起的，爱岗是敬业的前提，敬业是爱岗情感的进一步升华，是对职业地位、职业价值、职业责任感和职业荣誉的深刻认识和践行。

（二）爱岗敬业的基本要求

在职业生活中，从业人员都处在一个特定的工作岗位，要做到爱岗敬业，最重要的是强化岗位职责，坚守工作岗位，履行工作职责，提高职业技能。其具体表现在以下 4 个方面。

1. 树立正确的职业态度

职业态度就是劳动态度，它是各行各业的劳动者对社会、其他劳动者履行各种劳动义务的基础。人们的劳动态度不仅揭示了劳动者在劳动过程中的客观状况，同时也揭示了劳动过程中人们的主观态度，即人们从事劳动的动机及其在劳动中的行为价值。人们是否乐于参加劳动？仅为个人利益劳动还是在着重为社会公共利益劳动的同时兼顾个人利益？在劳动过程中是拈轻怕重、马虎应付还是不辞辛劳、全心全意？这些问题涉及如何看待和处理个人劳动和社会劳动、个人利益与社会利益的关系。这样一来，劳动态度就有了十分重要、普遍的道德意义。对劳动采取什么态度，也就成为衡量人们道德水平的重要标志和尺度。一个人是否有所作为，不在于他从事何种工作，只要是对社会有益、对人类有益，就有做的价值，要做到干一行、爱一行、专一行，不能得过且过。任何一个尊重自己事业的人，都会把这种爱体现在自己所从事的工作上。

2. 树立正确的职业理想

社会主义职业道德所提倡的职业理想是以为人民服务为核心，以集体主义为原则，热爱本职工作，兢兢业业干好本职工作。现实生活中能够找到理想职业的人必定是少数，对于多数人来说，必须面对现实，去从事社会所需要的工作。在这种情况下，如果没有"干一行，爱一行"的精神就很难干好工作，更难以做到爱岗敬业。

3. 不断提高职业技能

与职业态度密切相关的是职业技能，一个人不论从事什么职业，都需要具备一定的职业技能。职业技能不仅能够在人们确立职业态度、明确职业理想的过程中起积极作用，而且也是职业理想付诸实现的重要保障。社会主义现代化建设不仅需要大批高级专门人才，而且也需要大批具有一定科学文化知识和劳动技能的熟练劳动者，所以，不论从具体职业领域来看，还是就整个社会的发展而言，良好的职业技能都具有深刻的职业道德意义。每个从业人员都应该结合自己的工作需要，不断学习、提高，做到与时俱进。

4. 遵守职业纪律

职业纪律是调整职业实践行为方式、保证行业内部行为一致并履行职业道德规范的一种调节机制。它兼有法制、行政规范强制性和道德规范感召性的双重特征，是在社会主义条件下完善各行各业的科学管理和提倡职业道德，并最终在全社会实现由法制调节到道德调节的必要中间环节。这也是把职业纪律作为职业道德范畴之一的重要根据。

要严格根据职业纪律这一范畴的特征，妥善处理好它与职业良心、职业义务等范畴的关系。在大力提倡遵守职业纪律的过程中，遵循其规律性，更多地关注发挥职业纪律中的道义因素，最大限度地调动从业人员的积极性、创造性，使从业人员通过对职业纪律的领会和掌握逐步向更高层次的道德境界前进。也就是说，使每个从业人员由遵守作为道德低级阶段的职业纪律，开始循序渐进地认识各自职业的社会需要和社会价值，从而使人们从不得不遵守职业纪律的外在束缚到逐渐养成良好的职业习惯，并形成牢固的良心感和尊严感，创造性地发挥自己的聪明才智，为全面履行职业义务尽职尽责。

二、诚实守信

诚实守信是人类在漫长的交往实践中总结、凝练出来的做人的基本准则，是确保社会交往，尤其是经济交往持续、稳定、有效的重要道德规范。

（一）诚实守信的含义

诚实守信是企业集体和从业人员个体的道德底线。企业要保持盈利的持续性，需要做到货真价实、信守承诺；个人谋职和事业发展，需要诚恳待人、踏实肯干、讲究信用，没有良好的人际关系，得不到同事和管理者的信任，也就不可能得到提拔和重用。

诚实，就是指外在言行跟内心思想的一致性，不弄虚作假、欺上瞒下，言行一致、表里如一；做老实人、说老实话、办老实事；真实无欺，既不欺人也不自欺；为善弃恶、忠诚正直、光明磊落。守信，就是要遵守诺言、讲求信誉、注重信用，忠实地履行自己应当承担的责任和义务。诚实和守信二者是紧密联系在一起的。诚实中蕴含着守信的要求，守信中又包含着诚实的内涵。因此，综合来看，对诚实守信内涵的理解应该包含以下几个层面。

真实。从认识论角度来说，真实指事物"是其所是"的一种状态，是事物的本来面目，也是人基于对事物的认识表现出来的一种态度和判断结果。当它应用到道德领域，延伸出诚实和真诚的意思，要求人们无论对自己还是对他人，不能欺诈蒙骗、弄虚作假，伪装矫饰。因此，真实是诚实守信的内核和基础，是判断一个人的言语和行为是否诚实可信的前提条件。

信用。即要求人们做到信守约定、践行承诺、履行规约，不失信、不违诺。

相互信任。信任是一方基于对另一方的真诚度和守信度的判断而形成的，相信对方能够兑现承诺以满足自己需要的一种比较稳定的态度。

（二）诚实守信的基本要求

作为职业人，不仅要明白诚实守信对企业发展和个人职业发展的重要性，更要清楚诚实守信在执业活动中该如何践行。

1. 忠诚所属企业

忠诚的员工是企业所拥有的一笔巨大财富。企业的物质资源是流动的，会快速地消耗掉，但人力资源却是一笔可以无限增值的财富。前通用电气公司总裁杰克·韦尔奇曾经说过："任何一家想竞争取胜的公司必须设法使每个员工敬业。"在人力资本越来越重要的今天，如果人才大量流失，损失的不仅是企业培训员工的成本和重新雇用新员工的投入成本，更为重要的是这些流失的员工可能会带走关乎企业命运的商业秘密。因此，员工对所属企业是否忠诚关系到企业的生死存亡，忠诚所属企业是对每一个员工职业道德的要求，它包括以下几个方面的内容。

诚实劳动。诚实劳动就是把实干、积极、创造的精神，通过物化劳动（即劳动成果）转化为反映经济效益的物质财富和反映社会效益的精神财富，或者以为他人提供了实实在在的某种服务为表现形式。

关心企业发展。个体与企业是部分与整体的关系，部分功能和价值的实现离不开整体的存在和发展。作为企业的员工，每一个人都是企业不可缺少的一分子。加入一个企业就要与企业同呼吸共命运，以集体主义为行动的根本原则，时刻以企业的发展为自己的行为准则。

遵守合同和契约。近几年来，我国劳动用工制度日益走向契约化，要求从业人员在职业活动中履行契约、依法办事。是否履行契约、依法办事是从业人员是否忠诚所属企业的一个重要表现。

2. 维护企业信誉

企业要赢得好的声望和信誉可能需要几代人的努力，而毁掉它仅仅需要几分钟，这充分说明了企业信誉有着致命的脆弱性。既然信誉与企业的生存发展息息相关，那么维护企业信誉就是每一名企业员工义不容辞的责任和义务。从身居高位的领导到普通员工，都应该像爱护自己的名誉一样爱护企业的信誉。

3. 保守企业秘密

员工思想松懈造成泄密，轻者会影响企业的正常工作，重者则会危害企业整体的利益，给企业造成不可挽回的损失。因此，企业中的每一个人都有义务和责任保守企业秘密。企业一般也会根据自身情况制订"保密"条例，要求员工遵守。尽管保守企业秘密是员工对企业的责任和义务，但当保守企业秘密与国家和社会公共利益发生矛盾或冲突时，应该以集体主义为基本原则，以全局和整体利益为重，维护国家和社会的利益。

三、办事公道

办事公道是人们加强自身道德修养的基本内容，也是在社会主义市场经济条件下企业活动的根本要求，是正确处理各种职业、经济关系的准则。

（一）办事公道的含义

办事公道对于从业人员办好本职工作、实现个人价值起着越来越重要的作用。如果企业没有公道的文化环境，就会造成员工离心离德。办事公道是指从业者在办事情、处理问题时，站在公正的立场上，对当事双方公平合理、不偏不倚，不论对谁都按照一个标准办事。办事公道要求各行各业的劳动者在本职工作中遵守工作中的行为准则，做到公平、公开、公正，不以私害公，不违背原则，它是对一切从业者的职业行为的普遍性道德要求。

办事公道是社会主义职业道德的一个重要方面，是职业活动中的一种高尚道德情操，也是千百年来为人所称道的职业品质。办事公道要有平静如水、正直如绳的公心，始终坚持公开的原则，做到能用同一把尺子为人处世；办事公道要恪守一定的职业道德，时刻提高警惕，防微杜渐，拒腐防变，堂堂正正做人，清清白白做事，在任何情况下都能抵得住诱惑，耐得住清贫，守得住寂寞；办事公道要坚持按章办事，用制度规范约束自身行为，做到坚持原则不动摇、执行标准不走样、履行程序不变通、遵守纪律不放松。办事公道是职业道德的基本规范和基本内容，只有出于公心、本着公道、坚持公平公正、做到光明磊落，才能恪尽职守，把工作做好。

在现实社会生活中，办事公道的职业道德规范要求每个从业人员在职业活动中都要公平合理地处理一切事务。无论是掌握着一定权力的政府工作人员，还是普通的从业人员，都要坚持办事公道的职业道德规范。作为政府公务人员，坚持办事公道就是要坚持原则、实事求是，以国家和人民的利益为重，公平、公开、公正和合理地为人民办好事、办实事；作为一名普通的工作人员，做到办事公道就是要站在公正的立场上，对任何事情和任何人都采用一个标准办事，坚持公平合理、不偏不倚。

（二）办事公道的基本要求

1. 坚持真理

真理是指人们对客观事物及其规律的正确反映。坚持真理就是坚持实事求是的原则，坚持正确的是非观，在处理问题时合乎公理、正义。

坚持真理是社会主义从业者应该具备的优秀品格。它体现着实事求是的科学态度和坚守原则的职业道德。为满足我国最广大人民的根本利益，实现国家的长治久安、和谐发展，不同职业、不同职权的从业者应当时时刻刻以坚持真理、坚守原则的职业道德要求自己。

由于我国当前市场经济发展尚不完善，每个从业者面对的考验和诱惑日益增多。在诸如拜金主义、享乐主义等思潮的影响下，不同行业和岗位上的从业者,特别是那些拥有一定职权的从业者,势必会面临更多的是非、利益、得失、名位、权钱、情色的考验。在这种情况下,做到不为其所动、坚持真理、秉公办事是社会主义职业道德对每个从业者的基本要求。

2. 公平公正

公平公正是指按照原则办事,处理事情合情合理,不徇私情,不因个人的好恶去对待事情和处理问题。

公平公正是人们在职业实践活动中应当遵守的道德要求。不同职业公平公正的具体表现是不一样的,教育工作者对受教育者要一视同仁,因材施教;党的领导干部要为民办事,不徇私情。作为职业道德的重要内容,公平公正对于从业者的一致要求体现在:要求从业者按照原则办事,不因个人的偏见、好恶、私心等而去对待事情和处理问题,只有做到了公平公正,才能协调好从业者之间,各行业、各企业部门之间的利益关系,弘扬正气,形成团结向上的团队精神。

在社会主义市场经济条件下,做到公平公正尤为可贵。不同的从业者如果在各种职业活动中,在权力、金钱、人情等诸多诱惑下,能够把握住自己,就能做到公平公正。如果陷入对权力、金钱的追求和私欲中,在人情的关系网中不能自拔,办事就会失去公道。

3. 公私分明

办事公道要求从业者在坚持真理、原则的前提下,做到公私分明、不徇私情。在这里,"公"是指社会整体利益、集体利益,"私"是指个人利益。公私分明是指要把社会利益、集体利益与个人私利明确区别开来,不以个人私利损害集体利益,以社会和集体利益为重,是正确处理个人与社会、集体和国家关系的基本要求。

4. 光明磊落

光明磊落是指做人做事没有私心,胸怀坦荡,行为正派,是对从业者的职业要求。光明磊落是做人应该具有的优良品德,是中华民族最为崇尚的传统美德之一,历来为人们所称道和赞誉。从业者要具备光明磊落的正直品德,对自己要求严格，不谋私、贪利、文过饰非、隐瞒自己的观点、偷奸耍滑；对他人不阿谀奉承、阳奉阴违、包庇纵容；处理事情敢于主持公道、伸张正义、抨击邪恶，不怕打击报复。

四、服务群众

服务群众就是为人民群众服务，是指在职业活动中一切从群众利益出发，为群众着想、办事，提供高质量的服务。

（一）服务群众的含义

职业道德建设体现了为人民服务的要求，任何企业的生产都是在一定社会条件下进行的，其生产过程和生产成果不能游离于社会之外，既要承担社会责任又要满足社会需要。对从业人员来说确立为人民服务的道德，对自己认真工作、实现人生价值有着非常重要的意义。

"服"有承担、担当之意，"务"的本义是致力、从事。服务群众揭示了职业与人民群众的关系，指出了职业劳动者的主要服务对象是人民群众。服务群众是职业行为的本质，是社会主义道德建设的核心在职业活动中的具体运用。每一个职业劳动者都是群众中的一员，服务群众的实质就是群众自我服务，即全体社会职业劳动者之间通过相互服务来谋求共同的幸福。尽管每个人的能力有大小、职位有高低的不同，但都有为人民服务的共同义务和责任。

服务的过程应该是服务者与被服务者平等、相互尊重、共同进步的过程。服务群众的内容包含两个方面：一方面，要求热情周到，从业人员对服务对象和群众要主动、热情、耐心，服务细致周到、勤勤恳恳；另一方面，努力满足群众需要，为群众提供方便，想群众之所想，急群众之所急。

在市场经济条件下，服务群众的意识只能强化，不能淡化。要使每一个职业劳动者懂得其所从事的工作既是为着自己的生计，也是为了社会的发展和他人的便利。

（二）服务群众的基本要求

职业道德建设体现了为人民服务的要求。确立服务群众的职业道德，对于自己认真工作、实现人生价值有着非常重要的意义。

1. 要牢固树立马克思主义群众观

中国共产党从历史唯物主义观点出发，科学深刻地认识到人民群众是历史的创造者，是力量源泉和胜利之本。坚持以为人民服务为道德核心，是对民族传统美德的科学继承和发展。为人民服务是社会主义道德体系区别于其他道德体系的根本标志。

服务群众要出自真心，在为群众办实事、办好事的实践中实现自己的人生价值和崇高追求。衣食、权力都是人民给予的，要发自内心地把人民群众当作自己的衣食父母。如果离开了人民群众的支持与拥护，就失去了存在和发展的基础。只有始终坚持这种观念，才能为人民谋利益，为群众多办事、办实事、办好事。社会主义职业道德是社会主义道德体系的重要组成部分，也是加强社会主义精神文明建设的重要内容和要求，其核心是要求全体从业人员都能自觉地把全心全意为人民服务作为自身职业应尽的职责和义务，始终把满足人民群众的需要作为自己工作的宗旨和目标。

服务群众要体现爱心。在当代职业道德建设中，弘扬仁爱精神对于形成关爱群众、全心全意为人民服务的道德风尚具有特别重要的意义。立足本职岗位为民服务，要牢记"群众利益无小事"，始终把群众的安危冷暖挂在心上，为群众诚心诚意办实事，尽心竭力解难事，坚持不懈做好事。

2. 人民第一，热心服务

在社会生活中，实际上每一个阶级甚至每一个行业都各有各的道德。职业的千差万别，决定了职业道德的多样性。不同的职业由于对社会所承担的义务与责任不同，所以服务于他人的方式也不同，但它们具有特殊性的同时，也具有一般性的要求。

树立自觉的服务意识。为人民服务没有终点。要在自己的岗位上真正地做到服务群众，应树立自觉的服务意识，尤其是在工作与服务群众出现矛盾的时候，要处理好工作与为人民服务的关系。无论从事何种职业，每个人都既是一个职业者又是一个社会人。作为一个社会人，他的生活就不可能脱离社会、脱离人群。努力为服务对象提供尽可能满意的服务，是一切职业的工作理念和宗旨。所有的职业工作者都应该全面理解服务这一工作宗旨的内在含义，并把它消化到自我的知识结构之中，内化在自己的价值观之中，使之成为一种自觉的思想体系、职业价值的主导内容。

自觉遵守职业道德规范。俗话说："没有规矩不成方圆。"一个人的道德观念、道德行为、道德修养都不是天生的，而是经过后天学习通过教育培养的，都有一个从外部到内部、从他律到自律的形成过程。在职业道德素质养成之前，要依靠职业道德规范的约束，不仅要有外在的舆论、纪律等他律性约束，而且要通过认知和情感培养使从业人员实现自律性约束。

职业道德建设要注重量化、标准化，建立有效的内部约束机制。服务态度不好、职业道德下降的一个重要原因是以往工作中粗放式管理，缺少具体、明确、操作性强的行为规范和要求。有些服务行业虽然制订了服务公约，但因缺乏有效的约束机制，使所定公约、规定大多流于形式。实践证明，如果没有具体量化、标准化和易于操作的职业道德规范和要求，仅靠一般号召来提高社会整体服务质量，有很大的难度，并且不易产生显著的效果。

加强职业道德建设，重在教育，贵在培养，从内部给予规范，从外部加以制约，真正落实到每一个职工的岗位上，使每个职工对自己在企业内和社会上的行为负责。整个社会就像一个大家庭，每个人既是服务主体，又是服务客体。职业道德建设只有充分吸引全体社会成员广泛参与，并在参与中提高自我教育、规范、控制的能力，才能创造一种和谐协调、健康向上、生动活泼的局面，形成良好的社会氛围，使人们以愉快的心情和饱满的热情投入到工作、生活和学习中。

3. 自觉履行职业责任

服务群众要在掌握一定服务技能的基础上承担起本职业的社会责任，只有这样才能真正地服务于群众、造福于人民。

提高服务技能。服务原则要求职业工作者必须不断提高自己的服务能力，锻炼服务技能，提高服务修养。离开本职工作谈服务群众，只能是坐而论道。面对不同的群众应采取何种服务方式，如何快捷顺利地处理突发性服务事件，这些都需要掌握一定的技能。在服务过程中，要热情、友好、礼貌，语言恰当，行为得体。

自觉担当社会责任。俗话说："在其位，谋其政，尽其责。"要虚心倾听群众心声，改善自己的工作服务质量，对群众的投诉举报认真对待，简化手续，及时处理落实。

"社会主义荣辱观"教育中重要的一点，就是要"以服务人民为荣，以背离人民为耻"。因此，每一个职业者在从事自己的职业时，先应该考虑到的就是人民的利益，考虑如何服务人民，为人民谋利益。

五、奉献社会

奉献社会的实质就是全心全意为社会做贡献，为人民谋福祉。奉献社会是职业道德的最高层次、要求和指向。

（一）奉献社会的含义

奉献是什么？奉献与职业的关系如何？在社会主义市场经济条件下，奉献被赋予了哪些新的内涵？对于每个从业人员来说，只有对奉献有所认识、理解，才能将其化为职业动力并付诸日常的工作中。

奉献是一个崇高的字眼，是人类特有的一种品质。奉献，是指不期望有所回报和酬劳而愿意为他人、为社会或为真理、为正义贡献出自己的一切，包括宝贵生命的情怀和品质。奉献社会，就是全心全意为社会做贡献，为人民谋福祉，是为人民服务和集体主义精神的最高体现，有这种精神境界的人能够无私地把自己的一切都献给国家、人民和社会。在职业道德的视域中，奉献社会是社会主义职业道德的最高要求和最高境界，也是从业人员所应具备的最高层次职业道德修养。它要求从业者在自己的工作岗位上树立起奉献社会的职业理想和社会责任感，在从业过程中以他人利益、社会利益为重，通过兢兢业业地工作，全身心地投入，充分发挥主动性和创造性，使自己所付出的劳动能够对国家、民族甚至全人类产生积极的意义，为社会的发展和进步做出自己的贡献。

（二）奉献社会的基本要求

当今中国正处于蓬勃发展的时代，是一个需要人才、造就人才的时代。这个时代，为每一个从业人员提供了展示个人才能、实现职业理想的宽阔舞台。"海阔凭鱼跃，天高任鸟飞。"有志向、抱负、才干的人只有不断加强职业道德修养、奉献社会，才能在未来的职业生活中抓住机遇、走向成功。进一步弘扬和落实奉献精神，必须明确奉献社会的基本要求。

1. 正确认识奉献与求利的相融性

在社会主义市场经济条件下，正确认识和处理奉献与求利之间的关系是奉献社会的基本要求之一。奉献是指个人为社会做出贡献，促进社会利益增多；求利是指个人向社会提出补偿性或回报性要求，也就是向社会索取。求利有整体求利与个体求利之分。奉献与求利，看似是一对相互排斥、彼此矛盾的概念，其实二者具有相融性，那就是无私奉献精神要同人们的正当利益追求相结合。一方面，劳动者为社会做出了贡献，社会应该给劳动者以相应的补偿和报酬；另一方面，奉献是求利的前提，人们所求之利来自人们对社会的奉献。此外，求整体之利，特别是求国家、民族、社会、人民群众之利益，同奉献也具有极大的相融性，因为竭力为最广大人民群众求利本身就是无私奉献精神的一种体现。

历史的车轮已经驶入市场经济的快车道，市场经济关系本质上是一种利益关系，市场经济活动的实质是以实现利益为转移的竞争，它所伴生同行的利益观,必将在人们处理利益关系时发挥导向作用和调节作用。在社会主义市场经济条件下,必须将无私奉献精神和利益追求结合起来,应当在求利的过程中发扬无私奉献精神。而个人求利先应当以奉献为前提条件,把个人的利益融合在国家和人民的整体利益之中,勇于为人民的利益和社会的利益牺牲个人利益。只有这样,才能在服务中做出应有的贡献,在奉献中实现自身价值,将有限的生命化为无限和永生。

2. 奉献社会需要充足的文化知识和科学技能

奉献社会需要文化知识和科学技能,这一要求对于每个从业人员来说具有极为重要的现实意义。一个人只有通过自身素质的全面提高,掌握在市场经济大潮中为人民建功立业的真实本领,并付出了辛勤有效的劳动之后,才具有奉献社会的资格。只有加强自身学习,不断地汲取知识,才能成为一个对社会真正有用的人,才能切实有效地服务社会、奉献社会。现代社会是科技、信息时代,学习已成为社会发展和个人发展的第一要素,应当尽快转变思想,树立终身学习的观念,把加强学习作为一种责任、一种追求、一种境界。同时必须创新学习方法,形成学习制度,将学习与做好本职工作与服务人民、奉献社会紧密结合起来,通过学习指导实践,切实对社会做出更大贡献。

主要应抓好以下 3 方面的学习。

一是要认真学习马克思主义基本理论和党的路线方针政策,不断深化对社会主义建设规律、对人类社会发展规律和服务社会奉献社会规律的认识。特别要认真学习中国特色社会主义理论体系,始终把人民群众的根本利益放在首位,把奉献精神与全心全意地为人民群众服务的实际行动有机结合起来。

二是要不断提高科学文化素质,学习一切反映当代世界经济社会发展的新知识、新经验,通过学习人文社会科学和自然社会科学知识,运用科学技术,拥有一技之长,掌握为人民服务的本领,提高解决实际问题、做好本职工作和服务社会的能力。

三是向先进人物学习，通过仔细对比，领悟先进人物到底先进在哪里，我们的不足又在哪里，取人之长，补己之短，以此切实提高自己的思想觉悟和奉献社会的能力。

3. 正确处理好奉献社会与吃苦耐劳的关系

实践充分证明，不怕艰难困苦、勇于吃苦耐劳、勇于奉献的人，才能始终保持旺盛的斗志、充足的干劲；相反，凡是贪图安逸、追求享受的人，必然精神不振、斗志衰退。因此，广大从业人员应当而且必须有意识地培养自己吃苦耐劳、艰苦奋斗的意志和品格。

思想要刻苦，就是要加强学习，动脑子想问题，不能当一天和尚撞一天钟，要在学习的过程中有"学海无涯苦作舟"的信念，耐住寂寞，勇于探索；要在熟练掌握文化知识和专业技能上想点子，找方法；在完成各项任务上想点子，找方法；在深入社会、服务社会、奉献社会上想点子，找方法。

要安心本职工作，勇于在条件差、问题多的地方和单位锻炼自己，勇于迎难而上，不打退堂鼓。要勇于做艰苦细致的工作，盯着问题做难点、重点的工作，要有不解决问题不撒手、不抓好工作不罢休的精神，把奉献之责尽到底，把工作任务做到家。

作风要扎实，就是要放低身段，一步一个脚印地抓好自己各项学习和工作任务的落实，扎扎实实奉献社会。

4. 奉献社会不仅要有明确的信念，更要有崇高的行动

奉献社会应当在思想上高起点、高要求，从行动上、细微处入手。奉献精神不是喊出来的，要通过具体扎实的行动来体现。奉献就要实干，把语言和行动、认识和实践统一起来。奉献社会并不抽象，也不是可望而不可即，只要埋头苦干、坚持不懈一定会有所作为、有所贡献。在市场经济条件下讲无私奉献，很大程度上必须与个人的实际情况结合起来。努力学好文化知识和专业技能，以此服务他人和社会是奉献；做好本职工作，为国家、社会建功立业是奉献；勇敢地奋战在艰苦的第一线，主动关心社会问题、他人的疾苦，帮助群众解决实际问题是奉献；工商企业中的管理者和劳动者，为企业的生存、发展、盈利贡献力量，使企业经营在满足人民群众生活需要的前提下实现盈利，同时得到社会和企业的回报，这也是奉献。可以说，凡是有益于社会和人民的事情，能够减轻人民负担、增加社会利益的事情，就应当尽力去做；凡是不利于社会和人民，给社会和人民带来损害的事情，就应当避免和反对。

总之，每一个从业人员都应当坚定信念，以高尚的思想道德要求来鞭策自己，更要脚踏实地地为全面建设小康社会而努力奋斗，切实地把奉献社会的精神和具体行动结合起来，以积极的姿态，用高水平的奉献来回报社会。

第三节　职业道德修养与评价

"修养"一词源于《孟子》的"修身养性"。"修"原意指学习、锻炼、陶冶和提高；"养"原意指培养、养育和熏陶。北宋哲学家程颐第一次把"修身"和"养性"结合起来，提出"修养"一词，指一个人的素质经过长期的锻炼和培育所达到的高度和水平。我国古代大教育家孔子曾说过："性相近也，习相远也。"意思是说，人们最初的秉性差不多，但由于后天学习、修养的不同，人与人的差别才越来越大。可见，要形成良好的职业道德，必须进行有意识的学习和积极主动地提升自我修养。准确认识职业道德修养的含义与意义，全面了解职业道德修养的内容，深刻把握职业道德修养的方法与途径，对于提高职业道德修养十分必要。

一、职业道德修养的含义

职业道德修养，是指从业人员在职业活动中，按照职业道德基本原则和规范所进行的自我教育、自我锻炼、自我改造和自我完善，以使自己形成良好的职业道德品质和达到一定的职业道德境界。职业道德修养是一个从认识到实践不断反复，最终达到认识和实践相统一的过程，是从业者自觉改造、主动锻炼的过程。在这一过程中，从业者的认识和实践循环往复，不断提高。其实质也是两种对立的职业道德观之间的斗争，即善与恶、是与非之间的斗争。因此，要提高从业者的职业道德修养，不仅要依靠社会的培养和学校有组织的教育，还要依靠从业者自身高度的自觉性和坚持不懈的努力，通过从业者的自我教育、自我提高，使得各行各业的职业道德规范和原则成为从业者的行为准则和行为实践。

二、职业道德修养的特征

（一）鲜明的目的性

在社会职业活动中，从业者的职业道德水平由于受社会环境、风气、个人的受教育程度及社会发展中的各种思想观念的影响，差别很大。有的从业者的职业行为符合社会职业道德的要求，有的则与之相悖。职业道德修养要解决的就是整个社会的职业道德要求与个人道德选择能力、践行能力的矛盾，最终使人们由受消极职业道德影响而形成的低下的职业道德品质向先进的职业道德品质转变。职业道德修养就是以其明确、鲜明的职业道德要求，促使人们提高自身的职业道德修养，从而实现提高社会职业道德修养的目的。

（二）明确的选择性

职业道德修养的本质就是从业者对自身职业行为的一种调整、改造、提高的活动过程，是通过从业者不断地对自己内心世界及行为的反省、检查、吐故纳新来培养新的职业道德认知、情感、意识和行为。可见，职业道德修养首先就是对职业道德的判断，然后依据判断的结果做出自己的选择。每个人在他的一生当中都会面临各种各样不同的选择，职业道德修养同样具有明确的选择性，而正确的选择有利于提高职业道德修养，错误的选择则有碍于提高职业道德修养。

（三）高度的自觉性

职业道德修养的关键在于个人的努力，职业道德修养的内驱动力来源于个人内在的道德需要。职业道德修养的主体在职业道德修养的过程中所开展的自我调整和自我批评，不是受迫于外在力量的强制，而是职业道德修养的主体依据自身内在的道德需要而做出的自觉、自主、自愿的选择和行为。可见，职业道德修养具有高度的自觉性，它虽然受到外界环境、条件的约束和监督，但其根本动力却是职业道德修养主体内在的因素。

（四）较强的实践性

职业道德修养的目的是把社会职业道德的核心内容和基本规范内化为从业者的需要，从而提高从业者的职业道德认知，培养职业道德情感，形成职业道德信念，调节职业道德行为，养成职业道德习惯，达到理想的职业道德境界。简单地说，职业道德修养的目的就是要使从业者养成良好的职业行为习惯，而不仅仅是思想认识上的提高。职业道德作为处理从业者行为和关系的规则，必须通过从业者的修养予以认可和尊重，并按照要求践行，否则职业道德修养的目的便无法达到。

三、职业道德修养的内容

（一）职业道德意识的修养

职业道德意识是指从业者对客观存在的职业道德规范、职业道德活动和职业道德关系的认识和理解。在表现形式上分为内隐的职业道德意向、道德情感和外显的职业道德观念和价值标准；在内容上包括职业道德认识、道德情感、道德意志等方面。

1. 职业道德认识的修养

职业道德认识的修养，主要包括对职业道德的含义、重要性，以及职业道德价值、原则、规范的认识理解，包括职业道德观念的形成、职业道德规范的掌握、职业道德判断能力的发展等，是职业道德意识形成的基础，也是职业道德修养的前提。从业者通过正确认识人与人之间的职业道德关系，充分认识职业道德价值，深刻掌握职业道德理论等基本知识后，才能形成整体的职业道德观念，从而提高职业道德的自我评价能力和行为选择能力。可以说，职业道德认识的养成是职业道德情感产生的依据，是进行职业道德意志锻炼的动力，是决定职业道德行为倾向的思想基础。

2. 职业道德情感的修养

职业道德情感是指人们在职业活动实践中逐步形成的对于职业道德关系和职业道德行为好恶的情绪和态度。这种情绪和态度的外在表现主要是对良好的职业道德行为产生敬仰、喜好之情，对不良的职业道德行为产生厌恶、憎恨之感。这种感情一旦形成就会对其职业道德行为起到迅速而持久的定向作用，使个人的某种职业道德行为加速或延缓、中断或持续。职业道德情感对职业道德信念的形成有直接影响，对职业道德行为具有定向作用，并往往成为职业道德实践的直接动因。职业道德情感包括对职业的热情感、责任感、荣誉感等各种感情的自我激发和培养。

3. 职业道德意志的修养

职业道德意志是指人们在履行职业义务过程中自觉克服困难、排除障碍而做出的行为、选择的努力，以及对工作精益求精的精神。坚强的职业道德意志能抵制外来的诱惑和腐蚀，使职业道德修养水平不断提高，反之则不能。因此，是否具有这种坚强的职业道德意志是衡量每个从业者职业道德修养高低的重要标准。从业者要加强自身职业道德意志的修养，就应该学会自觉、勇敢地接受各种困难和考验，学会在实践中锻炼自己克服困难、经受考验的坚强意志和能力。尤其是在激烈的利益冲突面前，更要果断、义无反顾地做出正确的职业道德选择，努力提高自己的职业道德修养，保持坚定的职业道德意志，发展好自己的事业。

（二）职业道德行为的修养

职业道德行为是个人遵循职业道德规范所采取的言论和行动，是职业道德品质的外部状态，一般表现在言语和行动上。职业道德认识、情感、意志等是从业者内在的职业道德愿望和动机，只有通过职业道德行为才能表现出来。而衡量和评价一个从业者职业道德修养的高低，主要看他表现出来的职业道德行为。只有正确的职业道德认识，富有激情、责任和荣誉感的职业道德情感，坚强的职业道德意志，内化为从业者的认识、情感和意志并在职业活动过程中转化为实际行为，职业道德修养才具有价值和意义。因而在职业道德修养中，加强职业道德行为的修养是十分重要的。

加强职业道德行为的修养，要求从业者把职业道德认识和职业道德情感转化为自身坚强的职业道德意志，并在这种职业道德意志的支配下，转化为现实职业活动中的职业行为，经过反复作用，最终形成良好的职业道德习惯。加强职业道德行为的修养还应和职业技能的提高相结合。从业者有了正确的职业道德认识、情感和意志，却没有专业的职业技能，就不能在实践中形成良好的职业道德行为。只有从业者具备了正确的职业道德认识、情感、意志和扎实、专业的职业技能时，才能在实践中形成良好的职业道德行为。但职业技能的提高不是一天两天的事，也不可能一蹴而就，需要从业者长期艰苦的努力。俗话说，"冬练三九，夏练三伏""梅花香自苦寒来"，讲的就是这个道理。因此，从业者要想养成良好的职业道德行为，就必须脚踏实地、勤勤恳恳地工作。

四、提升职业道德修养的方法与途径

（一）立志

立志就是树立职业理想，即对未来所要从事何种职业的向往和追求。人的职业道德行为是在思想意识支配下进行的，一个人树立什么样的职业理想，在很大程度上会影响他职业道德修养的水平。在现实生活中，经常会看到这样的情况，一个人有明确的职业理想，能严格要求自己，并促使自己为实现自己的职业理想而积极努力奋斗；有的人没有什么职业理想，一天总是无所事事，懒懒散散，不知道自己将来要干什么。到最后，有职业理想的人每天精神饱满，工作积极认真，干劲十足，事业蒸蒸日上；没有职业理想的人每天精神不振，工作消极怠慢，毫无起色。所以，立志对于个人职业道德修养的提升来说是非常重要的起点。

（二）学习

1. 加强对马克思主义、职业道德修养理论知识的学习

马克思主义是无产阶级科学世界观和方法论的理论体系，是人们改造世界的强大思想武器。马克思主义、毛泽东思想、邓小平理论、"三个代表"重要思想、科学发展观和习近平新时代中国特色社会主义思想为从业者个体的自我修养指明了方向，是形成正确的人生观、价值观和世界观的理论基础。加强职业道德修养理论知识的学习，是提高从业者职业道德修养的根本途径。只有通过学习职业道德基本理论，明确职业道德的目的、方向、原则，才能深刻理解社会进步和职业对个人的要求；才能与形形色色的腐朽的职业道德观念做斗争；才能提高职业道德修养的主动性和自觉性，从而培养出相应的职业道德认识、情感、意志、信念等，最后形成良好的职业道德行为。

2. 加强对先进模范人物优秀道德品质的学习

先进模范人物存在于社会之中，是生活在现实社会中活生生的人。先进模范人物以优秀的道德品质和崇高的敬业精神影响、带动着其他从业者的思想和行为，成为激励和鼓舞他人的精神动力，学习先进模范人物也是其他从业者加强职业道德修养，提高职业道德水平的有效途径。学习先进模范人物的优秀道德品质要有信心，坚信自己还能做得更好；学习先进模范人物的优秀道德品质要有诚心，真诚地对待自己的缺点与不足，学习先进模范人物的

优点与长处；学习先进模范人物的优秀道德品质要有耐心，经得住各种困难的考验；学习先进模范人物的优秀道德品质，还要与自己的职业道德实际相联系，注重实效，坚决抵制各种思想的诱惑，努力提高自身的职业道德水平。

（三）慎独

"慎"指谨慎，"独"就是独处。"慎独"的意思是说，在自己独处而没有其他任何监督的情况下，也不做任何不道德的事情。"慎独"不仅是一种职业道德修养方法，体现为自我教育、自我监督、自我克制、自我完善的高度自觉特征，而且是一种更高的道德境界，体现为内在的道德意志力和内心道德信念的坚定性。

职业道德修养中的"慎独"，是指用正确的社会职业道德规范、原则和标准去衡量、鞭策个人的职业行为，以期达到从业者职业道德修养的自律。"慎独"要结合自己工作的实际，反复自省，改正缺点与不足，发扬优点与长处。对每名从业者来说，就是要用更高的职业道德标准和规范来检查、反省自己的言行，看看自己的言行是否礼貌、妥当，是否符合职业道德标准和规范的要求，如有不足就要做到知错就改。

（四）积善

积善，是指要在具体的职业生活中从点滴做起，在每一方面都努力按照职业道德的要求去做，逐步达到个人职业道德修养的进步和提高。我国古代思想家荀子在《劝学》中说："积土成山，风雨兴焉；积水成渊，蛟龙生焉；积善成德，而神明自得，圣心备焉。故不积跬步，无以至千里；不积小流，无以成江海。"三国时的刘备曾告诫儿子："勿以善小而不为，勿以恶小而为之。"可见，高尚的道德人格和优秀的道德品质不是短时间养成的，而需要一个长期的积善的过程。只有不弃小善，才能积成大善；只有能积众善，才能有高尚的职业道德品质。平时不注意积善，不注重职业道德修养，只幻想一旦遇到紧急事件挺身而出，一下子成为一个令人敬仰的职业道德高尚的人是不现实的，也是不可能的。此外，一个人不可能将职业道德修养完全孤立于平时的为人、处事、立世之外，只在职业活动中表现出道德行为，而在平时无所顾忌。因此，一个人要想在职业道德修养上有所提高，就必须注意平时生活中的道德修养。总之，职业道德修养要与一个人整体道德素质的提高和培养联系在一起。

五、职业道德评价

职业道德评价是实现职业道德社会价值的基本途径，体现了职业道德活动的价值方向。从业者的职业道德水准，取决于其对职业道德的认识水平，而最终取决于其对道德评价和选择的能力。对大学生来说，正确认识职业道德评价的含义与特点、了解职业道德评价的方式，不仅有利于提高他们的职业道德水平、规范他们的职业行为，也有利于他们树立良好的社会职业道德风尚。

（一）职业道德评价的含义

职业道德评价指人们依据一定的职业道德标准，对从业人员的职业道德理念和行为所做的价值判断。职业道德评价是整个道德评价的一个基本的组成部分。通过职业道德评价，可以影响主体自身的职业价值定向和价值追求，树立正确的从业态度，从而实现主体的社会价值。正确的职业道德评价既有助于社会行业风气的好转，又能优化社会道德环境。

职业道德评价通常以理性的形式表现。但是诸如感觉、情感、直觉等非理性因素作为理性反思的前提，在道德评价中所起的作用也是不可忽视的。例如，在职业道德评价中，感觉是道德活动的价值判断基础，它对职业价值定向或诱导职业价值追求产生始发作用；情感是调节道德活动的重要手段，情感的评价功能要比感觉活动更为明确。当一个人的情感处于不同的激发程度时，他对事物价值的评价就会不同。直觉是道德活动的直接参与者，较之于感觉、情感的评价作用稍微稳定一些，是在非理性因素中与理性评价标准最为接近的评价机制。因此，应该积极关注职业道德评价的非理性因素。

（二）职业道德评价的特点

职业道德评价是与职业活动紧密相连的一种广泛的社会评价活动，其特点表现在行业性、广泛性、有效性和延伸性4个方面。

1. 职业道德评价的行业性

从原始社会末期职业道德的萌芽至现在社会主义职业道德的形成与发展，在这期间，生产力不断提高，社会分工不断细化。不仅不同的产业对应着不同的职业，就是同一产业内部也有着众多不同的职业与岗位。由于每一产业对劳动者的职业道德要求都不同（例如，对于第一产业的劳动者来说，热爱劳动、讲求实效、勇于改革、振兴农业是对他们的道德要求；对于第二产业的劳动者来说，质量第一、用户至上、钻研技术、精通业务是对他们的道德要求；对于第三产业的劳动者来说，树立服务意识、讲究信誉、文明礼貌是对他们的道德要求）。因此，道德评价应根据不同的职业与岗位而有不同的评价标准，即体现为一定的行业性。只有承认不同行业职业道德行为在职业道德价值标准和规范体系上存在着一定的共性和个性，才能做出符合实际、公正的评价，并发挥其应有的作用。

2. 职业道德评价的广泛性

职业道德评价涉及各行各业从业人员的职业道德理念和行为，并与全体社会成员的切身利益紧密相关，同时，职业道德评价随着职业和职业活动的产生而产生，随着职业分工的发展而发展，并且贯穿于各行各业职业道德活动的全过程。可以看出，职业道德评价涉及社会中的每一名成员、每一种职业，具有广泛性。同时，随着社会的进步，人们职业道德的提高，分工的进一步细化和职业活动范围的扩大，职业道德评价必然会以其广泛性的特点而使其影响力越来越大。

3. 职业道德评价的有效性

人既是独立的个体，又是社会中的一员。每个人都渴望得到自己和别人的认可。职业道德评价的方式有社会评价和个人评价两种，一般是借助于社会舆论、传统习惯和内心信念的力量，通过周围人的"品头论足"，传统习俗深入人心的影响，以及个人示范、典型引导、行为剖析等方式、方法，深入到从业者的内心，作用于他们的职业道德意识，促使他们主动改进和调整自己的职业道德行为，以得到自己和他人的认可，进而形成良好的社会职业道德风气。因此，职业道德评价具有有效性。

4. 职业道德评价的延伸性

职业道德评价与职业人员行为的内容和范围相联系，职业人员的行为内容越多、范围越广，职业道德评价的内容也就越多、范围也就越广，所能引起的社会其他各方面的关注和所产生的影响也就越多越大。特别是随着个体职业行为向群体职业行为的扩展，个别或少数人的职业行为不规范、不道德就可能会影响到人们对其所在部门、企业乃至对其所属群体社会风气的评价，也就是人们通常会把对个体的职业道德行为的评价延伸到这一个体所在的整体中去。一个企业员工的职业道德行为不仅代表着他个人，同时也会影响到他所在企业的形象。因此，职业道德评价具有延伸性的特点。

（三）职业道德评价的方式

职业道德评价的方式分为社会评价和自我评价。社会评价主要通过社会舆论和传统习俗这两种手段进行，自我评价主要通过个人内心信念的调节来进行。

1. 社会评价

社会评价是指社会、集体或他人对职业行为当事人的职业道德行为进行的赞扬或谴责。社会评价主要通过社会舆论和传统习俗这两种手段表现出来。

（1）社会舆论。社会舆论是社会公众对社会生活中所共同关心的实践、现象、行为等，从某种传统经验、信仰和愿望出发，在一定社会范围内自觉或自发地表达出来的共同的评价性看法或倾向性态度。社会舆论是一种客观的职业道德评价方式，它利用的是大众发表的看法、议论，具有无孔不入的渗透力。俗话说"人言可畏"，社会舆论还具有强大的威慑力。

社会舆论包括自觉的社会舆论和自发的社会舆论。自觉的社会舆论是指一定的社会集团利用手中的宣传工具，如广播、电视、书刊、报纸、杂志、网络等工具或途径，有目的、有组织地赞扬肯定或批评否定一些职业行为和不良的职业道德现象，从而形成一种无形的舆论氛围。自发的社会舆论是指人们在没有领导、没有组织的情况下，通过口头议论的方式，自然而然地形成的舆论。社会舆论可以对积极、好的职业道德和行为进行鼓励；对消极、错误的职业道德和行为进行谴责。同时大量、纷繁的社会舆论也难免会产生巨大的压力，有时也会使人难以辨认社会舆论的正确与否。因此，在利用社会舆论进行职业道德评价时，应慎重对待，做到具体问题具体分析。

（2）传统习俗。传统习俗是一定的社会或一定的民族在长期的共同生活中所形成的习以为常的社会倾向、行为习惯和道德心理沉积。传统习俗同样也是一种客观的职业道德评价方式，并与社会舆论有着密切的关系。传统习俗因为被世代所公认而具有稳定性；因为被大多数人默认而具有群众性；因为源远流长、年深日久、根深蒂固而具有牢固性。

传统习俗在支配和评价人们的行为时，利用的是一种特有的传统心理和眼光。它用"和俗"和"不和俗"去看待事物，去评价人们行为的善恶，使"历来如此"成为"应该如此"，在解决实际职业道德行为时，会形成一种自动化的行动，即按照定下来的价值标准和行为方式去行事，对人们的职业行为起到一种无形的规范作用。传统习俗既有历史上流传下来的旧的风俗习惯，也有当代社会生活过程中形成的新的风俗习惯；既有符合历史发展要求的风俗习惯，也有不符合历史发展要求的风俗习惯。因此，在职业道德评价中必须对传统习俗进行具体分析，对符合历史发展、进步的风俗习惯要给予支持；反之，要给予抵制。

2. 自我评价

自我评价是职业行为人对自己的职业行为、职业品质、职业信念、职业动机等自觉地进行善或恶的判断。自我评价是个人职业道德自我意识和良心的特殊表现，是通过职业人员的内心信念表现出来的。内心信念是一种主观方面的职业道德评价方式，是一把评价的内在尺子和一种自我评价系统。内心信念是人们职业活动的理性基础，它能使人对自己所做的某种行为的正当性做出合理的解释，从而自觉地完成某种行为。

人们在对自己的职业行为进行善恶判断时，内心信念成为一种力量，并通过自己的职业良心发挥作用。在职业行为之前，职业良心是决策中心，指挥着人们选择职业行为，并检测人们行为的动机和意向，对符合职业道德要求的行为动机给予肯定，对不符合职业道德要求的行为动机给予否定，以此来保证人们的行为动机合乎道德。如果一个人的职业行为是根据他的职业良心来选择且他的职业道德评价标准正确时，他就会自觉地选择好的职业行为而无须他人监督。在职业行为过程中，职业良心起着监督、调整、导向的作用。职业良心监督着职业行为的发展过程，对符合职业道德要求的职业行为给予支持和鼓励，对不符合职业道德要求的职业行为加以调整和制止。职业良心监督下的职业行为的不断调整，促使人们自觉地保持自己正直的人格，从而不断提高自己的职业道德水平。在职业行为之后，职业良心是内心法庭，检验和评价着人们的职业行为，对好的职业行为，人们会感到满足、快乐，对不好的职业行为则会感到惭愧、难过。

参考文献

［1］迟云平. 职业生涯规划［M］. 广州：华南理工大学出版社，2019.

［2］邓先泉，王承欣，廖红梅. 职业生涯规划［M］. 成都：电子科技大学出版社，2019.

［3］傅赟. 赢在校园 大学生职业生涯规划实用教程［M］. 重庆：重庆大学出版社，2018.

［4］高阳. 大学生职业生涯规划与就业指导［M］. 成都：电子科技大学出版社，2019.

［5］郭强. 职业道德与职业生涯［M］. 上海：上海人民出版社，2011.

［6］何具海. 大学生职业生涯规划与就业指导［M］. 长春：吉林人民出版社，2019.

［7］何晓丽，王建虹. 职业生涯教育与管理［M］. 银川：宁夏人民出版社，2012.

［8］胡慧远，吴健. 大学生职业生涯与发展规划［M］. 北京：中国言实出版社，2018.

［9］黄波. 职业生涯与发展规划［M］. 长沙：湖南教育出版社，2018.

［10］江小卫. 新编大学生职业生涯与发展规划［M］. 成都：电子科技大学出版社，2016.

［11］李金亮，杨芳，周欣. 大学生职业生涯规划 学生练习手册［M］. 长沙：湖南教育出版社，2019.

［12］李金亮，杨芳，周欣. 大学生职业生涯规划［M］. 长沙：湖南教育出

版社，2019.

[13] 李农. 大学生职业生涯规划适应能力研究［M］. 长春：吉林人民出版社，2019.

[14] 刘步中，冯丽锋. 大学生职业生涯规划与就业指导［M］. 成都：电子科技出版社，2019.

[15] 刘益民. 职业生涯［M］. 北京：北京航空航天大学出版社，2020.

[16] 吕明，张小嵩. 大学生职业生涯规划［M］. 西安：西北大学出版社，2018.

[17] 孟喜娣，王莉莉. 职业生涯规划［M］. 北京：北京邮电大学出版社，2017.

[18] 彭军，谭军，刘义. 大学生职业生涯发展与就业创业指导［M］. 北京：北京理工大学出版社，2019.

[19] 冉启兰，陈星，胡雷等. 大学生职业生涯规划与发展［M］. 重庆：重庆大学出版社，2019.

[20] 石洪发. 大学生职业生涯规划［M］. 北京：北京理工大学出版社，2020.

[21] 田秀萍. 职业生涯规划［M］. 上海：上海交通大学出版社，2014.

[22] 王丽，武海燕. 职业生涯规划训练手册［M］. 北京：北京理工大学出版社，2017.

[23] 王兆明，顾坤华. 大学生职业生涯规划［M］. 苏州：苏州大学出版社，2018.

[24] 文祺.2021 年新高考专业职业生涯规划读本［M］. 北京：北京理工大学出版社，2021.

[25] 叶红春. 职业生涯管理［M］. 武汉：湖北人民出版社，2016.

[26] 张进等. 职业生涯规划［M］. 北京：对外经济贸易大学出版社，2014.

[27] 张林，布俊峰，石兆俊. 大学生职业生涯规划［M］. 成都：电子科技大学出版社，2017.

[28] 张强，李静怡主编. 职业生涯规划与就业创业指导［M］. 重庆：重庆

大学出版社，2017.

［29］张文龙. 大学生职业生涯规划［M］. 成都：电子科技出版社，2017.

［30］张晓蕊，马晓娣，岳志春. 大学生职业生涯规划［M］. 北京：北京理工大学出版社，2019.

［31］张雪霞，李亚利. 大学生职业生涯规划实训指导［M］. 北京：北京理工大学出版社，2020.